KU-283-325

PRINCIPIO ATTIVO
Inchieste e reportage

Michele Ainis, Avventura Urbana Torino, Andrea Bajani, Gianni Barbacetto,
Stefano Bartezzaghi, Oliviero Beha, Marco Belpoliti, Daniele Biacchessi, David Bidussa,
Paolo Biondani, Tito Boeri, Caterina Bonvicini, Beatrice Borromeo, Alessandra Bortolami,
Giovanna Boursier, Carla Buzza, Olindo Canali, Davide Carlucci, Luigi Carrozzo,
Andrea Casalegno, Antonio Castaldo, Carla Castellacci, Massimo Cirri, Fernando Coratelli,
Pino Corrias, Gabriele D'Autilia, Andrea Di Caro, Franz Di Cioccio, Gianni Dragoni,
Giovanni Fasanella, Massimo Fini, Fondazione Fabrizio De André, Goffredo Fofi,
Massimo Fubini, Milena Gabanelli, Vania Lucia Gaito, Pietro Garibaldi, Mario Gerevini,
Gianluigi Gherzi, Salvatore Giannella, Francesco Giavazzi, Stefano Giovanardi,
Franco Giustolisi, Didi Gnocchi, Peter Gomez, Beppe Grillo, Guido Harari,
Ferdinando Imposimato, Karenfilm, Giorgio Lauro, Alessandro Leogrande, Marco Lillo,
Felice Lima, Giuseppe Lo Bianco, Saverio Lodato, Carmelo Lopapa, Vittorio Malagutti,
Antonella Mascali, Giorgio Meletti, Luca Mercalli, Lucia Millazzotto, Angelo Miotto,
Letizia Moizzi, Giorgio Morbello, Alberto Nerazzini, Raffaele Oriani, Sandro Orlando,
Antonio Padellaro, Pietro Palladino, David Pearson (graphic design), Maria Perosino,
Renato Pezzini, Telmo Pievani, Paola Porciello (web editor), Marco Preve, Rosario Priore,
Emanuela Provera, Sandro Provvisionato, Luca Rastello, Marco Revelli, Gianluigi Ricuperati,
Sandra Rizza, Marco Rovelli, Claudio Sabelli Fioretti, Andrea Salerno, Laura Salvai,
Ferruccio Sansa, Evelina Santangelo, Michele Santoro, Roberto Saviano, Matteo Scanni,
Roberto Scarpinato, Filippo Solibello, Riccardo Staglianò, Bruno Tinti, Marco Travaglio,
Elena Valdini, Carlo Zanda.

Autori e amici di
chiarelettere

"Le firme autorizzate sono due: de Bonis Donato e Andreotti Giulio."

Dal documento bancario che rivela tra le firme autorizzate del conto Fondazione Spellman quella di Andreotti.

PRETESTO 1
→ *pagina 111*

"Mamma de Bonis,
lotta alla leucemia;
Jonas Foundation,
aiuto bimbi poveri:
su quei depositi
più che oboli transitano
cospicue tangenti."

"Stanno per chiudere la morsa.
Fonti amiche della Guardia
di finanza mi hanno allertato."

Angelo Caloia, presidente dello Ior, è informato in tempo reale sull'attività dei magistrati durante l'inchiesta Mani pulite.

PRETESTO 2
→ *pagine 65, 92-95*

"Beatissimo Padre,
sento il dovere di mettere
direttamente al corrente
Vostra Santità dell'importo
che l'Istituto è in grado
di mettere a disposizione
della Santità Vostra.
L'importo è pari a
72,5 miliardi di lire,
risultanti a fronte di rischi
di varia natura."

Lettera di Angelo Caloia a Giovanni Paolo II, 16 marzo 1994.

PRETESTO 3
→ *pagina 195*

"I titoli passati allo Ior sono
il risultato di pagamenti
di tangenti a uomini politici,
per importi certamente
a loro ritornati in forma
pulita."

Lettera di Angelo Caloia al cardinale Angelo Sodano, segretario di Stato
del Vaticano, 5 ottobre 1993.

"Nel caveau dello Ior giacciono
circa 27,9 miliardi di titoli
di Stato italiani, Btp e Cct.
Non tutti i numeri sono puliti."

Dal report di Renato Dardozzi, ottobre 1993.

PRETESTO 4
→ *pagine 92, 108*

"L'operazione Sofia,
vale a dire il tentativo
di creare il Grande
Centro che avrebbe
preso il potere."

Testimonianza di Giancarlo Capaldo, procuratore aggiunto
di Roma, coordinatore dell'inchiesta sul golpe bianco-porpora.

"Le transazioni a favore
di mio padre passavano
tutte tramite i conti e le
cassette dello Ior."

Massimo Ciancimino, figlio dell'ex sindaco di Palermo Vito.
Il padre è stato condannato per concorso esterno in associazione
mafiosa.

PRETESTO 5
→ *pagine 244, 259*

© Chiarelettere editore srl
  Soci: Gruppo editoriale Mauri Spagnol Spa
  Lorenzo Fazio (direttore editoriale)
  Sandro Parenzo
  Guido Roberto Vitale (con Paolonia Immobiliare Spa)
  Sede: Via Guerrazzi, 9 - Milano

  ISBN 978-88-6190-067-7
  Prima edizione: maggio 2009
  Seconda edizione: maggio 2009
  Terza edizione: giugno 2009
  Quarta edizione: giugno 2009
  Quinta edizione: luglio 2009

  www.chiarelettere.it
  BLOG / INTERVISTE / LIBRI IN USCITA

Gianluigi Nuzzi

Vaticano S.p.A.

chiare**lettere**

Gianluigi Nuzzi è nato a Milano nel 1969. Inviato di «Panorama» dopo aver lavorato a «Il Giornale» e collaborato con il «Corriere della Sera», dal 1994 segue le più rilevanti inchieste giudiziarie con implicazioni politiche e finanziarie del nostro paese. Negli ultimi anni i suoi scoop hanno fatto scandalo e determinato nuove indagini come nella guerra tra l'ex ministro Vincenzo Visco e l'ex numero uno della Guardia di finanza Roberto Speciale, le intercettazioni di Piero Fassino e Giovanni Consorte («Allora Gianni siamo padroni di una banca?») e quelle di Gianpiero Fiorani e Antonio Fazio («Tonino ti darei un bacio in fronte») nell'inchiesta sulle scalate a Bnl e Antonveneta o, più recentemente, quelle dell'allora premier Romano Prodi.

Sommario

Questo libro   3

PRIMA PARTE
Le carte segrete del Vaticano   9

Ascesa e caduta di Marcinkus   11
*Il trio Marcinkus, Sindona e Calvi. Dopo il crac
dell'Ambrosiano, la crisi dello Ior. Grave danno d'immagine
della Chiesa*

Firma autorizzata: Andreotti Giulio   31
*Il nuovo prelato de Bonis e il fondo gestito per conto
di Andreotti. I conti cifrati dello Ior. Depositi e bonifici:
nomi e cognomi*

Lo Ior parallelo   61
*La galassia occulta di de Bonis. Tangenti invece di elemosina
e beneficenza. Il grande affare dei manicomi*

Enimont. La maxitangente   74
*I soldi dei Ferruzzi e di Bisignani. L'inchiesta Mani pulite.
Il riciclaggio delle tangenti. Gli avvertimenti di Caloia,
il nuovo presidente*

Enimont. Il depistaggio   103
*Documenti passati sotto banco. Quello che ai magistrati
non viene detto. I miliardi di commissioni*

Enimont. Le coperture   142
Quei 4 miliardi e mezzo sfuggiti ai giudici. Il ruolo
e il potere del cardinale Castillo Lara. Gli affari
dell'immobiliarista Bonifaci

Truffe e ricatti nei sacri palazzi   167
Un misterioso siriano. Il lascito Gerini e i salesiani. I miliardi
di Lumen Christi. San Francesco e la truffa del secolo

I soldi del papa e lo Ior dopo de Bonis   191
I 72 miliardi del pontefice. La cura Caloia e i 5 miliardi
di euro in dotazione. Grandi manovre in Cariplo

SECONDA PARTE
L'altra inchiesta. Il «Grande Centro» e i soldi della mafia   221

Il golpe porpora   223
Tra il 1994 e il 1998, il tentativo di costruire
il «Grande Centro» con i soldi riciclati. L'inchiesta di Capaldo,
qui intervistato. E la storia del cardinale Giordano

Lo Ior, quei soldi per Provenzano   251
Le accuse di Mannoia. La testimonianza di Massimo
Ciancimino. In fila fuori dello Ior

Ringraziamenti   267

Indice dei nomi   269

VATICANO SPA

A Edoardo e Valentina

Questo libro

Le carte segrete di un monsignore importante

Un archivio sterminato di documenti riservati e inediti (contabili bancarie, lettere, relazioni riservate, verbali dei consigli di amministrazione, bilanci segreti dello Ior, copie dei bonifici e cartellini dei conti «cifrati»). È il materiale che mi ha consentito di entrare nei segreti del Vaticano e che ho avuto per espressa volontà di monsignor Renato Dardozzi (1922-2003), tra le figure più importanti nella gestione delle finanze della Chiesa, dal 1974 alla fine degli anni Novanta.

Per più di vent'anni Dardozzi è uno dei pochi, pochissimi monsignori presenti alle riunioni riservate dei più stretti collaboratori del pontefice sulle delicate trame della Santa Sede. Ore nelle salette a doppie porte tra stucchi, velluti e allusioni per raddrizzare spregiudicate operazioni in nome della Chiesa. Disinnescare autentiche mine finanziarie, soffocare scandali, allontanare prelati senza scrupoli appena un gradino sotto il santo padre. La storia sembrava chiusa con le passate vicende dell'Ambrosiano ai tempi dell'arcivescovo Paul Marcinkus. E invece puntualmente si ripropone, avvolta come sempre in una cortina di silenzio.

Il Vaticano sviluppa i propri affari nell'assoluta riservatezza, proteggendo il delicato rapporto tra questa teocrazia e il denaro. Le intense attività della holding della Santa Sede rappresentano uno dei segreti meglio custoditi al mondo. Persino il bilancio consuntivo consolidato della Chiesa, diffuso a luglio di ogni anno, offre solo dati generici. Questo silenzio è voluto e quotidianamente tutelato. A ogni costo. Sebbene il riserbo, quest'assenza di informazioni, alimenti leggende, rimane tuttavia una delle regole auree dei banchieri dalle lunghe tonache, ben più riservati dei loro schivi colleghi laici.

Il silenzio protegge tutta l'economia e quindi anche gli affari più discutibili che segnano la vita finanziaria della Romana Chiesa. Il silenzio difende il rapporto fiduciario con i fedeli, evitando così i danni del passato più recente. Infine, il silenzio è indispensabile alle cordate di cardinali per consolidare il blocco di potere che li rappresenta. Soprattutto dopo gli scandali della Banca Privata Italiana di Michele Sindona, dell'Ambrosiano di Roberto Calvi e dello Ior con l'arcivescovo Paul Marcinkus.

Scandali che hanno compromesso l'immagine della Romana Chiesa, impegnando per vent'anni Giovanni Paolo II in una faticosa opera di riabilitazione dopo morti misteriose come quelle di Albino Luciani, papa per trentatré giorni, e dello stesso Sindona, avvelenato in carcere con una tazzina di caffè fumante corretto al cianuro. E omicidi insoluti, con Calvi ritrovato morto sotto il ponte dei Frati Neri a Londra. Scandali che non si dovevano né si devono ripetere per non incrinare quel rapporto di fiducia che lega chi crede a chi diffonde la voce di Dio. Se invece questo silenzio venisse nuovamente infranto, se la finanza vaticana vivesse solo un momento di verità fuori dai giochi tra ipocrisia da una parte e pregiudizio dall'altra, le ripercussioni sulla legittimità di ruoli e funzioni e i costi d'immagine sarebbero imprevedibili.

Silenzio, quindi, tra le mura vaticane quando le operazioni dei banchieri del papa, arcivescovi e porporati, con i denari dei fedeli, si fanno disinvolte, o addirittura illegali. Lo Ior rimane uno dei luoghi più inaccessibili. Il Vaticano ammette a fatica la sua esistenza. Nei siti ufficiali della Santa Sede non se ne parla, nemmeno è indicato. È come se la finanza vaticana non esistesse.

Tutti ora devono sapere

Lo stesso monsignor Dardozzi aveva fatto del silenzio una regola di vita. Mai una dichiarazione, un'intervista, una fotografia. Mai nemmeno una citazione. Il suo sterminato archivio, che ricostruisce dall'interno le vicende finanziarie più tormentate della Romana Chiesa, non avrebbe potuto diventare pubblico prima. Dardozzi lascia il cono d'ombra scelto per tutta la vita solo dopo la morte. Ecco la sua ultima volontà testamentaria: «Rendete pubblici questi documenti affinché tutti sappiano quanto è accaduto».

Capire chi è Dardozzi diventa indispensabile per apprezzare gli oltre quattromila documenti raccolti in vent'anni di attività in Vaticano. Parmense del 1922, arriva al sacerdozio tardivamente. Solo nel 1973, a cinquantun anni compiuti, scopre la propria vocazione, viene ordinato sacerdote e si presenta in Santa Sede con un curriculum di prestigio. Laureato in matematica, ingegneria, filosofia e teologia, per la Chiesa abbandona una brillante carriera nel gruppo Stet (telecomunicazioni), che già lo vedeva alla direzione generale della Sip e direttore della Scuola Superiore per le telecomunicazioni Reiss Romoli. Dardozzi parla correntemente cinque lingue, frequenta il jet set internazionale e conosce il segretario di Stato Agostino Casaroli tramite padre R. Arnou, abate teologo con il quale ha collaborato alla stesura di diverse opere. Il rapporto personale e l'intesa totale con Casaroli, *dominus* dell'apparato vaticano negli anni di Karol Wojtyla, le competenze professionali e la discrezione lo fanno crescere rapidamente. Dardozzi agisce su delega diretta del ministero chiave del Vaticano, la segreteria di Stato, braccio operativo del pontefice.

Proprio su invito della segreteria di Stato, nel 1974 inizia la collaborazione con la Santa Sede. Gode di libero accesso ai segreti dello Ior. Casaroli lo introduce subito nell'affare Ambrosiano affidandogli compiti di controllo economico-finanziario sino a farlo partecipare, come consigliere, ai lavori della

Commissione bilaterale costituita con lo Stato italiano per l'accertamento della verità sul dissesto della banca di Calvi. Spesso il giovedì a pranzo abbandona i vestiti borghesi, indossa il talare nero lungo e sale nell'appartamento del papa. È uno dei pochi italiani invitati al tavolo di Giovanni Paolo II, che predilige commensali polacchi.

L'attività di vigilanza di Dardozzi prosegue anche con il successore di Casaroli, il cardinale segretario di Stato Angelo Sodano. Nel 1985 diventa direttore della Pontificia accademia delle scienze, e cancelliere nel 1996. Unisce quindi il controllo sugli affari meno presentabili degli anni Novanta agli impegni di alto studio scientifico. A iniziare dall'approfondimento della Questione galileiana voluto dal santo padre, che ha risonanza mondiale e spinge l'allora cardinale Joseph Ratzinger, prefetto della Congregazione della fede, ad approfondire la conoscenza delle Lettere di Galileo.

Per ogni vicenda finanziaria da lui seguita, Dardozzi raccoglie documenti e appunti, e li custodisce in apposite cartelline gialle, conservate e consegnatemi da chi le ha avute in custodia dallo stesso monsignore, persone che oggi, per ovvie ragioni, preferiscono mantenere l'anonimato. Far rientrare in Italia queste carte e trovare un luogo idoneo per mettere in sicurezza questo patrimonio di informazioni non è stato semplice. L'operazione si è svolta in due fasi. La prima, più laboriosa, ha richiesto mesi di trasferte per scannerizzare tutte le carte, raccoglierle in cd rom e lavorare all'inchiesta; quindi scaricare i documenti nel sito che è oggi pubblico e accessibile a tutti (www.chiarelettere.it, alla voce Vaticano S.p.A.). La seconda, più pericolosa, è consistita nel far rientrare i documenti originali in Italia: l'archivio si trovava in un luogo sicuro nel Ticinese, in Svizzera, custodito a insaputa di chi lo deteneva nelle vicinanze di un raccordo autostradale.

Sono partito in un'alba di fine estate del 2008 da Milano. Due valigie Samsonite da quaranta chili mi aspettavano oltreconfine. Il ritiro è stato rapido. Un caffè con l'anziana contadina che per mia fortuna non scende mai nelle cantine della sua cascina. Rientrato in Italia, è iniziato il lavoro.

Questo non è un libro contro il Vaticano; è un libro che racconta fatti commessi da uomini che hanno goduto di fiducia mal riposta. Vuole essere una testimonianza su quanto accade oltre il colonnato di san Pietro, oltre le divise blu cobalto delle guardie svizzere. Vuole soprattutto raccontare la realtà opaca della finanza vaticana a partire dai documenti di chi, tra gli anni Settanta e gli anni Novanta, ha vissuto in prima persona tutti i grandi eventi che hanno scosso il Vaticano, l'Italia e il mondo intero.

Nella prima parte si ricostruisce passo per passo la gestione delle finanze vaticane a partire dalle carte segrete di Dardozzi. Chiuso l'archivio Dardozzi, nella seconda parte, risultato di fatti e testimonianze inedite, si raccontano spregiudicate operazioni finanziarie che avrebbero portato monsignori e prelati a sostenere la nascita di un nuovo grande partito di centro dopo la caduta della Democrazia cristiana, e perfino a riciclare i soldi della mafia.

PRIMA PARTE

Le carte segrete del Vaticano

Ciò che vi dico nelle tenebre ditelo in piena luce,
ciò che vi si dice negli orecchi predicatelo dai tetti.

Matteo 10,27

Ascesa e caduta di Marcinkus

Una guardia del corpo molto particolare

Negli anni Cinquanta inizia a percorrere i corridoi della Santa Sede un giovane sacerdote americano, trasferitosi a Roma per frequentare i corsi di diritto canonico all'Università gregoriana. È un uomo alto un metro e ottantasei, imponente, dal passo deciso. Viene da Cicero, violento sobborgo della Chicago di Al Capone, dov'è nato da genitori lituani immigrati nel 1922. Si chiama Paul Casimir Marcinkus e cresce nella periferia senza legge dove il mafioso aveva insediato il suo quartier generale. Viene ordinato sacerdote nel 1947. Dopo l'Università gregoriana, Marcinkus si trasferisce alla Pontificia accademia ecclesiastica, campus per i diplomatici della Santa Sede. Che sia un astro nascente lo si capisce subito. Ad appena trent'anni, nel 1952, già dispone di una scrivania presso la segreteria di Stato. Le voci sul suo ingresso lesto in Vaticano si rincorrono. C'è chi indica nell'allora segretario di Stato, il cardinale Giovanni Benelli, che lo volle subito come collaboratore, il suo mentore. C'è chi legge nelle raccomandazioni americane del giovane sacerdote la chiave che lo introdusse nelle stanze del potere di papa Pacelli (Pio XII), assai sensibile alle tesi anticomuniste del cardinale di New York Francis J. Spellman.[1] Quest'ultima è la ricostruzione più accreditata e merita un approfondimento. In quegli anni di Guerra fredda, il potentissimo cardinale americano è infatti il regista dei rapporti tra Usa e Vaticano e ha modo di consolidare le sue relazioni con gli uomini più influenti dei sacri palazzi, a iniziare dall'ingegnere Bernardino Nogara, l'uomo che aveva reso floride le casse vaticane gestendo i risarcimenti ottenuti dallo Stato italiano con i Patti Lateranensi del 1929.[2] Nel novembre del 1958, alla morte dell'ingegnere, Spellman lo elogia senza remore: «Dopo Gesù Cristo la cosa più grande che è capitata alla Chiesa Cattolica è Bernardino Nogara». Probabilmente ha ragione. Secondo le stime dello storico inglese David Yallop, Nogara lascia un patrimonio finanziario pari a 500 milioni di dollari di gestione dell'amministrazione ordinaria dell'Apsa (Amministrazione del patrimonio della sede apostolica), al quale sono da aggiungere i 940 milioni di dollari di patrimonio dello Ior che ne maturava 40 solo di interessi ogni anno. La Vaticano S.p.A. è ormai una realtà nel panorama finanziario mondiale.[3]

Con il biglietto da visita di Spellman in tasca, per Marcinkus si aprono molte porte. Non ha il piglio del prevosto. Fuma sigari cubani. Frequenta i salotti, i campi da golf, preferisce le palestre alle sacrestie. Ma ciò che qui più interessa è un incontro negli uffici della segreteria di Stato che andrà a cambiargli la vita, facendo poi precipitare le finanze vaticane. Factotum di Pio XII è infatti Giovanni Battista Montini, allora pro segretario del papa. Un bresciano tignoso. Seppur agli antipodi per stile e carattere rispetto all'imponente sacerdote americano, dopo un'iniziale avversione, stringerà con Marcinkus un'alleanza di ferro.

Figlio di un banchiere, Giovanni Battista Montini diventa papa Paolo VI nel 1963, dopo la morte di Giovanni XXIII. Egli riporterà la finanza della Santa Sede, dopo un periodo di basso profilo, sui binari di una politica aggressiva e spregiudicata. Dettata subito dalle necessità. Francis Spellman[4] fa la spola tra New York e Oltretevere. Appena Paolo VI si insedia, incontra il cardinale americano che pare abbia raccomandato affettuosamente Marcinkus.[5] Poi un piccolo incidente nel 1964. Paolo VI è in visita nel centro di Roma, la folla straripa e quasi lo schiaccia. La prontezza di Marcinkus è fulminea. Sua santità viene portato in salvo dal robusto sacerdote. L'indomani è scelto come guardia del corpo. Diventa il responsabile della sicurezza del papa nei viaggi in tutto il mondo: dall'India alla Turchia, dal Portogallo agli Stati Uniti. Nel 1970, durante un viaggio nelle Filippine, Marcinkus blocca un pittore che si avventava sul pontefice con un pugnale.[6] L'americano entra nella stanza dei bottoni. Stringe amicizia anche con il segretario personale del papa, padre Pasquale Macchi, che gode di un fortissimo ascendente sul santo padre. Tra i due l'intesa è immediata. Marcinkus sale i gradini in fretta. Diventa vescovo e viene scelto come segretario della banca vaticana (1971). Ha le idee chiare. Celebre la sua frase: «Si può vivere in questo mondo senza preoccuparsi del denaro? Non si può dirigere la Chiesa con le Avemaria».

L'alleanza con Sindona

La situazione è difficile. La morte di Giovanni XXIII ha fatto crollare le offerte dei fedeli da 19 a 5 miliardi di lire. Ma c'è di peggio. Con un estenuante braccio di ferro il governo italiano introduce la tassazione sui dividendi per la Santa Sede, dopo un quarto di secolo d'esenzione fiscale che Mussolini aveva garantito con la circolare del san Silvestro del 1942. Si annuncia una catastrofe finanziaria: alla fine degli anni Sessanta, secondo diverse stime,[7] la Chiesa controlla dal 2 al 5 per cento del mercato azionario. Nel 1968, con Giovanni Leone presidente del Consiglio, cade così l'ultima resistenza e sulle casse del Vaticano pesa il pagamento di tutto il pregresso su investimenti per oltre un miliardo e 200mila euro attuali. Pur di sfuggire alla tenaglia fiscale che si stringe, Paolo VI affida il trasferimento all'estero delle partecipazioni a un sacerdote e a un laico, un siciliano affabile con solidi agganci negli Usa, già conosciuto da Montini quando era arcivescovo di Milano. Si chiama Michele Sindona.[8] Porta i capitali della mafia. Il sacerdote che mastica di finanza ed è amico degli Usa si chiama Paul Marcinkus. È l'inizio della fine.

I due diventano intimi. Si crea la ragnatela. Sindona avvicina lunghe tonache come monsignor Macchi, braccio destro del pontefice già dai tempi di Milano, ma anche blasonati manager come il principe Massimo Spada, e dirigenti dello Ior come Luigi Mennini e Pellegrino de Strobel. Seguendo dal *Sancta Sanctorum* dello Ior le operazioni più spregiudicate di questo gruppo di potere, muove i primi passi bancari un silenzioso giovane sacerdote lucano, assai prudente e discreto. Rimane affascinato dalle mosse finanziarie della cordata. Impara nell'ombra. Si chiama Donato de Bonis. Lo ritroveremo molto più tardi, negli anni Novanta, a gestire tangenti e i soldi di politici entro le mura leonine.

Gli anni Sessanta segnano per Sindona la crescita smisurata e l'apice degli affari tra Usa, Vaticano e Italia. Consulente del boss italo-americano Joe Adonis, della famiglia di don Vito Genovese, il banchiere siciliano individua i canali per il riciclaggio della mafia, compra la banca svizzera Finbank, già del Vaticano, conquista la stampa americana grazie ai successi finanziari, entra in affari con David M. Kennedy, presidente della Continental Illinois Bank, che sarà ministro del Tesoro del governo Nixon. E si affilia alla loggia massonica più potente di quel periodo, la Propaganda Due di Licio Gelli, che incrocia in uno dei pochi incarichi societari del venerabile di Arezzo: direttore della Remington Rand in Toscana. Gelli è già accreditato in Vaticano, forte dei rapporti con Paolo VI, il vescovo Marcinkus e il cardinale Paolo Bertoli, capace di alimentare e soddisfare ogni ansia anticomunista in un gioco di potere che tiene banco in Italia per tutti gli anni Settanta.

Se negli Usa iniziano a crescere i primi sospetti per riciclaggio e traffico di stupefacenti, in Italia Sindona è ancora solido tra protezioni indissolubili. Forte del mandato di Paolo VI per trasferire all'estero le partecipazioni societarie della banca vaticana, con Marcinkus controlla la più massiccia esportazione di capitali mai avvenuta sino ai caveau della Swiss Bank, in società con la Santa Sede. Tra i primi affari cede il controllo della

Società generale immobiliare (Sgi), impresa con un patrimonio da un miliardo di dollari, dirottando la partecipazione in una finanziaria lussemburghese.

È la prima di una serie infinita di alchimie finanziarie con i beni del Vaticano che passano di mano in mano per eludere il fisco e lucrare su ogni partecipazione. Sino ai saccheggi come quello sui conti della Banca Unione, con Sindona che riesce ad alleggerire i depositi di 250 milioni di dollari trasferiti poi alla Amincor Bank di Zurigo. Fanno da cornice i cospicui «finanziamenti» alla Democrazia cristiana, come per la campagna contro il referendum per il divorzio. Così il finanziere siciliano utilizzava le finanziarie compartecipate dal Vaticano e i conti della Santa Sede presso la Banca Privata Italiana per trasferire i soldi della mafia. La simulazione è la sua arte. Riesce a essere definito, nel settembre del 1973, il «Salvatore della lira» da Giulio Andreotti, dopo esser stato proprio lui a speculare a danno della divisa italiana e a denunciare oscure manovre contro la valuta del suo paese.

Il trio Marcinkus, Sindona e Calvi

È lo stesso Sindona a presentare a Marcinkus l'ultimo protagonista di questo gruppo, il banchiere Roberto Calvi. Siamo nel 1971, anno in cui Paolo VI nomina Marcinkus presidente dello Ior. I tre arrivano a condizionare e manipolare gli andamenti della Borsa di Milano con le società del Vaticano che finiscono a Calvi via Sindona. E con Sindona che riesce ad aggiudicarsi l'ennesima banca: la Franklin, al ventesimo posto nella graduatoria del credito Usa. Nel frattempo, i debiti e le partecipazioni gonfiate finiscono nel comparto estero dell'Ambrosiano, la banca di Calvi. Ma il castello di sabbia è destinato a franare. Saltano le protezioni negli Usa, complice il Watergate, in Italia il governo è talmente debole che la Dc uscirà sconfitta alle elezioni amministrative del 1975. Si vivono le difficoltà della crisi economica del 1973, con il governo diviso sulle scelte riguardo alla guerra arabo-israeliana dello Yom Kippur. Bisogna prendere decisioni difficili dopo che gli arabi hanno ridotto le forniture di petrolio agli europei. Le protezioni politiche sono messe in gioco anche dal referendum che, nel maggio del 1974, con il 59,1 per cento dei voti a favore, introduce il divorzio.

Il crac Sindona emerge dalla fine dell'estate del 1974. Due miliardi di dollari le perdite della Franklin, 300 milioni quelle della Banca Privata, con l'avvocato Giorgio Ambrosoli liquidatore, 82 milioni di dollari per il solo cambio estero della Finbank. Sindona evita l'arresto rifugiandosi all'estero. Marcinkus cerca di smarcarsi, assicura nel 1975 che «il Vaticano non ha perso un centesimo». Ma sono menzogne che evaporano subito. La Chiesa perde dai 50 ai 250 milioni di dollari. Mennini finisce arrestato e gli ritirano il passaporto. L'inchiesta dilaga, il principe Spada si dice allibito, sembra che nessuno entro le mura conoscesse le attività criminali di Sindona. Il posto del banchiere siciliano viene preso da Calvi. Con una peculiarità in più per lo Ior: creare un polo bancario cattolico in grado di competere con i gruppi internazionali e influenzare le politiche dei paesi dove opera, a iniziare dall'Italia. Il crollo della Banca Privata rende però l'azione di Marcinkus e Calvi ancora più spregiudicata.

Da un lato le minacce ad Ambrosoli e a Enrico Cuccia da parte di Sindona, che da New York cerca d'opporsi all'estradizione, dall'altro Calvi che cerca di separare il suo destino da quello dell'ex amico siciliano. Ma Sindona non ci sta e inizia l'ultimo ricatto che nel 1978 determina un'ispezione della Banca d'Italia all'Ambrosiano. I controlli fanno emergere debiti, crediti senza coperture e alti rischi di liquidità. Paolo VI, protettore del trio Sindona-Marcinkus-Calvi, muore il 6 agosto 1978. Viene eletto il patriarca di Venezia Albino Luciani, Giovanni Paolo I, uomo di altissimo rigore morale che in passato ha già avuto dissapori con Marcinkus e Calvi. A iniziare dall'ira provocata con l'acquisto della Banca Cattolica del

Veneto da parte dell'Ambrosiano all'insaputa della diocesi della laguna. Passano poche settimane e, il 12 settembre 1978, il giornalista piduista Mino Pecorelli pubblica i cento-ventuno nomi di esponenti vaticani che sarebbero affiliati alla massoneria. Tra questi Marcinkus, il suo segretario monsignor Donato de Bonis, che intanto cresce nelle segrete stanze della banca vaticana. A salire, il segretario di Stato Jean Villot, il ministro degli Esteri Agostino Casaroli, il cardinale Ugo Poletti, vicario di Roma. Luciani intende far pulizia allo Ior e trasferire tutti: Marcinkus, de Bonis, Mennini, de Strobel. Lo confida a Villot la sera del 28 settembre 1978. La mattina dopo il corpo senza vita di Giovanni Paolo I viene rinvenuto nel suo letto. Papa Luciani muore all'improvviso. Yallop e altri storici sostengono che sia stato ucciso mediante avvelena-mento. Il referto ufficiale indica invece un arresto cardiaco.

Il 16 ottobre 1978 viene eletto papa il polacco Karol Wojty-la, Giovanni Paolo II. Il santo padre recupera la politica di Pao-lo VI e assicura a Marcinkus la continuità sull'indirizzo finan-ziario. Tutti rimangono ai loro posti, ma per Sindona la situa-zione è irreversibile. Disperato, organizza l'omicidio di Ambro-soli, che viene ammazzato l'11 luglio 1979 a Milano da un kil-ler di Cosa Nostra. Nel 1980 si celebra negli Usa il processo per il crac della Franklin Bank, che si conclude rapidamente con la pena, per Sindona, a venticinque anni di carcere. Ormai la situazione è fuori controllo. Nel marzo 1981, i magistrati Ghe-rardo Colombo e Giuliano Turone, seguendo la «lista dei 500» clienti di Sindona esportatori di valuta, scoprono l'elenco degli affiliati alla loggia Propaganda Due di Gelli. Si innesca lo scan-dalo della P2 che porterà alla crisi del governo. Due mesi dopo Calvi finisce in carcere per reati valutari; il 20 luglio 1981 vie-ne condannato a quattro anni di reclusione. È il turno del-l'Ambrosiano. Che rischia il crac. Siamo ad agosto quando Marcinkus e Calvi s'incontrano in Vaticano. L'arcivescovo gli fa firmare una manleva: tutte le responsabilità per le operazioni passate e future sono colpa sua. In cambio lo Ior offre delle lettere di *patronage* che consentono all'Ambrosiano di garantire i debiti esteri sino al 30 giugno 1982.[9] Poi, alla scadenza, 300 milioni allo Ior chiuderanno la partita. È una boccata d'ossigeno che garantisce a Calvi il tempo indispensabile per sanare i conti, dopo le indebite sottrazioni di titoli del Banco e dopo che Calvi si è appropriato di un milione di dollari. Insomma, il banchiere avrebbe avuto il tempo di sistemare le carte, di mettere a posto anche il comparto estero, dopo le alchimie con le società panamensi a favore dello Ior e dell'Ambrosiano. Almeno questo era l'obiettivo dell'accordo tra Marcinkus e Calvi. Il piano però fallisce. Il 31 maggio 1982, la Banca d'Italia denuncia rischi debitori per un miliardo e 300 milioni di dollari. Calvi fugge a Londra, dove viene ritrovato impiccato sotto il *Blackfriars bridge*, il ponte dei Frati Neri, il 18 giugno 1982. È stato ucciso. Il giorno prima i consiglieri dell'Ambrosiano avevano chiesto il commissariamento della banca.

Presto si scopre che i crediti dell'Ambrosiano riguardano le società estere legate allo Ior. Tanto che i commissari scelti da Banca d'Italia chiedono a Marcinkus di saldare il debito. Ma il presidente risponde picche. Il 6 agosto 1982 il ministro del Tesoro Beniamino Andreatta dispone la liquidazione del Banco Ambrosiano.

La riunione storica del 29 agosto 1983

Di fronte a questi scandali e all'emorragia finanziaria causata dalle truffaldine operazioni di Sindona-Calvi, l'astro di Marcinkus è destinato a inabissarsi. L'arcivescovo gode però della protezione incondizionata di Giovanni Paolo II. Protezione dovuta soprattutto ai fondi per oltre 100 milioni di dollari che il Vaticano inviò al sindacato polacco Solidarność.[10] Infatti, è solo per le insistenze del segretario di Stato Agostino Casaroli che l'arcivescovo non viene promosso cardinale. Già nel 1980 sempre Casaroli, contravvenendo alle disposizioni di Wojtyla, aveva impedito che Marcinkus testimoniasse nel processo Sindona a favore del finanziere di Patti sei anni dopo il crac. Evitando così un'ulteriore figura alla già critica posizione nella quale si era ritrovata la Chiesa. L'azione di Andreatta accelera lo scontro tra l'arcivescovo di Cicero e Casaroli. Il segretario vuol mettere alla porta Marcinkus visti i danni d'immagine e finanziari cagionati. Wojtyla, per esempio, deve proclamare l'Anno Santo straordinario nel 1983 (già tenutosi nel 1975) pur di far lievitare le donazioni e rimpinguare le casse. Per portare a termine il piano Casaroli si deve muovere con calma, senza sbagliare una mossa. Impiegherà così molto più tempo del previsto: Marcinkus lascerà la banca vaticana solo nel 1989.

La strategia per uscire da questa stagione prevede diverse fasi. Innanzitutto l'istituzione di una Commissione interna sulla vicenda Ior-Ambrosiano. La seconda mossa è quella di creare, con lo Stato italiano, una Commissione mista che determini le responsabilità vaticane nel dissesto dell'Istituto di Calvi. Bisogna infatti chiudere il contenzioso con l'Ambrosiano rapidamente e con il minor danno possibile.

La Santa Sede partecipa così ai lavori per risolvere le questioni pendenti tra Ior e i liquidatori della banca di Calvi, con tutte le carte consultabili presso un notaio svizzero. Viene convocato Marcinkus che si rifiuta di deporre. Ben presto si crea una spaccatura insanabile. I tre commissari scelti dal Vaticano, ovvero il presidente della Banca di Roma, Pellegrino Capaldo, vicino a Ciriaco De Mita, l'avvocato Agostino Gambino, già difensore della Banca Privata di Sindona, e monsignor Renato Dardozzi, ascoltatissimo consigliere di Casaroli, comprendono che la loro tesi minimalista sulle responsabilità dello Ior, «strumento inconsapevole» di Calvi, non è condivisa dai membri italiani. Così nell'agosto del 1983 prospettano a Casaroli la sciagurata ipotesi che la Commissione possa naufragare, concludendo i lavori con relazioni separate tra governo italiano e Santa Sede. E gli consegnano un documento[11] dai toni drammatici: «I membri di parte italiana sembrano propendere per l'ipotesi di uno Ior socio di

1.   La Santa Sede e il Governo italiano prendono atto della
questione tra l'Istituto per le Opere di Religione, da un lato, e
il Banco Ambrosiano S.p.A. in liquidazione coatta amministrativa
e sue controllate, dall'altro, qui di seguito denominati soggetti
interessati, consistente in richieste avanzate dal Banco anzidet-
to e sue controllate nei confronti dell'Istituto per le Opere di
Religione, il quale afferma di nondovere alcunché, mentre dichia
ra di vantare a propria volta crediti nei confronti dei richieden
ti; e convengono sulla opportunità di collaborare per l'accertamento della verità.

2.   A tale scopo, le Parti danno incarico ai seguenti Signori di procedere congiuntamente al detto accertamento entro il
termine di due mesi dall'inizio dei lavori (e comunque non oltre
il 31 marzo 1983):

        - Per la Santa Sede:

        Avvocato Prof. Agostino Gambino, Copresidente
        Avvocato Prof. Pellegrino Capaldo
        Dott. Renato Dardozzi

        - Per il Governo italiano:

        Avvocato Pasquale Chiomenti, Copresidente
        Prof. Mario Cattaneo
        Avv. Prof. Alberto Santa Maria

3.   L'oggetto dell'accertamento dovrà riguardare:

a) le società indicate nelle lettere dette di patronage rilasciate
dall'Istituto per le Opere di Religione e le operazioni da esse so
cietà eseguite;

b) le obbligazioni eventualmente originate dalle lettere predette;

c) le operazioni dette di "conto deposito" che l'Istituto per le
Opere di Religione afferma essere state eseguite per ordine e con
to di entità controllate direttamente o indirettamente dal Banco
Ambrosiano S.p.A.;

in quanto influenti direttamente o indirettamente sul contenzioso.

        Ciascuna delle Parti farà quanto è in suo potere perché i
soggetti interessati al contenzioso autorizzino, esonerando dai relativi impegni di segretezza, istituti bancari, enti di gestione fi
duciaria ed eventualmente persone fisiche, a porre a disposizione
dei Signori sopra nominati la documentazione relativa all'oggetto
dell'accertamento.

4.   I risultati dell'accertamento così effettuato e la documentazione acquisita verranno posti a disposizione dei soggetti in
teressati. Questi ultimi, valutati gli elementi così raccolti, de-
cideranno, in base ai rispettivi ordinamenti, sul seguito da dare
all'indagine, ivi compresa, se opportuna, la nomina di eventuali
amichevoli compositori per la risoluzione della controversia e la
determinazione delle relative procedure.

        Fatto nella Città del Vaticano il 24/12/1982 in due ori-
ginali in lingua italiana.

        Per la Santa Sede   Per il Governo della
                                         Repubblica Italiana

L'accordo sottoscritto tra Santa Sede e governo italiano per istituire una Commissione mista con il compito di far luce sui rapporti tra Ior e il gruppo Banco Ambrosiano. Firmata dal cardinale segretario di Stato Agostino Casaroli, e dall'ambasciatore d'Italia Claudio Chelli, l'intesa indica Renato Dardozzi tra i membri rappresentanti della Santa Sede.

Calvi nella realizzazione di un disegno occulto che si è concretizzato nella realizzazione di operazioni finanziarie che hanno portato al dissesto del Gruppo Ambrosiano». La posizione sarebbe in linea con quella dell'allora ministro Beniamino Andreatta, che quantificò in 1200 milioni di dollari il debito del Vaticano nel crac della banca di Calvi. I rischi finanziari e d'immagine che si profilano per la Santa Sede sono enormi. Il promemoria riduce le ipotesi d'azione:

Ne deriverà un contenzioso estremamente oneroso e complesso. Oltre a tenere presumibilmente lo Ior alla ribalta della cronaca internazionale per lungo tempo, rischia di porre in crisi lo Ior medesimo, a causa dei possibili sequestri di cui potrebbero essere oggetto i suoi beni, compresi i depositi presso varie banche italiane e straniere. È evidente che un eventuale dissesto dello Ior ne causerebbe l'impossibilità di restituire ai depositanti (Diocesi, Istituti Religiosi ecc.) quanto essi hanno, nel tempo, affidato. In questo quadro i membri di parte vaticana valutano positivamente l'opportunità di assecondare iniziative volte a un componimento amichevole della questione, in termini che non configurino attribuzioni di colpa, siano finanziariamente accettabili e tali inoltre da condurre alla definitiva chiusura dell'intera vicenda.

Insomma serve una pietra tombale. Di fronte a questo scenario Casaroli stringe i tempi. Convoca per il 29 agosto 1983 una riunione ristretta che determinerà le mosse del Vaticano con il governo italiano. Una riunione che rimarrà storica per le scelte adottate, per l'assunzione di responsabilità intrapresa seppur a porte chiuse, e per la messa in minoranza di Marcinkus e dei suoi alleati. Casaroli invita, oltre agli estensori del documento, anche Marcinkus e monsignor Eduardo Martínez Somalo, all'epoca sostituto della segreteria di Stato, ordinato poi cardinale nel Concistoro del 28 giugno 1988 da Giovanni Paolo II. Nella stanza scelta dal segretario di Stato l'aria è pesante. Gambino prende la parola. Difende a tutto campo Marcinkus. Rileva solo «anomalie formali», inezie:

La documentazione raccolta non ha evidenziato alcun elemento certo di colpa nei confronti del presidente e dei dirigenti dello Ior e segnatamente nessuna risultanza capace di far supporre che essi fossero consapevoli del disegno occulto del banchiere Calvi, concretatosi in operazioni finanziarie che hanno determinato il dissesto del Gruppo Ambrosiano. Da tale situazione potrebbero derivare azioni giudiziarie e provvedimenti di sequestro nei confronti dello Ior, essendo configurabile una responsabilità civile e patrimoniale anche in assenza di colpa.[12]

La testimonianza del giudice Bricchetti

Gambino sottovaluta le carte o è ancora lontano dalla verità. Proprio questa documentazione, giudicata da lui assolutoria, serve al giudice istruttore Renato Bricchetti di Milano per

Pro-memoria per Sua Eminenza il Cardinale Segretario di Stato

L'andamento dei lavori della Commissione nominata dalla Santa Sede e dal Governo Italiano lascia prevedere che, difficilmente, si giungerà ad un univoco consenso nell'accertamento della verità sullo svolgimento dei complessi rapporti Istituto per le Opere di Religione (I.O.R.) - Banco Ambrosiano.

Il lungo lavoro svolto e la copiosa documentazione raccolta consentono peraltro di formulare rispettivamente alcune ipotesi sullo svolgimento di quei rapporti, sul ruolo avuto da ciascuno dei soggetti e di conseguenza sulle rispettive responsabilità.

Le ipotesi vanno da:

1) uno I.O.R. strumento inconsapevole di un disegno occulto di Calvi che si è concretizzato nella realizzazione di operazioni finanziarie che hanno portato al dissesto del Gruppo Ambrosiano;

2) ad uno I.O.R. socio di Calvi nella realizzazione di quel disegno;

3) ad uno I.O.R., infine, "centro" di tutto il sistema di operazioni di cui Calvi era solo un esecutore.

I membri di parte vaticana ritengono, per parte loro, attendibile la prima ipotesi: ciò sulla base sia della documentazione raccolta, sia degli incontri che hanno potuto avere con gli alti Dirigenti dello I.O.R. Anche se questi ultimi possono aver commesso qualche imprudenza, soprattutto per la fiducia riposta nel Presidente dell'Ambrosiano, si può comprendere la difficoltà di cogliere il disegno che questi andava realizzando con un fitto intreccio di operazioni che, autonomamente considerate, potevano apparire normali. E' anche comprensibile che, data la lunga consuetudine di affari che lo legava al Banco Ambrosiano, lo I.O.R. abbia per così dire allentato la vigilanza sulle operazioni che Calvi via via gli prospettava.

Risulta che i membri di parte italiana sono su posizioni diverse. Pur se con varie sfumature, essi sembrano propendere per la seconda delle ipotesi sopra richiamate senza escludere del tutto la terza.

Allo stato attuale è probabile, pertanto, che la Commissione giunga a due relazioni con l'esposizione dei rispettivi punti di vista.

In ogni caso ne deriverà un contenzioso estremamente oneroso e complesso, dato anche che, dall'esercizio di attività economiche possono derivare responsabilità civili e patrimoniali pur in assenza di colpa.

Tale contenzioso, oltre a tenere presumibilmente lo I.O.R. alla ribalta della cronaca internazionale per lungo tempo, rischia di porre in crisi lo I.O.R. medesimo, a causa dei possibili sequestri di cui potrebbero essere oggetto i suoi beni, compresi i depositi presso varie banche italiane e straniere. E' evidente che un eventuale dissesto dello I.O.R. ne causerebbe l'impossibilità di restituire ai depositanti (Diocesi, Istituti Religiosi etc.) quanto essi gli hanno, nel tempo, affidato.

In questo quadro, i membri di parte vaticana valutano positivamente l'opportunità di assecondare iniziative volte ad un componimento amichevole della questione, in termini che non configurino attribuzioni di colpa, siano finanziariamente accettabili, e tali inoltre da condurre alla definitiva chiusura dell'intera vertenza.

Città del Vaticano, 17 Agosto 1983.

(Agostino Gambino)

(Pellegrino Capaldo)

(Renato Dardozzi)

Il documento, firmato dai rappresentanti della Santa Sede nella Commissione Ior/Ambrosiano, svela paure e rischi che hanno indotto poi il Vaticano, nel 1984, a pagare 242 milioni di dollari ai liquidatori della banca di Roberto Calvi.

spiccare il 20 febbraio 1987 un mandato di cattura contro Marcinkus, de Strobel e Mennini per concorso nel crac dell'Ambrosiano. Ricorda oggi Bricchetti:

Senza quelle carte non sarei riuscito ad arrivare al processo. Del lavoro di questa Commissione si sapeva poco o nulla. Si vedevano, s'incontravano, studiavano le carte all'estero mentre noi giudici italiani non avevamo in mano mezzo documento. Il protocollo istituendo della Commissione prevedeva infatti che il materiale consultato fosse depositato presso lo studio legale Mensch di Lugano. Prevedeva che la documentazione sarebbe stata lì per un breve tempo dopodiché il notaio aveva il dovere di procedere alla distruzione. Quando venimmo a sapere dell'esistenza di questi documenti, era un periodo in cui noi giudici eravamo «affamati» di carte, di cognizioni sulla situazione estera dell'Ambrosiano. Chiesi al procuratore svizzero Paolo Bernasconi di sequestrare quei documenti in un procedimento parallelo elvetico aperto per ricettazione. Ottenni le carte con regolare rogatoria.[13]

Torniamo alla riunione decisiva. Anche Marcinkus prende la parola, sicuro, impassibile. Fa quadrato sui «normali rapporti bancari con l'Ambrosiano in liquidazione», rilancia la «ragionata fiducia dello Ior in Calvi; fiducia giustificata tra l'altro dall'apprezzamento diretto e indiretto dell'Autorità monetaria italiana». Insomma, Marcinkus giura che «lo Ior ha sempre ignorato che il Calvi perseguisse propri disegni occulti valendosi del nome della banca vaticana». E detta persino la linea: «dovrà escludersi da un eventuale testo di accordo ogni attribuzione di colpa allo Ior. Il sacrificio finanziario dovrà essere contenuto in quantità tollerabili». Per Casaroli la misura è superata. Interviene e raddrizza l'esito dell'incontro. Con i toni freddi, tipici del primo collaboratore del papa, come emerge sempre dalla relazione della riunione:

Sua Eminenza il cardinale segretario di Stato ha osservato che il fondamentale obiettivo da proporsi è quello di salvaguardare l'immagine della Santa Sede e ha espresso l'opinione che una composizione amichevole della vertenza appare indispensabile.

Arrivano così le prime significative ammissioni del dissesto:

L'intera vicenda può riassumersi nei termini seguenti: a) i riscontri documentali non forniscono certezza, ciò – interpretato con spirito di parte – può fare ipotizzare esiti sfavorevoli di eventuali giudizi contro lo Ior; b) essendosi comunque verificato un dissesto produttivo di danni, a carico di soggetti terzi, in attività in cui lo Ior non è assente, motivi di ragionevolezza e di equanimità militano a favore di un intervento dell'Istituto. Alla domanda tuttavia se tale intervento non potrebbe essere interpretato come riconoscimento di colpa risponde il professor Capaldo che quest'ultimo problema potrebbe risolversi attraverso le modalità di intervento che dovrebbero articolarsi in modo tale da ridurre e forse escludere tale interpretazione.

Casaroli si fa promotore di un'iniziativa diplomatica con il governo Craxi per chiudere la vicenda. Nel frattempo viene introdotto il Nuovo diritto canonico voluto da Giovanni Paolo II: è abolita la norma che prevedeva l'automatica scomunica per i massoni. Joseph Ratzinger, prefetto della Congregazione per la dottrina della fede, non è riuscito a far valere il principio di scomunica introdotto da Clemente XII nel 1738.[14]

Si arriva così alla transazione risolutiva con le banche creditrici dell'Ambrosiano di Calvi, firmata a Ginevra il 25 maggio 1984. La banca del Vaticano, pur sostenendo la sua «estraneità ai fatti», versa 242 milioni di dollari di «contributo volontario». Somma che estingue qualsiasi credito. Con questo «accordo»,[15] firmato da Marcinkus e dal suo segretario de Bonis, lo Ior azzera infatti debiti per 400 miliardi di lire e, soprattutto, evita il rischio che questi lievitino a oltre 1500[16] con le cosiddette lettere di *patronage* che avallano l'esposizione dell'Istituto milanese.

Per il Vaticano la partita è chiusa. Ora è questione di tempo per rendere meno traumatica la rottura. Il 20 marzo 1986 alle 14.12 Sindona, da poco estradato dagli Stati Uniti e appena condannato all'ergastolo per l'omicidio dell'avvocato Giorgio Ambrosoli, muore nel carcere di Voghera dopo aver bevuto un caffè corretto con un grammo di sali di cianuro e cinquantatré ore di coma. A novembre, sette mesi dopo, il giudice istruttore Antonio De Donno dichiara di «non dover promuovere l'azione penale, essendosi trattato di suicidio».

Marcinkus ha comunque perso. Sarà il triplice mandato di cattura, emesso il 20 febbraio 1987 dalla magistratura milanese contro l'arcivescovo e i dirigenti dello Ior Luigi Mennini e Pellegrino de Strobel, ad accelerare le determinazioni di Wojtyla. I giudici considerano il vertice dello Ior corresponsabile della bancarotta fraudolenta del Banco. Marcinkus rimane alla guida dello Ior, «sorvegliato speciale» da un'apposita Commissione di vigilanza promossa da Casaroli e dal fido consigliere monsignor Renato Dardozzi. A de Strobel e Mennini rimangono incarichi formali. In pratica, vengono messi da parte.[17] Wojtyla intanto fa crescere il peso di cardinali e consiglieri considerati vicini all'Opus Dei. Lo Ior viene riformato da un'apposita Commissione; il 9 marzo 1989 Wojtyla congeda Marcinkus dalle colonne de «L'Osservatore Romano». Segue l'addio allo Ior dell'arcivescovo, che tornerà a Chicago nel 1997. Muore nel 2006 a Sun City, in Arizona, come quarto parroco della chiesetta di san Clemente. Le casse della banca vaticana piangono sofferenze per 77,3 miliardi di lire, mentre l'Ambrosiano è rifondato dal cattolico Giovanni Bazoli. Cade il muro di Berlino anche grazie al papa. Una pagina sembra chiusa. Wojtyla nemmeno lo immagina, ma una iniqua e violenta stagione di intrighi sta per affacciarsi sul papato e dilaniare la Santa Sede.

---

[1] Dopo la rivoluzione russa, il comunismo ateo e a favore della lotta di classe era considerato in Vaticano uno dei principali nemici della fede. Papa Pacelli lo indicava come il male assoluto leggendo nel Patto di Varsavia e nell'espansione dei paesi comunisti il pericolo da affrontare.

2   David A. Yallop, *In nome di Dio. La morte di papa Luciani*, Tullio Pironti editore, Napoli 1997.

3   David Yallop, *op. cit.*

4   Spellman curava anche i finanziamenti per evitare le infiltrazioni comuniste nei paesi Nato. Come l'assegno da oltre 10 milioni di dollari che nel Dopoguerra la Democrazia cristiana di Alcide De Gasperi ricevette dagli Alleati per vincere le elezioni del 1948. Tra i primi a sostenere questa tesi, il giornalista e scrittore americano Christopher Simpson, che cercava anche di individuare l'origine delle somme: «Fondi neri che non erano pagati dai contribuenti americani visto che una parte sostanziosa veniva dai beni sequestrati alla Germania nazista, incluso denaro e oro che le SS avevano rapinato agli ebrei» (Christopher Simpson Blowback, *The First Full Account of America's Recruitment of Nazis and Its Disastrous Effects on the Cold War, our Domestic and Foreign Policy*, Collier/Macmillan, London 1988). Negli anni Novanta il Congresso mondiale ebraico e alcuni storici americani hanno apertamente rilanciato la tesi e accusato la Chiesa sull'origine di quei soldi, sostenendo che provenivano dal bottino di guerra nazista, dai lager dell'Olocausto.

5   Sul punto le versioni sono controverse. Angelo Caloia, per esempio, nega con forza la circostanza nel libro-intervista di Giancarlo Galli, *Finanza bianca, la Chiesa, i soldi, il potere*, Mondadori, Milano 2004.

6   Gianfranco Piazzesi, Sandra Bonsanti, *La storia di Roberto Calvi*, Longanesi, Milano 1984.

7   Fabrizio Rizzi, «L'Oro di Pietro», in «Fortune», aprile 1989.

8   Sindona nasce a Patti nella poverissima provincia messinese nel 1920; dopo aver studiato in un istituto di gesuiti, nel 1942 conquista la laurea in legge, mentre le truppe anglo-americane occupano la Sicilia. Si allinea subito con il boss Baldassarre Tinebra. Da lui riceve partite di agrumi e di grano che vende al governo militare alleato. All'ufficio imposte di Messina prende confidenza con il sistema fiscale per trasferirsi a Milano e aprire, nel 1947, uno studio di consulenza fiscale nel centro della città. Sindona mostra a tutti le lettere di accredito dell'arcivescovo di Messina, che gli permettono di costruire una rete sempre più fitta di rapporti sotto la Madonnina. L'abilità di Sindona si chiama elusione fiscale e doppia fatturazione. A lui ricorrono imprenditori e professionisti per sfuggire al fisco. E Sindona li accontenta riparando all'estero. Già nel 1950 fonda la sua prima «scatola vuota» in Liechtenstein: la Fasco ag. Ma la clientela comprende anche famiglie mafiose come gli Inzerillo e i Gambino di New York, che rimangono colpite dalla spregiudicatezza e dal silenzio che questo siciliano assicura per carattere. A lui affidano i narcodollari. Sindona cresce ancora. Acquista la Banca Privata Finanziaria già Moizzi & C. di Milano grazie all'intercessione del segre-

tario dello Ior Massimo Spada, e nel 1959 centra un affare decisivo per la sua carriera. Trova il terreno e i 2 milioni e 400mila dollari necessari all'allora arcivescovo di Milano, Giovanni Battista Montini, per aprire la Madonnina, casa di riposo per anziani. Sindona è promosso consulente finanziario della Curia.

9   Le lettere indicavano: «Signori, la presente è per confermare che noi, direttamente o indirettamente, controlliamo le seguenti società: Manic SA (Lussemburgo), Astolfine SA (Panama), Nordeurop Establishment (Liechtenstein), United Trading Corporation (Panama), Erin SA (Panama), Bellatrix SA (Panama), Belrosa SA (Panama), Starfield SA (Panama). Confermiamo anche la nostra conoscenza dei loro debiti verso di voi a tutto il giugno 1981 come risulta dagli estratti conto allegati». Firmato Pellegrino de Strobel e Luigi Mennini.

10   David Yallop, *op. cit.*

11   Firmato dai tre consiglieri, l'appunto «promemoria per Sua Eminenza il cardinale segretario di Stato» è del 17 agosto 1983 e porta le firme di monsignor Dardozzi, copresidente della Commissione costituita con il governo italiano e dei membri Pellegrino Capaldo e Agostino Gambino «per l'accertamento della verità sulle questioni pendenti tra Ior e Ambrosiano in liquidazione». I tre portavano avanti una posizione opposta a quella del governo italiano, sostenendo che lo Ior fosse «strumento inconsapevole di un disegno occulto di Calvi. [...] Gli alti dirigenti dello Ior possono aver commesso qualche imprudenza soprattutto per la fiducia riposta nel presidente dell'Ambrosiano. Si può comprendere la difficoltà di cogliere il disegno che questi andava realizzando con un fitto intreccio di operazioni che, autonomamente considerate, potevano apparire normali. È anche comprensibile che data la lunga consuetudine di affari che lo legava al Banco Ambrosiano, lo Ior abbia per così dire allentato la vigilanza sulle operazioni che Calvi via via gli prospettava».

12   Stralcio del verbale dattiloscritto della riunione tenuta da Casaroli il 29 agosto 1983.

13   Renato Bricchetti, all'epoca giudice istruttore del crac Ambrosiano, autore di numerosi e autorevoli saggi di diritto, oggi è consigliere di Cassazione. Intervistato dall'autore il 30 ottobre 2008.

14   Il futuro papa Ratzinger, commentando le indiscrezioni giornalistiche che anticipavano l'abolizione della scomunica, aveva affermato che «rimane immutato il giudizio negativo della Chiesa nei riguardi delle associazioni massoniche. I loro princìpi sono stati sempre considerati inconciliabili con la dottrina della Chiesa: perciò l'iscrizione alla massoneria rimane proibita». Carlo Palermo, *Il quarto livello*, Editori Riuniti, Roma 1996.

[15] Franco Scottoni, «Ecco il testo dell'intesa tra Ior e Ambrosiano», in «la Repubblica», 5 marzo 1989.

[16] Giancarlo Galli, *op. cit.*

[17] «Anche per via dell'età avanzata (sono entrambi ultrasettantenni) sono stati di fatto accantonati. Risiedono nel pensionato di Santa Marta, mangiano nella mensa comune, fanno vita ritirata. Escono raramente la sera e solo per recarsi in qualche casa amica a recitare il rosario. Anche Marcinkus è stato ridimensionato dalla vicenda. Ha perso l'incarico di organizzatore dei viaggi del papa. Ha mantenuto invece quello di pro-presidente della Commissione di cardinali che amministra la città del Vaticano, il cosiddetto Governatorato. Ma si è giocato la porpora cardinalizia. […] E anche il suo potere all'interno dello Ior è diminuito di molto a vantaggio della Commissione di vigilanza sullo Ior». Angelo Pergolini, «Dimenticare Marcinkus», in «Espansione» n. 222, 1° novembre 1988.

Firma autorizzata: Andreotti Giulio

Una cassaforte impenetrabile

Molti pensano che lo Ior sia una banca per modo di dire, visto che non eroga prestiti né conta sportelli bancari né emette assegni. Tre affermazioni che non corrispondono al vero. Anzitutto, lo sportello bancario esiste a tutti gli effetti e si trova nel torrione Niccolò V. Per accedervi basta superare il lasco controllo di frontiera delle guardie svizzere con l'*escamotage* noto a ogni romano de Roma, ovvero mostrare una ricetta medica e dire che si deve raggiungere la farmacia interna. La guardia svizzera montante in genere lascia passare. Per aprire poi un conto in banca è, o almeno era, sufficiente godere di buone entrature nella nomenclatura vaticana. Sugli assegni è solo una mezza verità, anzi una mezza bugia. Certo, lo Ior non emette assegni solo perché non ne ha bisogno. All'occorrenza li chiede alle banche italiane presso le quali fa parte della clientela di prestigio. E assicura un'infinità di altri servizi, persino le carte di debito.[1]

Lo statuto e gli accordi con lo Stato italiano consentono allo Ior un'operatività da banca *offshore*, al di fuori di qualsiasi controllo. Ed è proprio questa la condizione che determina gli scandali finanziari dagli anni Settanta a oggi. Lo Ior assicura infatti discrezione totale nelle operazioni, assoluta impunità e autonomia operativa a chi lo gestisce e salvacondotto alla clientela. Anche all'interno delle mura leonine: la banca gode di amministrazione autonoma nella Santa Sede, status che consente a chi la dirige di sfuggire a qualsiasi tipo di controllo. Condizioni ben note a chi, da Marcinkus a de Bonis, mostra un'aggressività finanziaria quantomeno inconsueta per un sacerdote.

Lo statuto voluto da Wojtyla nel 1990 prevede che i clienti possano essere sia enti ecclesiastici (ordini, parrocchie), religiosi, sia residenti in Vaticano, laici e persino qualche straniero, purché destinino parte dei loro fondi a «opere di bene». La percentuale la si recupera in fretta visto che i conti non sono sottoposti a tassazione. In particolare, l'articolo 2 dello statuto dello Ior prevede: «Scopo dell'Istituto è di provvedere alla custodia e all'amministrazione dei beni mobili e immobili trasferiti o affidati all'Istituto medesimo da persone fisiche o giuridiche e destinati a opere di religione e di carità. L'Istituto pertanto accetta beni con la destinazione, almeno parziale e futura, di cui al precedente comma. L'Istituto può accettare depositi di beni da parte di enti e persone della Santa Sede e dello Stato della Città del Vaticano».

Particolarità questa assai allettante. Consente, in pratica, l'apertura di conti correnti da parte di chi vuol operare in pieno centro a Roma, su una banca estera che gestisce operazioni finanziarie fuori dagli accordi e dai filtri antiriciclaggio interbancari e internazionali.

Lo Ior non può essere perquisito. I telefoni non possono essere intercettati. I dipendenti nemmeno interrogati. Per sapere qualcosa sulle operazioni della banca la magistratura di un qualsiasi paese del mondo deve infatti avviare rogatoria allo Stato del Vaticano. Quando questo accade, quando arrivano le domande dei magistrati, è facile che sorga una specie di «conflitto d'interessi», visto che il Vaticano deve decidere se rispondere o meno a quesiti rivolti su attività della propria unica banca. Quasi sempre il Vaticano nega quindi ogni chiarimento e respinge le rogatorie. Oppure offre risposte assai scarne e parziali. La Santa Sede infatti nemmeno è tenuta a evadere le rogatorie. Se dà risposte lo fa per pura cortesia diplomatica tra

Stati sovrani. Lo Stato Città del Vaticano è l'unico paese in Europa a non aver mai firmato alcuna convenzione di assistenza giudiziaria con i paesi del continente. Come il protocollo in materia penale di Strasburgo del 1978 firmato anche da paesi come Albania, Moldavia, Lussemburgo, Lituania e Cipro. Nemmeno esistono solidi accordi bilaterali, che l'Italia ha invece siglato con San Marino, l'altro micro-Stato presente nella penisola, con il quale esiste un trattato risalente al lontano 1939. Dal 1996 un apparente colpo di scena: «Lo Ior ha deciso autonomamente di adottare i principi fissati dal Gafi (Gruppo di azione finanziaria internazionale) in tema di misure contro la criminalità per impedire il riciclaggio di danaro sporco».[2] Ma si tratta di un'adesione assai debole; essendo autonoma è infatti priva di verifica da parte di qualsiasi organismo. Il Vaticano non fa parte dei trentaquattro paesi membri del Gafi, tra i quali troviamo invece Lussemburgo, Svizzera, Singapore e Hong Kong.

Ancora. I dirigenti dello Ior non possono essere né indagati, né arrestati, né processati in Italia. L'articolo 11 dei Patti Lateranensi recita:

> Gli enti centrali della Chiesa Cattolica sono esenti da ogni ingerenza da parte dello Stato italiano (salvo le disposizioni delle leggi italiane concernenti gli acquisti dei corpi morali), nonché dalla conversione nei riguardi dei beni immobili.

Secondo l'interpretazione della Cassazione, chi lavora in strutture centrali della Santa Sede non può quindi essere sottoposto a giudizio né arrestato in Italia. In pratica, gode di un'immunità non contemplata in alcun codice e che invece ricorda quella prevista solo per il presidente della Repubblica, o quelle introdotte di recente nel paese dal cosiddetto «Lodo Alfano», riservato però ovviamente a cariche istituzionali italiane.

Così, nel 1987, il presidente dello Ior Paul Marcinkus e i suoi collaboratori Mennini e de Strobel hanno evitato l'arresto. La Suprema Corte ha annullato i mandati di cattura emessi dal giudice Renato Bricchetti rinunciando di fatto alla giurisdizione, creando una criticata cessione di sovranità tale da influenzare l'attività dei magistrati per mezzo secolo. Si è aperta una discussione tra giuristi ma la Corte costituzionale vi ha messo poi sopra una pietra tombale avvalorando così la pronuncia dei giudici con l'ermellino. Questo almeno sino al 2004, quando un'altra sentenza della Cassazione, sull'inquinamento elettromagnetico di Radio vaticana, ha reintrodotto la piena legittimità a perseguire reati da chiunque commessi in territorio italiano.

De Bonis, manovale di Dio

Ma torniamo a Marcinkus. Il suo sistema di potere, di affari e alleanze deve continuare e sopravvivere a qualsiasi maremoto, per operare nella discrezione più assoluta. È per questo che già nella primavera del 1987, quando si alza l'offensiva giudiziaria e Marcinkus rischia l'arresto con Mennini e il ragioniere capo dello Ior de Strobel, il presidente della banca vaticana architetta la successione e individua l'erede che ne modulerà gli insegnamenti secondo le necessità degli anni Novanta. La scelta cade sull'unico candidato valutabile: monsignor Donato de Bonis, allo Ior dal 1954, segretario particolare dell'ex presidente, il cardinale Alberto di Jorio, quindi segretario generale della banca dal 1970: il numero due. Da diciassette anni de Bonis segue infatti passo dopo passo le operazioni di Marcinkus. Sono loro i padroni della banca.

Non è dato sapere se la morbida fuoriuscita trattata da Marcinkus con i più alti porporati contemplasse la permanenza di de Bonis nella banca vaticana. Di certo Marcinkus rimane entro le mura sino al 1997, coltivando le sue relazioni, mentre monsignor de Bonis rifiuta sia il vescovado della sua Potenza sia la carica di ausiliare nella diocesi di Napoli pur di restare allo Ior. Così nel 1989 Casaroli, forse su indicazione diretta di Giovanni Paolo II, all'interno del nuovo organigramma, ritaglia per monsignor de Bonis un'inaspettata e gratificante funzione: prelato dello Ior. La figura di presidente viene ora sostituita dal Consiglio di sovrintendenza, in pratica un Consiglio d'amministrazione, che dal giugno del 1989 sarà presieduto dal banchiere laico lombardo Angelo Caloia. Una scelta che rappresenta una rottura con il passato, sostenuta anche da monsignor Renato Dardozzi, che raggiungerà Caloia sotto la Madonnina per proporgli la presidenza della banca vaticana. Amico personale di Bazoli e del cardinale Carlo Maria Martini di Milano, assai vicino al gruppo del democristiano Vittorino Colombo, Caloia è l'espressione più nitida della finanza bianca del Nord.

In questo gioco di equilibri e spartizioni, de Bonis diventa appunto prelato, ovvero la cerniera tra la banca e i cinque cardinali della Commissione di controllo che riferisce direttamente al papa.[3] Ma de Bonis è soprattutto la memoria storica dello Ior, fine conoscitore delle debolezze di ogni dipendente, dei segreti di ogni operazione eseguita e soprattutto dei tempi e controtempi della finanza vaticana. È natio di Pietragalla, uno dei paesi più poveri della Basilicata, che lascia a dieci anni per entrare in seminario. Il giornalista Giancarlo Zizola lo magnifica così dalle colonne del settimanale «Panorama» nel 1989:

De Bonis è nato nel 1930; sua madre, napoletana, faceva la maestra di scuola, suo padre il direttore di banca. Spirito evangelico e professionismo manageriale s'intrecciano in questa famiglia cattolica di sette figli (una è terziaria francescana, due hanno scelto la carriera in banca). A dieci anni Donato entra nel seminario di Potenza, fra le cui mura vive un'adolescenza segnata dagli stenti della guerra. Frequenta il liceo al seminario regionale di Salerno. Nel 1953 è ordinato vicario di Roma, a san Giovanni in Laterano, da Clemente Micara. L'anno dopo entra nella stanza dei bottoni del Vaticano, allo Ior, rincorrendo il sogno familiare di ricomporre l'uso del denaro e l'utopia francescana. Il suo patrono è il cardinale di Jorio, presidente

LE FINANZE VATICANE NEGLI ANNI NOVANTA

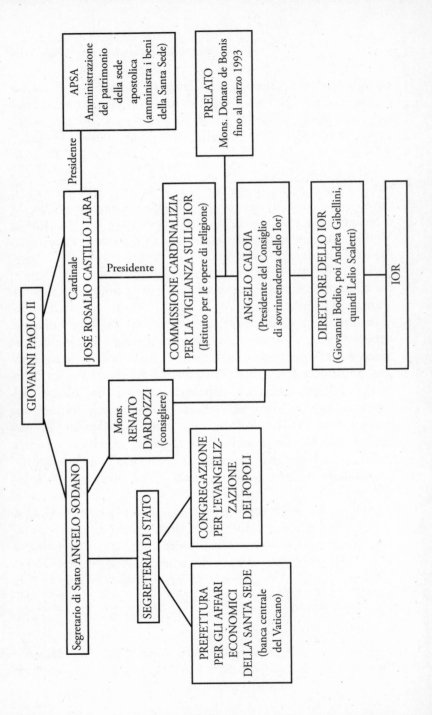

dello Ior. Nel 1970 quando di Jorio va in pensione e Paul Marcinkus prende il suo posto a capo della banca, de Bonis è nominato segretario generale. Una carriera fulminea velata di una discrezione assoluta: mai un ricevimento, sempre nell'ombra, nessun traffico con i Sindona, i Calvi e gli altri uomini d'oro dell'epoca. Il suo motto è un proverbio cinese: «Fa il bene e buttalo a mare. I pesci non sapranno chi lo ha buttato. Ma Dio lo sa». Nel suo ufficio un grave evangelario è sempre tenuto aperto sul leggio: «La Chiesa deve scegliere – dice – o sta con san Francesco o col business». L'idealismo di de Bonis, tuttavia, s'intreccia al pragmatismo e si misura sui grandi numeri: il suo orologio da polso ha due quadranti, uno con l'ora di Roma, l'altro con quella di New York.[4]

La storia dell'Ambrosiano in realtà va diversamente. De Bonis è un abile manipolatore. Pubblicamente cerca sempre di smarcarsi dal suo presidente Marcinkus, ma solo apparentemente. In realtà ne è l'ombra fedele in ogni affare. Con lui studia la vendita del 51 per cento della partecipazione dello Ior nel Banco di Roma Suisse, che viene ceduta per 100 milioni di dollari alla Union de Banques Suisses (Ubs), quasi 160 miliardi dell'epoca. Qualche anno dopo, sempre con la sua regia, lo Ior esce sia dall'Italmobiliare della famiglia Pesenti, cedendo l'1,7 per cento, sia dalla Banca del Gottardo, utilizzata da Calvi per smistare i denari dell'Ambrosiano.

Nel 1984, sempre con il presidente dello Ior, firma l'assegno per chiudere il contenzioso con i liquidatori dell'Ambrosiano. De Bonis sosterrà sempre la tesi di Marcinkus del raggiro di Calvi e Sindona a discapito del Vaticano. Tanto da abbandonare il *low profile*: «De Strobel e Marcinkus più che responsabili – giurava – sono vittime del crac dell'Ambrosiano»[5] e critica apertamente i magistrati che indagano sull'Istituto di Calvi, accusandoli «di non voler scoprire i reali responsabili della bancarotta. Non vorremmo che le energie impiegate finora per guardare in direzione dello Ior fossero tolte alla ricerca dei veri responsabili».[6] Al tempo stesso il prelato cerca di porsi come «fautore della moralizzazione», facendo filtrare sui giornali aneddoti sulla sua decantata trasparenza e saggezza. Con frasi epiche: «Ho i capelli bianchi fin da bambino, anzi, diciamolo, fin dalla nascita... Lavoro in silenzio [...] Io sono un manovale di Dio».[7] O quel biglietto inviato nel 1981 all'amico e attore Eduardo De Filippo:

> Mi è stato chiesto: cosa faresti se san Francesco bussasse alla tua porta? Ho risposto: da quando ebbi l'uso della ragione consegnai al poverello di Assisi la chiave di casa mia. Da quel momento san Francesco non bussa alla mia porta: entra quando vuole.[8]

Ancora, alla giornalista spagnola Isabel Pisano: «I magistrati hanno riconosciuto la mia estraneità a tutti gli eventi in questione; io non avevo nulla a che fare con la gestione dello Ior. Lasciavo fare ai laici e, come vede, sono l'unico che si è salvato...».[9]

«Lo stile di de Bonis – ricorda oggi il giudice Otello Lupacchini – è inconfondibile. Poche e misurate parole solo nei momenti più significativi della vicenda Ambrosiano. Un modo assai chiaro per eliminare ogni dubbio su quanto fosse influente e lanciare messaggi precisi. Anche perché in questi scandali vaticani contava tutto, la strategia politica, finanziaria, del dubbio, del ricatto e dell'inganno, tranne la fede.» In definitiva dai giornali il prelato auspica che «lo Ior torni a essere al servizio della Chiesa universale, dimenticando certi legami passati con la finanza laica internazionale».[10]

In realtà, la commistione prosegue. Tanto da vederlo coinvolto nel 1983, a causa di alcune raccomandazioni, in un filone dello scandalo dei petroli esploso già dieci anni prima: i giudici gli ritirano il passaporto, ma l'incidente viene presto dimenticato.

Il passaggio di consegne tra Marcinkus e il prelato dello Ior è graduale e in stile sommesso, come si usa nei sacri palazzi. De Bonis getta le fondamenta della successione nei mesi più tesi della vita del suo superiore. È il 15 luglio 1987, momenti cruciali per lo scandalo del crac Ambrosiano. A breve la Cassazione deciderà se mandare in carcere il presidente dello Ior come chiedono i giudici di Milano che indagano sul dissesto dell'Istituto di Roberto Calvi, oppure cambiare strada, ritenendo questa non percorribile nel rispetto dei Patti Lateranensi che garantiscono una sorta di «impunibilità» ai dirigenti della Santa Sede. Il presidente Marcinkus rischia quindi le manette. Alla vigilia della pronuncia, de Bonis inizia a tessere quella ragnatela che negli anni Novanta costituirà un sistema *offshore* per il riciclaggio di denaro entro le mura vaticane con conti criptati.

Il primo passo segreto lo ritroviamo nell'archivio Dardozzi: de Bonis firma regolare richiesta e lo Ior apre il primo conto corrente del neonato sistema *offshore*. Conto n. 001-3-14774-C: primo deposito in contanti di 494.400.000 lire ed elevato tasso d'interesse garantito, il 9 per cento annuo. Come ogni tela di ragno deve risultare invisibile a chiunque si avvicini, così l'attività finanziaria di de Bonis dev'essere occulta, protetta dalla riservatezza più assoluta per garantire la potente clientela, evitare gli scandali appena alle spalle, assicurare lauti profitti. A suo modo lo dichiara lui stesso: «Abbiamo sofferto ma la lezione è servita. Certi errori non si devono ripetere».

Per tenere lontana anche l'ombra dei sospetti, de Bonis intesta il deposito alla «Fondazione Cardinale Francis Spellman». Una misteriosa fondazione sulla quale si è saputo sempre poco. La scelta del nome non è comunque casuale. Si tratta proprio dell'omonimo Spellman, temuto cardinale, ordinario militare per gli Stati Uniti. Nel Dopoguerra dagli Usa finanziava la Dc con soldi che, secondo le tesi di alcuni storici, potrebbero esser stati trafugati agli ebrei dai nazisti. Spellman raccomandò Marcinkus all'allora papa Paolo VI. Oggi l'erede de Bonis gli rende omaggio. Sostenere altre ipotesi sarebbe un azzardo.

Se uno zelante funzionario dello Ior avesse voluto curiosare nel fascicolo del conto «Spellman», avrebbe scoperto che agli atti non compare alcuna traccia documentale della fondazione, nessun atto costitutivo, neppure una semplice lettera su carta intestata. La fondazione semplicemente non esiste. È un semplice ma efficace artificio. Ma allo Ior nessun funzionario nutre simili curiosità.

E allora perché tanto riserbo? Siamo alla vigilia della sentenza che può spedire in carcere Marcinkus facendo crollare un sistema di potere. Che deve quindi mimetizzarsi. Viene deciso di intestare il conto a un'inesistente fondazione benefica. Viene stabilito di indicare proprio il nome del cardinale Spellman, porporato, figura di coordinamento tra Usa-Cia-Vaticano e Italia. Perché? Se si gira il classico cartellino di deposito delle firme indicate per l'operatività sul conto oltre a de Bonis è segnato il nome del già quattro volte presidente del Consiglio, Giulio Andreotti.

Tutti i conti del presidente

Alle persone (quasi tutti prelati e porporati) che aprono un conto allo Ior viene chiesto di lasciare in busta chiusa le proprie volontà ereditarie. Nel fascicolo Ior del conto «Fondazione Spellman», fotocopiato da monsignor Renato Dardozzi e custodito nel suo archivio, sono indicate quelle del suo «gestore», appunto de Bonis. Che con il classico pennarello nero a punta media ha indicato su carta a righe queste illuminanti disposizioni testamentarie:

> Quanto risulterà alla mia morte, a credito del conto 001-3-14774-C, sia messo a disposizione di S.E. Giulio Andreotti per opere di carità e di assistenza, secondo la sua discrezione. Ringrazio, nel nome di Dio benedetto, Donato de Bonis, Vaticano 15.7.87.

Si tratta di un conto segreto di Andreotti gestito da de Bonis? O di una millanteria per proteggere affari poco limpidi? Tutti gli elementi fanno propendere per la prima ipotesi. Come la

ISTITUTO PER LE OPERE DI RELIGIONE
UFFICIO AMMINISTRATIVO
___

Fondo n. ..001..3..14774..C..

per ....

P^^T   166009

I. .. | 1 5 LUG. 1987

POSIZ 1730

Il sottoscritto ..Mons.Donato..de..Bonis..
nella sua qualità di ....
del ....
chiede che sia costituito un fondo ..Lire..italiane..
denominato: FONDAZIONE CARDINALE FRANCIS SPELLMAN

| | 31 Marzo ....
vincolo per ....6..mesi...... , prima scadenza | 30 Giugno ....
| | 30 Settembre ....
| | 31 Dicembre .1987.

alle condizioni seguenti:

a) Gli interessi nella misura del ...9%... annuo posticipato, saranno liquidati alla scadenza del vincolo.

b) L'Istituto ha facoltà, ove per il fondo non sia data disdetta entro la scadenza, di rinnovare il vincolo per un periodo uguale al precedente, alle condizioni di interesse attuabili alla scadenza e così successivamente.

c) L'Istituto potrà, se richiesto, concedere il ritiro di somme, anche durante il periodo di vincolo. In tal caso sarà applicato, su tali somme, il tasso d'interesse a debito nella misura di quello in corso maggiorato dell'1%.

Dalla data odierna, e fino a che l'Istituto per le Opere di Religione lo consentirà, su detto fondo sono fin d'ora autorizzati ad attuare tutte le operazioni con firme $\frac{disgiunte}{congiunte}$:

Mons.Donato de Bonis.. che firmerà ....
.... che firmerà ....
.... che firmerà ....
.... che firmerà ....
con piena approvazione del loro operato.

Vaticano, li ..15 luglio.......... 19 87

(firma)

(domicilio) ..Città del Vaticano..

Si autorizza la costituzione del fondo di cui sopra.

Vaticano, li .... 19........

LM/AC

IL PRESIDENTE

IOR Mod. 49 - 1986/3 (5.000)

Cartellino del conto corrente «Fondazione Cardinale Francis Spellman», aperto allo Ior con le firme di monsignor Donato de Bonis e «gestito per conto di Andreotti».

Volontà testamentarie di monsignor Donato de Bonis affinché il conto, in caso di morte, sia messo a disposizione di Giulio Andreotti.

serie di lettere riservate sugli affari del prelato che negli anni seguenti il presidente dello Ior Caloia invia periodicamente al segretario di Stato, cardinale Angelo Sodano. Non ultima quella del 21 giugno 1994 nella quale, a ormai sette anni dall'apertura del deposito, Caloia dà per scontato che «il conto della "Fondazione Cardinale Spellman" che l'ex prelato ha gestito per conto di Omissis contiene cifre dell'ordine di 4,5 miliardi che sono il risultato di titoli i cui numeri sono tutti compresi nella rogatoria della Procura di Milano». Omissis, come emerge chiaramente dalla documentazione conservata nell'archivio Dardozzi, è la sigla convenzionale utilizzata da Caloia e altri manager dello Ior per criptare proprio il nome di Giulio Andreotti. Per de Bonis, invece, è stato scelto il nome in codice «Roma». Per altri correntisti vengono concordati diversi nomi di città, come «Ancona» e «Siena», da usare sempre nelle comunicazioni scritte. Ancora oggi rimane sconosciuta, per esempio, l'identità di «Ancona».

A chi vanno i soldi: nomi e cognomi

Sul conto «Fondazione Spellman» gestito dal prelato dello Ior probabilmente per conto di Andreotti affluisce un'autentica valanga di denaro. Milioni di banconote, miliardi in contanti. Le contabili conservate nell'archivio Dardozzi ricostruiscono nel dettaglio tutte le movimentazioni. Il conto ha goduto di accrediti in Cct e in contanti. Dal 1987 al 1992 de Bonis introduce fisicamente in Vaticano *cash* per oltre 26 miliardi e li deposita tutti su «Fondazione Spellman». Con la rivalutazione monetaria la somma corrisponde a 26,4 milioni di euro di oggi.[11]

Più in dettaglio gli accrediti sul conto sono in crescendo fino a quando Tangentopoli non assume rilievo nazionale. Dal 14 luglio 1987 a fine 1988 vengono accreditati 2,5 miliardi in contanti, nel biennio 1989-90 la cifra quadruplica schizzando a quasi 10 miliardi, mentre nel solo 1991 vengono depositati altri 9,3 miliardi in contanti. Nel 1992 c'è un crollo delle operazioni: poco più di 4 miliardi in banconote. I liquidi non arrivano più allo Ior. I depositi rilevanti in valuta italiana s'interrompono bruscamente nel maggio successivo, lasciando per il resto dell'anno pochi e non rilevanti cambi di valuta. A questi importi bisogna sommare l'enorme quantità di titoli di Stato depositati e ritirati per altri 42 miliardi di lire,[12] corrispondenti a 32,5 milioni di euro. Ma da dove arrivano tutti questi soldi?

Un primo indizio inequivocabile risale ad anni e anni prima. Nel marzo del 1981, una sedicente «Fondazione Spellman» era operativa. Davanti a esterefatti parlamentari della Commissione d'inchiesta su Sindona, Pietro Macchiarella, uomo ombra del finanziere siciliano e a capo della società Fasco ag, aveva ammesso buoni rapporti tra la Dc e Sindona, e aveva parlato di una donazione da 200 milioni di lire offerta dalla Fasco ad Andreotti, proprio per la fantomatica «Fondazione Spellman». Notizia ripresa qualche anno dopo da Massimo Teodori in un duro intervento sui rapporti tra Sindona e Andreotti a Montecitorio: «Sappiamo che soldi furono distribuiti a destra e a manca: all'Irades di Flaminio Piccoli (certo, restituiti nel 1976), alla "Fondazione Spellman" di Andreotti e via di seguito [...]».[13]

Intanto le valigette zeppe di denaro portate da de Bonis diventano ormai una consuetudine per gli impiegati dello Ior. Il monsignore ogni settimana consegna migliaia di fascette da centomila lire con depositi che arrivano anche a mezzo miliardo in contanti per volta. Non disdegna gli assegni circolari (da 4-500 milioni) né i bonifici esteri, soprattutto dalla Svizzera. A Ginevra i rapporti sono con la Union bancaire privée, a Lugano con Banca di credito e commercio SA e con Banque Indosuez,[14] mentre per le operazioni con il Banco di Lugano si utilizza per comodità il conto 101-7-13907 aperto dallo Ior in quell'istituto elvetico. Vengono depositati anche libretti al portatore con liquidazione del lavoro e risparmi personali. Né mancano i riferimenti alla politica. A un versamento da 40 milioni è allegata l'indicazione, su carta intestata «palazzo di Montecitorio», «trasferire in Spellman». Su un altro foglio viene appuntato «Sen. Lavezzari» in concomitanza con il deposito di assegni per 590 milioni di lire. Carlo Lavezzari, imprenditore siderurgico lombardo, era un amico personale di Giulio Andreotti. Ex senatore democristiano, a Roma aveva il suo ufficio sullo stesso pianerottolo di quello storico dell'ex presidente del Consiglio, in piazza san Lorenzo in Lucina. Su alcuni bonifici è invece indicata anche una motivazione di apparente beneficenza. Come per i 2 miliardi e mezzo che fece accreditare il barone siciliano Bruno di Belmonte. Motivazione: Caritas Fund.

Se «la carità copre una moltitudine di peccati», come si legge nella prima lettera di san Pietro (capitolo 4.8), è vero che dal conto Spellman vengono periodicamente distribuite centinaia tra elemosine e donazioni a suore, monache, badesse, frati e abati, enti, ordini e missioni. L'elenco dei beneficiari è sterminato: suore ospedaliere della Misericordia, adoratrici dell'Eucarestia, orsoline di Cortina d'Ampezzo, oblate benedettine di Priscilla, carmelitane d'Arezzo. Ma anche ordini, istituti, parrocchie e monasteri: il monastero benedettino di clausura di Cesena, quello delle clarisse di Spello, in Umbria, le trappiste a Vitorchiano, alle porte di Viterbo, sino alle monache agostiniane. Quindi comunità e associazioni: Nomadelfia di Grosseto, il club Marcia Lazio, il Centro solidarietà di don Mario Picchi, la Comunità di Sant'Egidio, i 100 milioni alla «Fondazione Tito e Fanny Legrenzi». Sino alle persone che si sono distinte per le opere di bene, come la badessa generale delle suore di santa Brigida, Tekla Famiglietti, padre Valerio di Carlo a cui arrivano 218 milioni per «Assisi per l'Amazzonia» e lo storico Abelardo Lobato. O imprenditori vicini a Comunione e Liberazione e amici di Andreotti come Raffaello Fellah con la sua associazione «Il Triangolo» di Roma. E ancora, il Villaggio dei Ragazzi in provincia di Caserta (aderente ai Legionari di Cristo) da sempre nel cuore di Andreotti, che riceve in tutto oltre due miliardi e 200 milioni.[15]

La gestione caritatevole del patrimonio rimane però marginale. Per il cassiere della Democrazia cristiana Severino Citaristi, pluricondannato in Tangentopoli, compare un assegno da 60 milioni. Tra il 1990 e il 1991 dal conto «Spellman» dello Ior escono invece 400 milioni per l'avvocato Odoardo Ascari. In quegli anni il penalista è difensore di Edgardo Sogno e patrono civile della famiglia del commissario Luigi Calabresi; poco tempo dopo verrà nominato da Andreotti come avvocato nei procedimenti aperti a Palermo per concorso in associazione mafiosa.

Un miliardo e 563 milioni vanno a un fantomatico «Comitato Spellman» con prelievi in contanti o con il ritiro di pacchi di assegni circolari di taglio diverso (da 1, 2, 5, 10, 20 milioni). Solo beneficenza? Un milione di dollari al cardinale brasiliano Lucas Moreira Neves, sino al 2000 prefetto della Congregazione dei vescovi, mentre altri bonifici sono destinati all'allora arcivescovo di New York, cardinale John O'Connor, al cardinale croato Franjo Kuharic dell'arcidiocesi di Zagabria, sino all'ausiliare di Skope Prizren monsignor Nike Prela «per i fedeli di lingua albanese».

Presenti nell'elenco anche i diplomatici come Marino Fleri che si trova a Gerusalemme (30mila dollari), l'ambasciatore Stefano Falez, che nel 1992 riceve somme per «la stampa cattolica slovena», e il viceconsole onorario di New York Armando Tancredi. Dal fondo si prelevano anche i soldi per i congressi, come quello che si tiene a New York per gli studi su Cicerone nell'aprile del 1991. Dal «memorandum presidente Andreotti» allegato alle disposizioni dei bonifici e dalla contabilità dello Ior si deduce che dal conto vengono pagati 100mila dollari per le 182 camere degli ospiti al Plaza e allo Sheraton hotel, 225 milioni per i biglietti aerei, le visite guidate e i trasferimenti.

Spesso sui bonifici per l'estero, anche questi custoditi in copia nell'archivio Dardozzi, compare l'indicazione «P. Giulio», nome di battesimo del senatore a vita, come per il milione di franchi che arriva a Eva Sereny a Parigi, nell'ottobre del 1991, tramite il conto n. 751032-C aperto dallo Ior all'agenzia di rue du 4 septembre del Crédit Lyonnais di Parigi. Invece, per il milione e 300mila dollari destinati complessivamente alla «Casa dei bambini di Brooklyn» come ordinante dei bonifici si indicano gli «amici romani del cardinale Spellman». L'inconsueta variante latina «Julius» appare infine in un bonifico da 27mila dollari per il tedesco Alexandre Michels alla Dresdner Bank di Colonia in Germania. Per questa operazione lo Ior si appoggia al Banco di Lugano, mentre predilige la Chase Manhattan Bank di New York per il successivo accredito di altri 55mila dollari nell'ottobre del 1992.

Per lunghi anni, benché siano cambiati i vertici, questo fittissimo movimento di denaro non desta né perplessità né critiche in Vaticano. Né tra i nuovi dirigenti voluti per bonificare l'Istituto, a iniziare da Caloia e Giovanni Bodio, né tra i membri della Commissione cardinalizia preposta al controllo proprio delle attività della banca. Nemmeno quando de Bonis deposita titoli di Stato per decine di miliardi o li trasferisce a finanziarie lussemburghesi. De Bonis ne approfitta e, forte dell'appoggio di Marcinkus, fa crescere il sistema arrivando a gestire operazioni articolate su ben diciassette conti correnti. La centralità del ruolo gli consente di occuparsi in prima persona, con tranquillità, sia di conti sia delle grandi alleanze, come quando, nel settembre del 1991, liquida come mera «operazione tecnica» l'entrata dello Ior nel patto di sindacato dell'Ambroveneto, con l'integrazione del 2,29 per cento della quota già detenuta dall'Istituto nel pacchetto in mano a San Paolo e alla bresciana Mittell.

Ma è una calma apparente. Le manette all'ingegnere Mario Chiesa il 17 febbraio del 1992 segnano l'inizio di Mani pulite, che si abbatte sui politici della prima Repubblica con decine di arresti e avvisi di garanzia per corruzione. Un'onda giudiziaria che costringe il Vaticano ad avviare una discreta e rapida opera di controllo sui depositi gestiti per conto terzi.

Già nel marzo 1992 Caloia riceve una prima relazione stilata dai funzionari dello Ior sui conti di de Bonis. Molti sono intestati a fondazioni come quella «Cardinale Spellman» che appaiono fittizie. Scatta l'allarme. Per decapitare il sistema clandestino, il 1° aprile 1992 il Consiglio di sovrintendenza della banca adotta una rigida risoluzione:

> Nessun individuo connesso allo Ior in qualsiasi modo, che si tratti di un impiegato in attività o in pensione, un dirigente, un revisore contabile, un prelato, un membro del Consiglio, è autorizzato a gestire conti e fondi le cui risorse non gli appartengano personalmente.[16]

È un recinto costruito per de Bonis; il primo argine alla doppia contabilità. Ma non basta. Caloia chiede un approfondimento e viene costituita una Commissione segreta interna, formata da tre funzionari dell'Istituto. Dopo tre mesi di ricerche, il 7 luglio 1992 arriva sul tavolo del Consiglio il report top secret. La situazione è gravissima. Lo Ior e il Vaticano rischiano di essere coinvolti in un nuovo scandalo per aver gestito sia i soldi dei leader politici, a iniziare da quelli riconducibili ad Andreotti, sia i misteriosi Cct e le miliardarie provviste di denaro in contanti di de Bonis. La Commissione lavorerà sottotraccia per anni fino al marzo del 1994, quando ormai la situazione sarà nitida:

> La Commissione ha accertato, una volta per tutte, che ciò che viene chiamato «Fondo» o «Fondazione» non deve essere inteso come la Fondazione descritta nel Codice della legge canonica e accettato dai principi della *common law*. È stato affermato che la presidenza e la direzione che gestivano l'Istituto prima delle modifiche statutarie e la designazione del Consiglio attuale hanno fatto ampio ricorso ai termini Fondo e Fondazione nel definire i conti. Di fatto tali conti dovevano essere considerati come conti numerati secondo la pratica seguita da alcuni paesi stranieri. [...] Quanto è accaduto non ha nulla a che vedere con le Fondazioni reali, aperte e operate secondo i principi del Diritto canonico o ogni altro principio statutario.[17]

Si tratta di conti cifrati, ovvero i depositi più segreti custoditi in qualsiasi Istituto di credito. Sono depositi intestati a codici alfanumerici che si possono decifrare solo avendo accesso al cosiddetto «ufficio cifra» della banca, dove sono conservati tutti i cartellini con i nomi dei clienti ai quali i codici fanno riferimento.

I documenti top secret

Caloia tentenna. Non sa se avvisare subito anche il santo padre della ragnatela clandestina appena scoperta. I dubbi sono dovuti soltanto a motivi di salute. Il pontefice è infatti appena stato operato per una displasia. Dopo l'intervento e la convalescenza è tornato in Vaticano, affaticato. Ma la situazione non è procrastinabile. Così il riservatissimo Caloia decide per l'offensiva. Prende carta e penna e il 5 agosto 1992 scrive al segretario particolare di Giovanni Paolo II, il fedelissimo Stanislao Dziwisz, arcivescovo di Cracovia dal 2005. Allega la relazione top secret sui conti delle fondazioni e di de Bonis, informa Dziwisz perché Wojtyla sappia subito come si sta muovendo l'erede di Marcinkus:

> Eccellenza reverendissima, la spero in buona salute. Spero che il santo padre stia pienamente riprendendo le sue condizioni fisiche, per continuare a essere consolazione e guida del nostro terrestre peregrinare. Mi permetto di inviargli, per Suo tramite, il mio filiale augurio di ogni bene.
>
> Non ho potuto e voluto, per ovvie ragioni, contattarla in questi giorni di trepidazione. Penso, tuttavia, di poterle ora far avere ulteriori informazioni che agevolino e, se possibile, completino – con i più saggi interventi – il cammino di chiarificazione in atto. Le unisco, pertanto, il risultato delle ulteriori verifiche, condotte in assoluta segretezza sulle Fondazioni, comprensive di una postilla dedicata al delicato capitolo delle Sante Messe. A giorni lascerò Roma per un periodo di riposo. Riprenderò nell'ultima settimana di agosto e spero tanto, dopo di allora, di poterla sentire e/o vedere. Affezionati ossequi, Angelo Caloia.

Caloia allega alla missiva un'approfondita ed esplosiva relazione sul sistema di conti di de Bonis. Merita di essere riportata in forma integrale nelle sue dodici annotazioni anche con riferimenti in codice a tre soggetti. E infatti, per «Roma» Caloia intende de Bonis, per «Omissis» Giulio Andreotti e per «Ancona» un alto prelato, come già ricordato non ancora riconosciuto.

> Fondazioni, ulteriori verifiche. Facendo seguito alla precedente memoria sull'argomento «Primi risultati attinenti le fondazioni» del marzo 1992, si riportano le principali novità emerse dalla ricognizione in atto presso lo Ior in merito all'esecuzione delle pie volontà. Il 1° aprile 1992, il Consiglio di sovrintendenza – anche in relazione alla lettera ricevuta dalla Commissione cardinalizia – ha nominato

ISTITUTO
PER LE
OPERE DI RELIGIONE

IL PRESIDENTE

5 agosto 1992

CITTÀ DEL VATICANO

Eccellenza Rev.ma,

La spero in buona salute. Spero che il Santo Padre stia pienamente riprendendo le Sue condizioni fisiche, per continuare ad essere consolazione e guida del nostro terrestre peregrinare. Mi permetto inviarGli, per Suo tramite, il mio filiale augurio di ogni bene.

Non ho potuto e voluto, per ovvie ragioni, contattarla in questi giorni di trepidazione. Penso, tuttavia, di poterle ora far avere ulteriori informazioni che agevolino e, se possibile, completino - con i più saggi interventi - il cammino di chiarificazione in atto. Le invio, pertanto, il risultato delle ulteriori verifiche - condotte in assoluta segretezza - sulle Fondazioni, comprensivo di una postilla dedicata al delicato capitolo delle SS. Messe.

A giorni lascerò Roma per un periodo di riposo. Riprenderò nell'ultima settimana di agosto e spero tanto, dopo di allora, di poterla sentire e/o vedere. Affezionati ossequi

Mons. Stanislao DZIWISZ

Angelo Caloia
(A. CALOIA)

Lettera di Angelo Caloia, presidente dello Ior, inviata a Stanislao Dziwisz, segretario particolare di Giovanni Paolo II, che anticipa il report riservato sui segreti dello Ior parallelo.

una Commissione *ad hoc* composta da tre capiufficio e da un coordinatore. La Commissione è incaricata di individuare i beni costituiti presso l'Istituto come fondazioni oppure allo stesso affidati per opere di religione e di carità e di predisporne l'elenco completo con l'indicazione dei tempi necessari per la raccolta e l'analisi della documentazione sottostante e la rendicontazione della gestione effettuata. Il Consiglio ha reso la Commissione responsabile dell'osservanza della disposizione della Commissione cardinalizia comportante il divieto – per tutte le persone in qualsiasi modo collegate funzionalmente allo Ior – di amministrare i beni in questione. Eventuali operazioni disposte dalle suddette persone devono perciò essere vistate da due membri della Commissione. Nel corso delle indagini condotte dalla Commissione, sono emerse rilevazioni sulle quali vale la pena di soffermarsi.

Per tutto questo periodo, le richieste di operazioni da parte di «Roma» sono state contenute e hanno riguardato principalmente i conti a nome della «Fondazione Spellman» (conto n. 001-3-14774-C) e quelli della «Santa Casa di Loreto» (conto n. 001-3-16899).

Ecco, per la prima volta, resi pubblici i conti cifrati dello Ior sui quali per tutti gli anni Novanta transiteranno diverse operazioni illecite mascherate da opere di carità. Un affare da centinaia di miliardi di lire. La descrizione dei conti qui riportata è la stessa che Caloia comunica al papa passando per il suo portavoce. Tutti documenti custoditi nell'archivio Dardozzi.

La ragnatela di conti dello Ior parallelo è costituita da diverse tipologie di depositi. Per semplicità possiamo dividerli in tre gruppi. Il primo raccoglie conti correnti intestati a fondazioni fittizie, riconducibili a politici e imprenditori, clientela che va tutelata con schermi e filtri per depistare ogni possibile controllo. Vi è quindi un secondo gruppo di depositi tutti direttamente riconducibili a monsignor de Bonis e da lui gestiti a titolo personale sui quali vengono accreditate cospicue somme anche in contanti. Infine, un ultimo gruppo è costituito da conti intestati a enti, congregazioni e santuari religiosi. Su questi transitano somme rilevanti di denaro. De Bonis ha potere di firma e agisce senza particolari remore.

Fondazione Cardinale Francis Spellman (conto n. 001-3-14774-C)
Il rapporto si apre a richiesta di «**Roma**» il 15 luglio 1987 con la sola firma dello stesso. Tuttavia sul cartellino di deposito delle firme appare anche il nome di «**Omissis**», la cui firma per la verità non è mai stata depositata. Su detto cartellino, in ogni modo, un'accurata obliterazione rende illeggibile il nome suddetto.

Il conto ha impostazione personale: non vi sono norme che regolino il funzionamento della «fondazione». Vi sono per contro disposizioni di ultima volontà di «Roma» che istruiscono perché quanto dovesse residuare alla sua morte venga trasferito a favore di «S.E. Omissis per opere di carità e di assistenza, secondo la sua discrezione». Non sono previste disposizioni a favore dell'Istituto. Il conto – anche in rapporto alle sue supposte finalità – presenta caratteristiche di movimentazione assai elevata: anche se dal 1° aprile 1992, data di inizio di operatività dei maggiori controlli, i movimenti in entrata e in uscita sono stati meno numerosi che in precedenza. Dal gennaio 1991 al 9 maggio 1992 la colonna maggiore mostra un movimento complessivo di 28.814 milioni di lire con 91 operazioni, ciò che significa una media di un'operazione ogni quattro giorni, computo degli interessi compreso. I prelievi sono stati nel medesimo periodo centotrentasei (ovvero uno ogni tre giorni).

L'alimentazione del conto è avvenuta attraverso depositi in contanti o ricavi di vendite di titoli. I prelievi sono avvenuti attraverso ritiri di contanti, qualche bonifico, emissione di nostri assegni circolari, acquisto di titoli presso di noi. La movimentazione titoli ha una singolare caratteristica. I nostri acquisti hanno riguardato, nel periodo, un importo globale di 10.791 milioni di lire; le nostre vendite 11.931 milioni. Non risulta che i titoli siano depositati presso di noi. Permangono in conclusione forti dubbi sull'effettiva natura di questo conto che, per frequenza ed entità della movimentazione e delle giacenze, sembrerebbe esulare dalle mere finalità per opere di carità e assistenza, che pure si riscontrano formalmente in alcune delle uscite. Il saldo, al 7 luglio 1992, è di circa 12,1 miliardi di lire.

Louis Augustus Jonas Foundation (conto n. 001-3-16764-G)
Rapporto iniziato il 10 ottobre 1990 a richiesta di tale **Luigi Bisignani**, che figura l'unica firma autorizzata sul conto. Si era sempre pensato che il Bisignani autorizzato ad operare fosse il presidente del-

l'Alitalia, in realtà si tratta del fratello Luigi, persona dell'entourage di «**Omissis**». A fine 1991 vengono presentati all'incasso titoli per 6 miliardi di lire. Nel mese di dicembre dello stesso anno vi è un trasferimento ad una banca lussemburghese per lire 3,7 miliardi con ordinante «**P. Star**» e beneficiario «Società Teal».[18] Questo bonifico porta la firma di «**Roma**», anche se egli non è delegato a operare sul conto. Si susseguono poi vari prelievi in contanti. Rilevante quello del 18 marzo per 3 miliardi.

Fondo san Serafino (conto 001-3-17178)

Rapporto iniziato l'8 maggio 1991 su richiesta di **Carlo Sama**, che si qualifica come presidente della «Fondazione san Serafino». Al marzo 1992 porta un saldo di 1948 milioni. Le firme autorizzate appartengono a un ramo della famiglia **Ferruzzi** (**Alessandra Ferruzzi**, il marito Carlo Sama e **Sergio Cusani**). La stessa intestazione del conto richiama direttamente la persona dello scomparso fondatore del gruppo Ferruzzi (**Serafino**, padre di Alessandra). Il conto ha vita breve quanto intensa: in due mesi la colonna avere genera un totale di 46,6 miliardi. Nel maggio e giugno del 1991 vengono accreditati i ricavi di titoli di Stato italiani per 9876 milioni e per 34.770 milioni. I titoli vengono presentati da «**Roma**», che non è delegato a operare sul conto. Gran parte dei denari viene trasferita con operazioni successive a banche elvetiche: lire 9850 milioni il 17.5.91, lire 9870 il 5.7.91, lire 21.150 milioni l'8.7.91. Gli ordinanti indicati sui moduli sottoscritti da «Roma» sono «**P. Star**» e «**St. Louis**». Beneficiario è «**Pius K. Steiner**». Con la medesima firma non autorizzata appare anche un prelievo in contanti di lire 38.550.000 in data 12 ottobre 1991. Vi è un punto in comune con le operazioni fatte sul conto «Louis Augustus Jonas Foundation» (vedi annotazione precedente, dove anche ricorrevano i nomi «P. Star» e «Louis»).[19]

Fondo mamma Roma per la lotta alla leucemia
(conto n. 001-3-15924; saldo circa 660 milioni)

Su alcuni documenti il conto viene riportato con la dicitura «Associazione Lotta alla Leucemia». Il rapporto viene aperto il 10 ottobre 1989 con un primo versamento in contanti di lire 200 milioni su autorizzazione di «**Roma**», che poi risulta essere l'unico firmatario del cònto. I principali movimenti di accredito provengono dai conti **Tumedei Alina Casalis** e dal «Fondo san Martino». In data 13 dicembre 1991 dal conto viene prelevato l'importo di lire 412.800.000 che, nel controvalore di dollari Usa di 334.000, viene girato sul conto 051-3-10054 intestato «Roma Charity Fund». In ogni caso anche per questo deposito che sembrerebbe avere una specifica destinazione manca una qualsivoglia indicazione sul soddisfacimento delle stesse attraverso l'utilizzo degli ammontari ritirati.

Roma Charity Fund (conto n. 051-3-10054)
La pertinenza personale del fondo è evidenziata già nella sua intestazione. Un grosso flusso di alimentazione è l'accredito di 344mila dollari Usa (pari al controvalore di lire 412.800.000) prelevati dal «Fondo mamma Roma» per la lotta alla leucemia. Vi si ritrovano accrediti ordinati da persone già incontrate nei fondi precedenti, come per esempio Louis Augustus Jonas Foundation per lire 100 milioni. Vi è anche traccia di elargizioni religiose o caritative presumibilmente a titolo personale. Si veda sempre per esempio il pagamento di circa 172 milioni alle Suore di Santa Brigida e quello di lire 200 milioni in favore dell'Opera di don Picchi.

Fondo Madonna di Lourdes (conto n. 051-3-02370)
Saldo al 7 luglio 1992: circa 1,2 milioni di dollari Usa. Aperto nel maggio 1987 da **S.E. Vetrano**, deceduto nel novembre del 1990. Le disposizioni testamentarie sono a favore della moglie **Anna Bedogni** e, alla morte di quest'ultima, a favore di «**Roma**» o di chi da lui designato. Dalla sola formulazione di S.E. Vetrano non si può stabilire se «Roma» è stato designato come erede ultimo a titolo personale oppure in virtù del suo ruolo nell'Istituto. «Roma» sembra interpretare la futura eredità a titolo personale e non si preoccupa di far rilasciare il testamento della signora Bedogni vedova Vetrano.

Tumedei Alina Casalis (conti n. 051-1-03972, 051-6-04425 e 051-3-05620 - depositi valori n. 30908 e 31135)
Deriva dalla successione dei **coniugi Tumedei** (della moglie **Alina Casalis**, deceduta nel 1969, prima, e dell'avvocato **Cesare Tumedei**, successivamente). Le sostanze, per un valore di 3-4 miliardi di lire, vengono destinate per il 60 per cento a opere benefiche in campo

sanitario, secondo le volontà del defunto avvocato, e per il 40 per cento allo Ior per opere benefiche. Il 40 per cento di spettanza dello Ior viene gestito arbitrariamente da «**Roma**» su vari conti di cui si allega copia dei cartellini firma. La firma di «Roma» sui cartellini non sarebbe stata necessaria, trattandosi di fondi di pertinenza dell'Istituto (e non già dei suoi singoli componenti).

Non si vede come giustificare i trasferimenti:
- di lire 200 milioni in data 10.10.1989 al «Fondo mamma Roma».
- di lire 400 milioni in data 23.07.1990 al «Fondo mamma Roma».
- di lire 556 milioni in data 14.03.1991 al «Fondo san Martino» (conto n. 001-3-14577) quest'ultimo così discrezionalmente gestito da «Roma» che quando verrà estinto, la somma sarà girata al «Fondo mamma Roma».

Santa Casa di Loreto
(conto n. 001-3-16899; saldo circa 2,8 miliardi di lire)
Santuario di Loreto e Sacro Monte di Varese
(conto n. 051-3-10840; saldo circa 2,8 milioni di dollari)
I due conti sono in qualche modo collegati. Il primo, sul quale tra l'altro sono affluiti i donativi disposti dalla «Fondazione Paolo VI», è stato aperto il 21 dicembre 1990 a richiesta di «**Roma**», che figura come uno dei firmatari disgiunti; l'altro è «**Ancona**». Il secondo è stato aperto in data 25 ottobre 1991 (protocollo del 12 novembre 1991!) a richiesta di «Ancona», che figura come unico firmatario. Successivamente il 14 novembre 1991 il predetto «Ancona» conferisce delega a favore di «Roma». Questo secondo conto risulta aperto e alimentato con un giroconto di dollari Usa di 2.834.510 – a firma del delegato a operare «Roma» dal conto n. 051-3-05213 intestato «Fondo Santa Teresa» che viene così estinto. Le richieste di movimentazione dopo il 1° aprile sono avvenute, tramite «Roma», da «Ancona». «Ancona» in particolare ha chiesto informalmente di trasferire i dollari (circa 2,5 milioni) fuori dallo Ior. Di fronte alle resistenze oppostegli, «Ancona» acconsentirebbe a fare cambiare i dollari in lire, per avere un rendimento più elevato. L'operazione di cambio è tenuta in sospeso.

È continuato nei confronti dei conti intestati al defunto cardinale **di Jorio**, il comportamento di «Roma» quale «erede»: piccole cose ma fatte con l'atteggiamento di chi si sente proprietario (e non esecutore testamentario come avrebbe dovuto essere).

Nonostante la rarefazione delle richieste a firma di «Roma», molti dei conti già noti come a lui riferentisi sono stati movimentati a seguito di ordini sottoscritti direttamente dagli intestatari-fondatori. Ordini quindi formalmente regolari, ma sorge il dubbio che «Roma» si possa essere precostituito una serie di ordini firmati in bianco da queste persone, per poterli poi utilizzare senza sottostare ai controlli della Commissione. A completamento della documentazione già fornita, si unisce un elenco di conti dove «Roma» opera sia per formale conferimento di delega sia per prassi inveterata. Di tali conti si riporta anche la consistenza al 9 maggio 1992 e la pertinenza (come rilevata dalla documentazione di apertura). [...]

Fondo san Martino (conto n. 001-3-14577)

Rapporto iniziato il 7 marzo 1987 a richiesta di **«Roma»**, che lo utilizza per versarvi somme che gli provengono a vario titolo. Si veda per esempio il versamento da 100 milioni da parte del comm. **Lorenzo Leone** in data 24 aprile 1991 (N.B.: il comm. Leone è facoltoso nominativo di Bisceglie, che compare in relazione ai vari conti per importi rilevanti – circa 50/60 miliardi – a nome delle Suore di Bisceglie oltre che per conti personali per circa 16 miliardi). Oppure l'accredito su questo conto in data 30.04.1991 di lire 150 milioni, con contropartita al conto 001-9-40001 «Fondo a disposizione di S.E. Mons. prelato». Qui ritroviamo 556 milioni di lire provenienti dalla successione Tumedei **Alina Casalis**. Il conto n. 001-3-14577 viene estinto il 12.07.91 con un giro sul conto n. 001-3-15924 «Fondo mamma Roma».

Suore Ancelle della divina Provvidenza-Bisceglie

Conti vari per un controvalore complessivo in lire di circa 55,4 miliardi. La firma di **«Roma»** è stata aggiunta sui cartellini firma in data successiva all'apertura senza che risultino i prescritti conferimenti di delega. I rapporti delle Suore con lo Ior vengono a volte tenuti tramite il comm. **Lorenzo Leone**, lui pure di Bisceglie e titolare di conti per importi rilevanti.

Comm. Lorenzo Leone-Bisceglie

Conti variamente intestati, per un importo complessivo di circa 16 miliardi di lire. Trattasi di rapporti di natura personale, come si rileva dalle disposizioni testamentarie che prevedono la destinazione dei beni alla figlia e ai nipoti. Come si è visto parlando del «Fondo san Martino», il comm. **Leone** in almeno un'occasione ha beneficiato «Roma» (per 100 milioni di lire).

Una situazione che appare fuori controllo, tra irregolarità e appropriazioni di de Bonis. Una situazione esposta ai rilevanti rischi delle inchieste della magistratura italiana. Ma è l'ultimo capitolo del dossier a sorprendere particolarmente il segretario di Wojtyla. Che lo rilegge più volte.

Postilla relativa al conto per le SS. Messe

Le rendite dei legati consentono ogni anno la celebrazione di un certo numero di SS. Messe. Più precisamente il totale delle Messe permesse dai vari legati ammonta a 8700. Una disposizione del gennaio 1990 (a firma **Marcinkus, de Strobel** e **de Bonis**) stabilisce che si debbano corrispondere lire 10.000 per ogni S. Messa fino al numero di 8000 e lire 15.000 per le SS. Messe oltre tale numero. Va da sé che il bilancio dello Ior deve provvedere a integrare il conto n. 001-9-200000 (relativo alle SS. Messe) per la differenza tra il valore delle rendite rivenienti dai legati e le cifre corrisposte ai celebranti. Di fatto tale integrazione è stata, per il 1989 e il 1990, di circa lire 90 milioni annui, consentendo così la celebrazione di circa 10.000 SS. Messe ogni anno.

Nell'esaminare l'andamento del conto di mastro n. 001-9-200000, dedicato agli oneri per le SS. Messe, ci si è accorti che lo stesso, normalmente debitore (e proprio per questo bisognoso dell'integrazione di cui sopra, a opera del bilancio Ior), presentava fino al 1991 un saldo creditore di lire 166.028.299 (riveniente da imprevisti e cospicui lasciti successori destinati per celebrazione di ulteriori SS. Messe).

Con l'autorizzazione (arbitraria) della direzione del tempo e senza quella (assolutamente necessaria, come recita il diritto canonico e come vuole la finalità dello Ior), dell'ordinario (che solo può disporre siffatte commutazioni), tale saldo è stato girato, nel maggior importo di lire 194.469.206, al conto n. 001-3-01383, intestato «Ior Beneficenza», senza la raccolta delle firme necessarie.

Quest'ultimo conto è stato in effetti largamente utilizzato quest'anno da «**Roma**», attraverso ritiri di contante non sicuramente finalizzati alla celebrazione di SS. Messe. Quarantacinque operazioni di prelievo hanno sostanzialmente azzerato il saldo del conto. L'esistenza di questo conto (per il quale si è disposta l'immediata chiusura) non è mai stata portata a conoscenza del Consiglio di sovrintendenza; e ciò malgrado la messa a disposizione di «Roma», da parte dello stesso Consiglio, di un importo di lire 150 milioni (che «Roma» ha provveduto a girare sul «Fondo san Martino» già sopra evidenziato), per opere di beneficenza legate alla sua funzione.

Riferiamo infine che il conto per le SS. Messe (n. 001-9-200000) continuava a essere operato da «Roma» (anche dopo la normativa del 1° aprile 1992) per l'assegnazione di gruppi di SS. Messe (100/200 per nominativo) a un insieme di sacerdoti, senza il necessario scrutinio per conformità contabile a opera di due dei tre membri della Commissione e senza l'acquisizione dei riscontri di avvenuta ricezione. Vista l'estrema importanza della questione e la sua assoluta delicatezza, è allo studio una razionalizzazione che concerne le procedute tanto di assegnazione delle SS. Messe quanto di controllo dell'avvenuta esecuzione delle pie volontà.

Il sistema *offshore* di de Bonis si alimenta quindi anche dei soldi lasciati dai fedeli per le Sante Messe in memoria dei defunti, ultimo colpo di mano di Marcinkus, e testimonianza del passaggio di potere al nuovo prelato. Lo Ior rischia di precipitare in un altro scandalo internazionale.

---

[1]   Si legge sul memorandum del 24 aprile 1990: «Sul piano dei servizi accessori, una elencazione indicativa ma non esaustiva comprende: il noleggio delle cassette di sicurezza, la custodia di plichi chiusi, la vendita di travellers cheques, la collocazione delle carte di credito, la distribuzione della carta di debito di nostra emissione la cui utilizzazione è limitata alle installazioni di distributori di denaro nel solo ambito del territorio vaticano».

[2]   Memorandum sull'Ior del 24 aprile 1996.

[3]   Con la riforma dello Ior, Wojtyla aveva infatti affidato la gestione amministrativa e i controlli a due nuovi organismi. Innanzitutto il Consiglio di sovrintendenza, una specie di Consiglio d'amministrazione presiedu-

to dal laico Angelo Caloia con quattro consiglieri: lo spagnolo José Sánchez Asiaín, presidente del Banco Bilbao-Vizcaya, lo svizzero Philippe de Weck, presidente del direttorio dell'Ubs, considerati vicini all'Opus Dei, il tedesco Theodor Pietzker e l'americano Thomas Macioce, già presidente dell'influente associazione Cavalieri di Colombo. Più una Commissione cardinalizia di vigilanza formata da porporati chiamati a verificare l'operato della banca con presidente il venezuelano José Rosalio Castillo Lara.

[4] Giancarlo Zizola, «Banchiere di san Francesco», in «Panorama», n. 1197 del 26 marzo 1989.

[5] Orazio La Rocca, «Per difendere Marcinkus ora lo Ior rompe il silenzio», in «la Repubblica», 12 luglio 1987.

[6] Giancarlo Zizola, «Banchiere di san Francesco», in «Panorama», n. 1197 del 26 marzo 1989.

[7] Antonio Padalino, «Nei decenni fedele», in «Panorama», n. 1320 del 4 agosto 1991.

[8] Giancarlo Zizola, «Banchiere di san Francesco», in «Panorama», n. 1197 del 26 marzo 1989.

[9] Francesco Pazienza, *Il disubbidiente*, Longanesi, Milano 1999.

[10] Otello Lupacchini, sostituto procuratore generale a Roma, già giudice istruttore titolare di numerose inchieste sulla banda della Magliana, si è occupato, tra l'altro, dell'omicidio di Roberto Calvi, della strage di Bologna e dell'omicidio del generale americano Lemmon Hunt. Negli incontri con l'autore durante l'estate del 2008, Lupacchini ricorda così l'autopsia dopo la riesumazione di Calvi: «Strano che si fosse suicidato arrampicandosi sulla sabbia, come tanti vogliono far credere. Ricordo che aveva le unghie perfettamente curate».

[11] Valore approssimativo ricavato dalla rivalutazione monetaria compiuta tramite www.irpef.info.

[12] La somma si riferisce alle operazioni tra il 1990 e il 1993. In particolare de Bonis ha ritirato Cct per 22.453.000.000 lire e ne ha depositati per 19.930.000.000. La differenza, si può presumere, è dovuta a certificati non depositati nei caveau della banca vaticana.

[13] IX Legislatura, Atti parlamentari, Camera dei Deputati, seduta del 4 ottobre 1984.

[14] Mezzo miliardo arriva dalla Banque Indosuez il 19 novembre 1990 con il riferimento «cop.ns.tlx dir. dd 6.11.91, rif Ad Meliora».

[15] L'elenco è ricostruito da tutte le contabili e i rendiconti del deposito «Fondazione Spellman» conservati nell'archivio Dardozzi.

[16] Dal «promemoria per il Consiglio di sovrintendenza» del 18 febbraio 1994 firmato «V.P.», iniziali che corrispondono a Vincenzo Perrone, consulente dello Ior e uomo di fiducia di Caloia.

[17] Dal «promemoria per il Consiglio di sovrintendenza» del 9 marzo 1994 firmato sempre «V.P.».

[18] Nella relazione non emerge perché ancora non noto, ma questo bonifico con ordinante «P. Star» e beneficiario una fantomatica «Società Teal» fa parte delle rimesse estere della famosa maxitangente Enimont.

[19] La nota tra parentesi fa riferimento alla prima memoria con i «primi risultati attinenti le fondazioni», stilata nel marzo del 1992 sullo Ior parallelo.

Lo Ior parallelo

I comparti occulti

La lettera al papa consegnata a don Stanislao Dziwisz rimane senza risposta. Il momento è delicato. Quando Caloia avvia la Commissione segreta sulle fondazioni fittizie dello Ior, con i primi allarmanti dati e implicazioni della «Fondazione Spellman», siamo nel marzo del 1992: Andreotti è presidente del Consiglio, in piena campagna elettorale per le elezioni del successivo aprile. Mani pulite è all'inizio. Non solo, il 25 aprile 1992 l'allora presidente della Repubblica Francesco Cossiga annuncia le sue dimissioni due mesi prima della scadenza naturale del mandato spalancando le porte del Quirinale alla candidatura di Andreotti, sostenuto persino da Umberto Bossi. Solo dopo la strage di Capaci del 23 maggio 1992 verrà eletto presidente Oscar Luigi Scalfaro.

Caloia, per vincere questa guerra frontale dichiarata al prelato de Bonis, gioca quasi in solitudine e ha ancor più bisogno di sviluppare le informazioni sulle attività occulte di monsignor de Bonis, da girare sia al segretario di Stato Angelo Sodano sia a Dziwisz, affinché il santo padre, con discrezione, sappia e provveda.

Nella primavera del 1992, giorno dopo giorno, mese dopo mese, il sistema *offshore* costruito nel tempo da de Bonis emerge in tutta la sua gravità dai risultati delle indagini avviate dalla Commissione segreta dello Ior e da monsignor Dardozzi.

Lasciando sul campo alcune incognite, autentiche mine che possono deflagrare pregiudicando l'intera attività di bonifica portata avanti. Nessuno conosce ancora l'estensione del sistema dei conti gestiti dal monsignore banchiere: ci vorranno anni per ricostruire nel dettaglio tutte le operazioni, scoprirne gli attori, i complici e i beneficiari. Ma ancor più gravi sono le protezioni generate da questo sistema, che coinvolgono eminenti porporati in Vaticano e che sono foriere di potenziali ricatti e rivalse. Buchi neri che fanno della partita in atto uno scontro ad armi impari tra consorterie vaticane. Infatti il prelato dello Ior dipende dal presidente del Consiglio di sovrintendenza, teoricamente sottoposto proprio a Caloia, ma nella Romana Chiesa i sacerdoti dispongono, i laici eseguono.[1]

Proprio in quei mesi centrali del 1992, mentre inizia la guerra sotterranea per mettere all'angolo de Bonis, il sistema *offshore* cresce ancora, godendo di una sorta di «clandestinità finanziaria» che lo rende immune a tutto. Formalmente il prelato è la cinghia di collegamento tra laici e cardinali, in realtà è la regia di quella che assomiglia sempre più a una «banca nella banca». Una «lavanderia» che opera nel centro di Roma in regime extraterritoriale, indenne a qualsiasi cataclisma giudiziario che in quei mesi invece investe un'Italia emotiva e fragile con l'inchiesta di Mani pulite. Una «banca nella banca» affrancata da qualsiasi filtro antiriciclaggio introdotto dalle sempre più stringenti norme internazionali. De Bonis ha creato un vero e proprio «paradiso fiscale». Con disponibilità enormi e con una gestione privatistica delle eredità: le somme lasciate per beneficenza da facoltosi cattolici vengono talvolta stornate su conti personali.

Tangenti al posto della beneficenza

Ecco come funzionava il sistema: prendiamo il caso del conto «mamma Roma» alimentato nel 1989 con 200 milioni di lire che provengono dal deposito del celebre avvocato e docente di diritto romano Cesare Tumedei e da sua moglie. I coniugi avevano lasciato allo Ior i loro averi per opere di beneficenza. Invece allo Ior, senza alcun titolo, qualcuno dirotta quei fondi nella disponibilità diretta del prelato della banca. Chi è quel qualcuno? Pellegrino de Strobel, ragioniere capo ai tempi d'oro di Marcinkus e suo fedelissimo. Anche per lui i giudici milanesi avevano disposto l'arresto nell'inchiesta sul crac dell'Ambrosiano per venire poi stoppati dalla Cassazione. Il ragioniere lascia ora il testimone finanziario al fedelissimo monsignore e lo aiuta nelle prime operazioni. Si è quindi conclusa la fase della staffetta con la gestione Marcinkus. Il suo ex segretario ha preso il comando, riannodato le relazioni, gestito il patrimonio.

Sono diciassette i conti principali sui quali de Bonis «opera sia per formale delega – si legge nel report inviato da Caloia a Wojtyla nell'agosto del 1992 – sia per prassi inveterata». Tra l'89 e il '93 su questi depositi vengono compiute operazioni per oltre 310 miliardi di lire, circa 275,2 milioni di euro. Solo in contanti i movimenti, secondo una stima prudenziale,[2] superano i 110 miliardi. Ma è soprattutto l'intensissima movimentazione di titoli di Stato a preoccupare la Commissione segreta. In appena un biennio su questi conti riservati transitano fra i 135 e i 200 miliardi di lire in Cct. E si tratta solo di stime indicative. Ancora oggi non si ha certezza alcuna su quanto questo sistema parallelo abbia realmente movimentato negli anni in cui la finanza «allegra» spadroneggiava nello Stato pontificio.

Nell'archivio compaiono due distinti documenti con stime sugli importi gestiti. Nel primo, stilato proprio da monsignor Dardozzi e datato 12 novembre 1993, vengono indicati Cct per 200 miliardi di lire, «inviati a banche dal 1991 a oggi». Nel secondo documento, privo di data, per il triennio 1990-1993 si riporta la somma di 135 miliardi di titoli movimentati in riferimento all'esame solo di cinque dei diciassette conti gestiti da de Bonis (san Serafino, Louis Augustus Jonas Foundation, Fondo Domenico Bonifaci, Cardinale Spellman e Fondo cardinale di Jorio). Ma, più che di proiezioni realistiche, si tratta di proiezioni dettate dall'ottimismo e dalla paura che possano tornare i fantasmi del passato.

Nell'autunno del 1992 si scoprirà che i primi conteggi sono molto imprecisi. Il prelato è infatti assai capace a mimetizzare le sue attività segrete. E, soprattutto, assai più abile, spregiudicato e previdente nel proteggere i suoi affari di quanto nei sacri palazzi si possa immaginare. Nessuno sembra averlo previsto, sebbene la storia del monsignore arrivato dalla campagna della Basilicata sia stata in apparenza sotto gli occhi di tutti. Il banchiere dalla lunga tonaca ha raccolto e coniugato gli insegnamenti ricevuti sia da Marcinkus sia dal predecessore cardinale Alberto di Jorio, che aveva servito per vent'anni come segretario nella banca vaticana all'epoca delle prime operazioni d'ingegneria finanziaria. De Bonis è cresciuto, lasciandosi presto alle spalle le esperienze di gioventù, quando era stato alunno, professore e infine vicerettore del Pontificio seminario di Potenza, direttore di centri giovanili, assistente diocesano e persino guida spirituale di associazioni culturali. Ora si è fatto scaltro. Solo prevedendo di annoverare dei nemici tra le mura vaticane, ha creato una doppia copertura al sistema di conti. Ha costituito uno scudo, uno schermo invulnerabile che nessuno sarebbe stato in grado di superare agevolmente e che gli è tornato utile per posticipare la sua inevitabile fuoriuscita.

In pochi lo sospettano, in pochissimi nei sacri palazzi conoscono la sua attività. Nel circuito di conti correnti allo Ior il prelato ha organizzato un comparto completamente occulto. Fuori dai bilanci ufficiali, dalla movimentazione ordinaria. Il prelato utilizza canali extracontabili per gestire i Cct più imbarazzanti e mettersi al riparo da qualsiasi controllo. Secondo un report riservato di fine 1993, in quasi tre anni sono stati inviati all'incasso fuori contabilità titoli per oltre 16,6 miliardi. «Il sospetto è che vi sia stata una movimentazione di titoli e/o cedole – si trova costretto a scrivere Dardozzi – verso banche esterne, effettuata spendendo il nome dello Ior ma con conta-

bilizzazione inesistente o incompleta all'interno dell'Istituto.»
Si profila un vero e proprio «Ior parallelo», dalla doppia contabilità, con il prelato che ha piegato a proprio vantaggio le
finalità stesse dell'Istituto pur di garantire filtri all'indispensabile riservatezza dei suoi illustri clienti.

Nello statuto della banca si contempla la beneficenza e il
culto, destinando parte delle somme che lo Ior riceve e gestisce proprio per le opere di religione. Il regista del sistema
modula queste finalità trasformandole in una formidabile occasione per mimetizzare le proprie operazioni fra quelle tradizionali, meritorie, per elemosine e carità nel mondo. Infatti,
non solo i depositi sono attribuiti a fondazioni inesistenti, ma
spesso la scelta delle intestazioni è dettata dall'ipocrisia e dal
cinismo. Si pensi al conto «001-3-15924-C» che il prelato dello Ior ribattezza «Fondazione mamma de Bonis, lotta alla leucemia» o quello «Louis Augustus Jonas Foundation» che un
carissimo amico del prelato e di Andreotti, il lobbista Luigi
Bisignani, apre indicando l'«aiuto bimbi poveri» nelle finalità.
Su quei depositi, in realtà, più che oboli transitano soprattutto cospicue tangenti.

Oltre ai primi diciassette, la ricerca interna farà emergere
altri depositi sempre della galassia occulta dello Ior, che vengono indicati nelle relazioni raccolte da Dardozzi. Correntisti
che estendono quella rete di pertinenze intestate magari a fondazioni, a paravento di civili insospettabili, amici degli amici.
Nel documento sono elencate le intestazioni di quelli più
significativi con il saldo, in lire italiane o dollari, e tra parentesi la relativa pertinenza senza i nomi di battesimo, circostanza
che impedisce l'immediata riferibilità ai titolari:

- Fondo Carità S. Dino	1.658.979.000	(E. Viola)
- Fondo S. Giuliano	11.045.437.000	(Geronzi)
- Madonna di Lourdes	$ 1.172.500	(Vetrano)
- Fond. Cesare Peruzzi	700.000.000	(Buratti)
- De Guida Canori	3.620.000.000	(De Guida)
- Fondo S. Luigi	$ 1.090.700	(Manguso)

intestazione	c/	valori al 9.5.92	rif.
Louis August Jonas F.	001316764	L. 4.428.053.800,=	L.Bisignani
Fondo Carità S.Dino	001317007	L. 1.658.979.000,=	E. Viola
Fondo S. Giuliano	001316145	L. 11.045.437.000,=	Geronzi
Madonna di Lourdes	051302370	$usa 1.172.500,=	Vetrano
Fondo S. Serafino	001317178	L. 1.948.070.000,=	Cusani
Spellman Card.Francis	001314774	L. 12.073.534.000,=	Andreotti
S. Casa di Loreto " "	001316899 051310840	L. 2.655.469.000,= $usa 2.760.000,=	S.E.Macchi "
De Guida Canori	001315634	L. 3.620.000.000,=	De Guida
Fondo S. Luigi "	051302803 001112771	$usa 1.090.700.= L. 237.100.000,=	Manguso "
Fond.Lotta Leucemia	001315924	L. 242.500.000,=	
Fond.Cesare Peruzzi	001315247	L. 700.000.000,=	Buratti
Fond. S. Caterina	001314337	L. 276.388.000,=	
Comm.Lorenzo Leone	c/vari	L. 16.000.000.000,=	
Emanuele Caruso	"	L. 3.500.000.000,=	
Marco Melis	"	L. 9.500.000.000 =	

*Il documento inviato al segretario particolare di Giovanni Paolo II riporta tutti
i saldi dei conti correnti sullo Ior parallelo.*

Il segretario del papa e i pazzi di Bisceglie

Indebolire questo sistema di potere significa puntare innanzitutto a isolare de Bonis con la cosiddetta tecnica del car-
ciofo: individuare i punti deboli degli alleati del prelato per
metterli poi nella condizione di scaricarlo. Si parte quindi
proprio dai conti: la clientela speciale coltivata dal monsi-

gnore è di primissimo piano, molti sono gli amici di un tempo di Marcinkus.

Tra i tanti nomi, uno spicca su tutti. Quello di monsignor Pasquale Macchi, influente segretario di Giovanni Battista Montini, sia all'arcidiocesi di Milano sia quando il cardinale viene eletto papa Paolo VI nel 1963. Macchi è, come quasi tutti i segretari particolari dei pontefici, un consigliere molto ascoltato. E intesse rapporti con i palazzi del potere, stringendo amicizie con premier e leader politici che gli riconoscono un'intelligenza raffinata. Paolo VI valorizza le sue intuizioni. Ne appoggia certe mosse e, d'accordo con lui, permette a Marcinkus una carriera fulminea. Prima affidandogli la sicurezza nei suoi viaggi e poi la banca, lo Ior. Nel 1977 Macchi riesce ad allontanare addirittura il cardinale Giovanni Benelli dalla Segreteria con un blitz già ricostruito da Yallop: «Una congiura che aveva provocato la destituzione di Benelli dall'incarico di segretario di Stato».[3] Secondo alcuni giornalisti investigativi stranieri,[4] Paolo VI incaricò sempre Macchi di riorganizzare i servizi di sicurezza del Vaticano, ma è tesi che rimane ancora priva di pieno riscontro. «A Roma, monsignor Macchi – scriverà anni dopo proprio l'amico Andreotti – veniva altre volte nel corso dell'anno, soggiornando con due amici sacerdoti che l'hanno preceduto: padre Carlo Cremona e monsignor Donato de Bonis. Ora si ritrovano lassù».[5]

Nel 1988 Giovanni Paolo II nomina Macchi arcivescovo di Loreto. Per lui, de Bonis nutre un profondo sentimento di riconoscenza: l'ex segretario di Paolo VI si era adoperato e lo aveva aiutato per fargli raccogliere i poteri lasciati da Marcinkus allo Ior. Così il prelato opera su due conti di pertinenza di Macchi e intestati ufficialmente alla Santa Casa di Loreto, una tra le più importanti mete di pellegrinaggio del mondo cattolico. Il primo deposito reca un saldo di 2,655 miliardi di lire, sull'altro sono depositati 2,7 milioni di dollari. La gestione del conto poco trasparente, le richieste (respinte) di spostare somme su altri depositi personali fuori dallo Ior offrono a Caloia il destro per intraprendere la sua missione. Incontra Macchi per condividere con lui il proposito di allontanare de Bonis. Senza coinvolgere ovviamente alcuna autorità giudiziaria, né vaticana né tantomeno italiana. La diplomazia è al lavoro, anche se l'incontro non lascia soddisfatti né Caloia né Macchi. Ma ormai altre nubi si avvicinano.

Proprio in quei giorni dalla Basilicata, terra del prelato dello Ior, arrivano nuove preoccupazioni. Tutto nasce al centro psichiatrico Don Uva di Bisceglie, di proprietà formale della Congregazione delle Ancelle della Divina provvidenza. Il manicomio è il più grande d'Europa. Vengono curati circa ottocento pazienti e conta quattro sedi tra Puglia e Basilicata. Da una parte è quindi decantato per le applicazioni della psichiatria più moderna, dall'altra finisce spesso nel mirino dei giudici per presunti maltrattamenti dei malati mentali, morti sospette, truffe, clientele e appalti chiacchierati. Stavolta è il pm di Potenza Cinzia Mondatore che chiude un'inchiesta per frode e abuso d'atti d'ufficio. Le convenzioni con gli enti che erogano i finanziamenti non sarebbero state rispettate. Il pubblico ministero ottiene il rinvio a giudizio per i vertici della regione e gli amministratori del centro: monsignor Eligio Lelli e il commendatore Lorenzo Leone, *dominus* dell'ospedale. Più che il monsignore, è proprio il nome del commendatore a far sobbalzare le lunghe tonache ai piani alti dello Ior. Leone è infatti un facoltoso cliente della banca vaticana, con numerosi depositi personali per ben 16 miliardi (24,3 milioni di euro), ed è soprattutto un pupillo di de Bonis. I due sono legati da un'amicizia di lungo corso. Il monsignore va spesso a trovarlo in Puglia, dove ha anche celebrato il matrimonio di suo nipote.

Ma non è tutto. Sempre Leone gestisce proprio insieme al prelato della banca il conto delle suore titolari della struttura Don Uva, appunto le Ancelle della Divina provvidenza. La loro congregazione è stata fondata da don Pasquale Uva a Bisceglie nel 1922, e da allora le pie sorelle si dedicano all'assistenza dei bisognosi e dei malati di mente. Si potrebbe pensare a suore di povertà, ma si commetterebbe un errore madornale. Il deposito delle Ancelle presenta infatti un saldo di ben 55,4 miliardi di lire dell'epoca, 43,5 milioni di euro. Difficile risalire all'origine di tutti questi soldi. Forse lasciti, eredità. Di certo una somma enorme se si considera che l'arcidiocesi di una grande città presenta un bilancio di 10-12 milioni di euro. Su questo conto de Bonis opera in modo assai disinvolto, privo cioè dei prescritti conferimenti di delega. Dall'archivio Dardozzi emerge che il suo nome è stato segnato sul cartellino delle firme seppur senza alcun documento di incarico.

Da dove arrivano tutti questi soldi? Di certo la Congregazione oggi incassa dallo Stato oltre 100 euro al giorno per ogni paziente. In tutto una trentina di milioni di euro all'anno. Si potrebbe quindi immaginare una struttura modello, invece i degenti vivono in condizioni disumane, come racconta Gianni Lannes: «Si scivola sul pavimento cosparso d'urina: è l'odore dominante. Gli escrementi vengono spostati a secchiate d'acqua, il liquame s'incrosta sulle pareti. Circondati da corpi spesso nudi, persone chiedono l'elemosina di una sigaretta e recuperano occasionali mozziconi da terra».[6]

In Vaticano si teme il peggio. Qualcuno ipotizza persino che parte delle somme delle Ancelle possa avere un'origine illecita, che magari sia stata sottratta ai malati o dirottata dai finanziamenti pubblici che le strutture ricevono. Forse a insaputa delle stesse titolari del conto. È possibile che il deposito possa esser utilizzato per parcheggiare soldi di altri. Di persone che fiduciariamente nemmeno potevano apparire tra i clienti dello Ior.

Veleni, dubbi stimolati dai ricordi di una vecchia inchiesta per truffa sulle rette dei degenti che per Leone si concluse con un'attesa assoluzione. Il commendatore incasserà l'assoluzione in appello, nel 1996, ribaltando il giudizio di primo grado. Il caso però non è chiuso. Nel 1999 la magistratura s'interessa ancora dei soldi che arrivano al centro. Stavolta la Procura di

Trani indaga per riciclaggio, appropriazione indebita, malversazione ai danni dello Stato e associazione per delinquere. Manda agli arresti domiciliari parenti e collaboratori di Leone. L'accusa è di aver gonfiato i prezzi degli appalti per stornare somme a titolo personale: dal giardinaggio alla manutenzione, drenando almeno 11 miliardi di lire dai finanziamenti che arrivano dal ministero della Sanità tramite la regione Puglia. Il pubblico ministero Domenico Secchia chiede l'arresto di Leone ma all'improvviso il *dominus* del manicomio muore. La sua posizione viene archiviata. Peccato, con lui si spengono anche le accuse messe con coraggio a verbale da una suora. L'Ancella della Divina provvidenza aveva raccontato in Procura di aver visto il commendatore Leone caricare l'auto di scatole da scarpe zeppe di banconote per poi partire alla volta del Vaticano.

«Sua Sanità» Fiorenzo Angelini

Da sempre gli istituti per malati di mente e le case di cura e di riposo per anziani costituiscono un affare che garantisce ampi utili. È quindi impensabile che il binomio Sanità&Denaro possa essere trascurato da chi, come de Bonis, è assai attento a coltivare i rapporti con i porporati facoltosi e influenti della Chiesa cattolica. Così, se torniamo allo Ior parallelo degli anni Novanta, scopriamo fidato amico e cliente del prelato anche uno dei cardinali più influenti della Santa Sede: Fiorenzo Angelini, innalzato alla dignità cardinalizia da Wojtyla nel giugno del 1991 e assai vicino al santo padre. Unico vero cardinale «romano de Roma», punto di riferimento per medici e farmacisti cattolici, Angelini per undici anni copre la carica di presidente del Pontificio consiglio della pastorale per gli operatori sanitari. In altre parole, tra il 1985 e il 1996 il cardinale è il ministro della Sanità della Santa Sede nel mondo. Significa guidare un impero sconfinato: 40mila istituzioni legate alla Chiesa, delle quali tremila solo in Italia. E procurarsi diversi e inevitabili soprannomi: «Monsignor due stanze»,[7] visto che con lui come amico era impossibile non trovare posto in qualsiasi clinica, o «Sua Sanità» per la capacità di distillare potenti amicizie, come quella con Andreotti che Angelini indicava come «uomo giusto ed esemplare».

A tirarlo in ballo nella Tangentopoli italiana ci pensa Duilio Poggiolini, il potente direttore del ministero della Sanità italiano che trasforma le mazzette in lingotti. Arrestato, punta l'indice contro il cardinale sostenendo che «tutti avevano paura di monsignor Angelini, del suo potere immenso. [...] Raccomandava i suoi, segnalava certi imprenditori farmaceutici, pretendeva per loro un trattamento di riguardo, condizionava, dettava legge, lo faceva attraverso i suoi referenti, nella Cuf, la Commissione unica del farmaco, e nel Cip Farmaci».[8] Dalla Santa Sede piovono smentite a tutela del porporato. Angelini nega con forza. Gli fa eco il portavoce Joaquín Navarro-Valls che rispedisce al mittente anche le accuse fotocopia di Giuseppe Giampiero Miglio, amministratore delegato della Sandoz holding. Sul porporato convergono sia l'inchiesta napoletana sulla malasanità sia quella milanese condotta da Antonio Di Pietro. Il cardinale avrebbe estorto a una società farmaceutica contributi economici per convegni da lui promossi in Vaticano.

Al di là delle smentite di facciata, alla Santa Sede cresce la preoccupazione. Nell'archivio Dardozzi non è presente la contabilità della posizione di Angelini, ma dalla documentazione emergono alcuni interessanti retroscena. Innanzitutto, nei sacri palazzi temono che il loro ministro della Sanità non si sia comportato in maniera specchiata. Non si spiegherebbe perché il presidente della Commissione di controllo dello Ior, il potente cardinale Castillo Lara, ministro del Tesoro della Santa Sede, nei giorni dello scandalo Sanità convochi d'urgenza Caloia e gli chieda espressamente di tenere sotto controllo, con la dovuta discrezione, i movimenti sui conti correnti di «Sua Sanità». In particolare, non si vuole che il ministro della Sanità vaticana trasferisca le sue ricchezze in modo avventato, o compia qualche mossa che possa insospettire la magistratura italiana. Caloia risponde cauto. A sua volta non intende farsi coinvolgere in vicende a lui lontane. E lo evidenzia anche al segretario di Stato Sodano in una delle consuete lettere:

> Sono stato richiesto di tenere d'occhio i conti del cardinale Angelini per modo da evitare improvvide movimentazioni. Ho risposto di non aver mai avuto occasione di incontrare l'Eminente porporato anche perché, a detta dei responsabili interni, egli si è sempre avvalso dell'intermediazione di monsignor de Bonis.[9]

Le indagini di Milano e Napoli proseguono tra arresti e processi. Ex ministri della Sanità come Francesco De Lorenzo vengono rinchiusi per mesi in carcere, per poi vedere il processo ritenuto ingiusto dalla Corte costituzionale, ma della posizione di Angelini si perde ogni traccia. Il nome sparisce dalle cronache giudiziarie. Il cardinale non viene né indagato, né processato, nemmeno sentito. Anche per lui vale l'articolo 11 dei Patti Lateranensi, che assicura l'impunità totale a chi lavora nelle strutture centrali della Santa Sede.

---

[1] Assai efficace l'intervento di Giancarlo Galli nel suo *Finanza bianca, la Chiesa, i soldi, il potere*: «Un'aurea legge manageriale vuole che, in caso di conflitto fra un superiore e un inferiore, sia quest'ultimo a soccombere. Ma essendo lo Ior istituzione particolarissima, quando un laico entra in rotta di collisione con una tonaca non è più questione di gradi».

[2] Si sono sommati gli importi dei vari conti correnti come emergono dalle contabili dei depositi e dai rapporti riservati raccolti nell'archivio Dardozzi.

[3] David A. Yallop, *In nome di Dio. La morte di papa Luciani*, Tullio Pironti editore, Napoli 1997.

[4] La tesi è stata rilanciata di recente dallo spagnolo Eric Frattini ne *L'Entità*, Fazi Editore, Roma 2008.

[5] Editoriale in memoria di don Pasquale Macchi firmato da Giulio

Andreotti, direttore del mensile internazionale di Comunione e Liberazione «30 giorni», aprile 2006: «Del suo papa don Pasquale ha sempre coltivato la memoria con affetto filiale e con grande intelligenza».

[6] Gianni Lannes, in «Diario», 16 marzo 2007.

[7] Alessandra Longo, «Angelini il Richelieu delle medicine», in «la Repubblica», 12 ottobre 1993.

[8] *Ibidem.*

[9] Lettera di Caloia al segretario di Stato cardinale Sodano del 20 ottobre 1993. Per «responsabili interni» Caloia intende i collaboratori dello Ior che in quei mesi lo aiutarono a ricostruire la rete dei conti gestiti da de Bonis.

Enimont. La maxitangente

Il riciclaggio dello Ior

Siamo nel 1987. La scalata vincente di Raul Gardini alla Montedison, con un investimento di 2 miliardi di dollari, offre al gruppo Ferruzzi – leader nei cereali e dinastia seconda in Italia solo agli Agnelli – una rilevanza internazionale. Nella primavera del 1989 Gardini, conosciuto come il «corsaro di Ravenna»,[1] riesce anche a chiudere l'operazione finanziaria del secolo con l'Eni, creando una *joint venture* tra pubblico e privato. È il grande sogno della chimica unica nazionale, progetto che tanto fa sperare industriali e politici in nuove sfide planetarie dimenticando i dissesti del settore. Il 9 maggio 1989 nasce così Enimont, società mista paritetica con l'80 per cento delle azioni equamente divise tra Eni e Montedison e il restante 20 per cento sul mercato. Ma il polo chimico ha subito vita sfortunata. Ben presto i sogni si trasformano in incubi, dei peggiori. Da una parte i Ferruzzi, con un agguerritissimo Gardini che punta al controllo della società iniziando a scalare Enimont in Borsa, benché vietato dai patti. Dall'altra Gabriele Cagliari, presidente dell'Eni, che ricorre agli avvocati e chiede al governo di rompere con l'inaffidabile corsaro.

Nel novembre del 1990 Andreotti, allora presidente del Consiglio, decide di chiudere la partita e placare le sempre più roventi polemiche. Nasce quindi il cosiddetto «patto del cowboy», voluto dal ministro delle Partecipazioni statali Franco

Piga: alla parte privata si lascia libera scelta se comprare tutto o uscire dalla società. A Gardini viene quindi data la possibilità di vendere la sua quota in Enimont o acquistare quella dell'Eni. Montedison ci pensa su e sceglie di cedere. L'alleanza è rotta. L'Eni rileva il 40 per cento di Enimont dell'ex socio romagnolo ma a un prezzo assai superiore a quello di mercato. Così, con un maxiassegno da 2805 miliardi (oltre 2,1 miliardi di euro), staccato dal colosso degli idrocarburi, il gruppo di Ravenna esce di scena.

La chimica torna pubblica. Ma i passaggi per chiudere l'accordo non sono proprio trasparenti. Anzi, affinché i politici si mettano d'accordo vengono promessi soldi a quasi tutti i partiti, andando a costituire quella che verrà poi chiamata la «madre di tutte le tangenti», una maximazzetta finora mai pagata nella storia del paese. La distribuzione comincia già un mese dopo il divorzio dell'autunno del 1990, con i primi 4,7 miliardi destinati all'ex segretario della Dc Arnaldo Forlani e al cassiere del partito Severino Citaristi.

A differenza di tutti gli altri scandali per corruzione, le buste e le valigette di soldi non passano di mano in mano. Questa maxitangente viene dispensata con un sistema innovativo. Ecco l'iniziale provvista proveniente da fondi extra bilancio. Ecco i bonifici bancari, ecco le somme pulite e riciclate con triangolazioni su conti schermo e società di copertura. Ecco soprattutto lo Ior di de Bonis, una banca fuori dall'Italia, scelta per pulire e far transitare gran parte delle somme e destinarle ai prestanome dei leader della prima Repubblica.

I giudici celebreranno diversi processi senza riuscire mai a ricostruire il percorso di questa maxitangente, che emerge con chiarezza solo oggi dai documenti dell'archivio Dardozzi. La provvista di fondi neri per pagare i politici viene costituita grazie all'aiuto dell'immobiliarista romano Domenico Bonifaci, che mette a disposizione di Montedison 152,8 miliardi tra contanti e titoli di Stato.[2] La somma è distribuita a partiti e leader di governo, politici, membri del Cda dell'Eni pagati sia per vendere sia per acquistare, sino agli intermediari. A incaricarsene sono il consulente Sergio Cusani e Carlo Sama, amministratore delegato di Montedison che, a sua volta, può contare sulla fraterna amicizia con il potente responsabile delle relazioni esterne del gruppo, Luigi Bisignani.

Negli anni dell'Ambrosiano e di Roberto Calvi, de Bonis aveva conosciuto un giornalista dell'Ansa, prima agenzia di stampa in Italia, particolarmente spigliato, assai intuitivo, dalle influenti relazioni, Bisignani appunto, già capoufficio stampa del ministro del Tesoro Gaetano Stammati nei governi Andreotti degli anni Settanta e considerato assai vicino all'ex presidente del Consiglio.[3] Quando nel 1981 escono gli elenchi della loggia massonica P2 del venerabile Licio Gelli, a Castiglion Fibocchi, il piccolo comune della provincia di Arezzo, si scopre che dal 1977 la tessera 1689 è attribuita proprio a Bisignani.[4] Ma lui non si scompone. Ogni volta che si vede coinvolto in vicende di grembiuli e compassi smentisce seccamente: «Mai entrato in una loggia in vita mia».

In piena era Caloia e alla vigilia del divorzio tra Eni e Montedison, Bisignani si muove con dimestichezza in Vaticano. Con l'aiuto di de Bonis, l'11 ottobre 1990 apre allo Ior il conto 001-3-16764-G «Louis Augustus Jonas Foundation (Usa)» con 600 milioni in contanti. Si tratta di uno dei depositi dello Ior parallelo che Caloia aveva sottoposto all'attenzione del papa nell'estate del 1992 (vedi pag. 52). Stando all'intestazione questo deposito viene aperto, almeno formalmente, per raccogliere somme da destinare all'«aiuto bimbi poveri». In effetti, dal Dopoguerra, negli Stati Uniti è attiva una fondazione per opere di carità che porta proprio questo nome, con sede principale a Doylestown, in Pennsylvania. Ma si tratta di un'intestazione fittizia. «Bisignani ha ottimi rapporti con lo Ior – svelerà lo stesso de Bonis tempo dopo – da quando si occupava di Calvi e dell'Ambrosiano. La sua è una famiglia religiosissima; suo padre, Renato, un alto dirigente della Pirelli scomparso da anni, era un sant'uomo, la madre, Vincenzina, una donna tanto perbene. Bisignani è un bravo ragazzo. L'Istituto si occupa di opere di carità e gli amici aiutano i poveri, quelli che non hanno niente. Anche il sarto Litrico mi diceva "io vesto i ricchi per aiutare i poveri"».[5] Che però sia tutta una messinscena lo si può intuire da subito.

La posizione del conto rimane ferma per tre mesi. Quanto poi accade è fotografato dalle contabili bancarie custodite nell'archivio Dardozzi. Il 23 gennaio 1991, a metà mattinata de Bonis si presenta in banca con quasi 5 miliardi di titoli di Stato da inviare all'incasso su conti di privati cittadini e non di monache e frati. Monetizza rapidamente i titoli e suddivide il ricavato su due conti: 2,7 miliardi appunto sul deposito «Jonas Foundation» dell'amico Bisignani, firmando per quietanza la ricevuta, mentre quasi 2,2 li accredita sul conto «Cardinale Francis Spellman», che gestisce in proprio e per conto di «Omissis», ovvero Giulio Andreotti, come Caloia ripeteva a Sodano e al papa tramite il segretario Dziwisz.

Per triangolare e disperdere le tracce del denaro, il prelato della banca del papa si muove come uno scaltro finanziere: i soldi rimangono solo pochi minuti sul conto «Spellman». Giusto il tempo per disporre un bonifico da 2,5 miliardi da «Spellman» al conto FF 2927 della Trade Development Bank di Ginevra, via Banco di Lugano. In pratica, il prelato unisce alla somma appena ricevuta 300 milioni attinti proprio dal conto «Spellman» per effettuare il bonifico in Svizzera. Questi soldi non vanno né ai «bimbi poveri» né alla fondazione della Pennsylvania. Assumono comunque un significativo valore simbolico: costituiscono la prima tranche della mazzetta Enimont, «la madre di tutte le tangenti». La premiata «lavanderia» è avviata.

Bisignani presenta Carlo Sama, astro nascente del gruppo Ferruzzi, a de Bonis. I tre si parlano e s'intendono al volo. L'8 maggio 1991 Sama, con la futura sposa Alessandra Ferruzzi, figlia del fondatore Serafino, e con un altro consigliere di Gardini, il giovane Sergio Cusani, entrano nel torrione Niccolò V e salgono ai piani nobili dello Ior. Siglano rapidamente i pochi

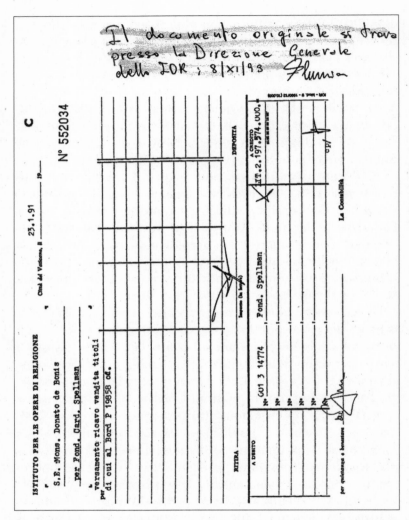

Il documento bancario che rivela la prima tranche della maxitangente Enimont con la vendita di titoli di Stato effettuata da monsignor de Bonis a credito del conto «Fondazione Spellman».

atti burocratici, segnano il cartellino delle firme e aprono il conto «Fondo san Serafino» (vedi pag. 53).[6] Ovviamente per opere di bene. Tasso d'interesse: 8,25 per cento. Di lì a qualche giorno, sul conto vengono depositati 36 miliardi di lire in Cct. De Bonis, pur senza alcun potere di firma, dispone un bonifico da 9,8 miliardi per la Società di Banca Svizzera (Sbs) di Chiasso su un deposito riconducibile a Mauro Giallombardo, uomo di fiducia dei conti segreti del Psi e di Bettino Craxi. È la seconda tranche della maxitangente.

Sono giorni in cui affari, sentimenti e mazzette si mescolano confondendo ruoli e destini. La corsa alla «lavanderia» di piazza san Pietro viene anche attraversata da momenti magici. Così, nell'estate del 1991, mentre de Bonis, Bisignani e Cusani continuano nelle frenetiche triangolazioni finanziarie per pagare i politici, Carlo Sama e Alessandra Ferruzzi convolano a nozze. Si sposano nella chiesa di sant'Anna, in Vaticano, a pochi passi dalla sede dello Ior. A celebrare il matrimonio, tra calle in fiore e delicate rose bianche, monsignor de Bonis. Nozze che saldano il legame tra la Santa Sede e i Ferruzzi rendendolo indissolubile: nell'occasione il santo padre riceve una donazione ufficiale da mezzo miliardo da parte di Sama per beneficenza e visita anche la redazione romana de «Il Messaggero», all'epoca giornale del gruppo di Ravenna.

Il giro di denaro continua, sempre più vorticoso. La contabilità delle mazzette che transitano sul solo «Fondo san Serafino», gestito direttamente da de Bonis, risulta da tutte le contabili e gli estratti conto custoditi nell'archivio Dardozzi: de Bonis vende e deposita ricavi da titoli per 45 miliardi e dispone bonifici in banche svizzere per 44,8 miliardi. Agli importi bisogna aggiungere i prelievi in contanti sia di Sama, per 750 milioni, sia del monsignore, che accede liberamente al conto pur non potendo formalmente operare.

Sul deposito «Jonas Foundation», invece, entrano 23 miliardi, dei quali quasi 10 ricavati dalla vendita di titoli. Solo in contanti Bisignani ne ritirerà 12,4 fra l'ottobre del 1991 e il giugno del 1993, con cedole firmate dal monsignore. A questi bisogna aggiungere altri 10 miliardi di lire trattati sul conto diretto del costruttore Bonifaci.

Silenzio, si ricicla

Allo Ior nessuno pare accorgersi di nulla. Per contabilizzare le operazioni il prelato utilizza funzionari e impiegati ormai assuefatti al suo modo di agire. Tre in particolare: Antonio Chiminello, Carlini e Pietro Ciocci, vicecapo del dipartimento di sicurezza. Che non chiedono delucidazioni. Non informano i capiufficio. Seguono senza fiatare le indicazioni di de Bonis. «Ricevono istruzioni dal direttore centrale Giovanni Bodio di registrare operazioni ammantate di maggior credibilità per il fatto di essere fatte dal prelato dell'Istituto», come lo stesso Dardozzi tratteggia in un report riservato destinato alla gerarchia vaticana.[7] Nessuno fa domande. Nemmeno lo stesso Bodio, che da oltre un anno ha preso il posto del gentiluomo di sua santità, Luigi Mennini, fido di Marcinkus.

Bodio è il braccio destro del presidente Caloia, scelto proprio da quest'ultimo per chiudere la stagione degli scandali targati Ambrosiano, dopo un'esperienza comune al Mediocredito centrale. Avrebbe dovuto insospettirsi, allertato dalle vicende appena trascorse e dai suggerimenti di Caloia. Eppure non dice nulla.

Sul suo atteggiamento arrivano testimonianze controverse. Una è quella sostenuta nel tempo dal suo mentore, ovvero l'attuale presidente dello Ior Caloia: «Bodio? Bastava che una tonaca con la bottoniera rossa lo invitasse a colazione perché consentisse a un investimento. Rimase affascinato da monsignor de Bonis, che di carisma ne aveva da vendere».[8] Insomma, Caloia cerca di imboccare l'unica via di fuga percorribile: far passare Bodio per un bancario condizionabile, confessando un clamoroso errore di valutazione nell'averlo voluto come stretto collaboratore. Difficile tuttavia sostenere che la direzione generale dello Ior possa essere stata affidata a un ingenuo insciente e che Caloia si sia scelto un numero due privo di carattere per avviare una delicata opera di risanamento. Il paravento delle fondazioni e delle opere di bene poteva ingannare un neodirettore desideroso di guadagnare consensi tra le lunghe tonache, aumentando la raccolta dell'Istituto. Benché nessuna delle posizioni intestatarie dei conti, si legge nelle analisi e nei report raccolti nell'archivio Dardozzi, presenti «un substrato giuridico tale da configurare una fondazione né in senso stretto né in altri sensi».[9]

Questo ragionamento assolutorio su Bodio tuttavia non regge a causa di un tallone d'Achille insuperabile. Bodio è colui che accetta i fondi dei Ferruzzi, di Bisignani – i funzionari eseguono decine di transazioni tra Lussemburgo e Svizzera – senza coinvolgere, come invece avrebbe dovuto, il Consiglio di sovrintendenza, il Cda presieduto da Caloia. Se il direttore generale fosse stato mosso da nobili intenti professionali di far crescere la banca, se si stava muovendo per il bene dello Ior, perché non avvertire i superiori, coinvolgerli nei successi come tra l'altro richiesto dai regolamenti? Invece, silenzio. Nemmeno l'insolita e inquietante massa di soldi in contanti che entra ed esce in quegli anni fa sorgere dubbi nel torrione Niccolò V. E quando nell'autunno del '92 le relazioni della Commissione segreta si fanno più approfondite e incalzanti, il direttore ribadisce la sua versione e avvalora l'errata e depistante finalizzazione caritativa delle fondazioni del sistema de Bonis, pregiudicando così senza speranza il suo futuro. Ai colleghi racconta che per lo Ior i Ferruzzi erano la gallina dalle uova d'oro, che Sama e Cusani gli avevano assicurato di voler portare in banca capitali per 400 miliardi.

Dall'altra parte, le verifiche avviate stringono le maglie su anomalie e appropriazioni indebite come quelle delle Sante Messe e di alcuni bonifici sospetti. Ma il lavoro della Commissione segreta non si rivela facile. Caloia non si fida e taglia fuori l'intero Consiglio di sovrintendenza, riferendo solo al segretario di Stato Sodano e a pochissimi cardinali. Dall'Italia, intanto, a settembre del 1992 arrivano i primi segnali dello tsunami giudiziario. Giuseppe Garofano, presidente di Montedison, viene sentito per 200 milioni girati all'allora segretario della Dc milanese Gianstefano Frigerio. Qualche mese dopo, Sama sostituisce Garofano al vertice del gruppo. Passo dopo passo, Mani pulite si avvicina agli amici del prelato dello Ior. La ricerca interna fa emergere nuovi depositi, sempre gestiti da de Bonis, che vengono via via indicati nelle relazioni raccolte da Dardozzi sulle attività dello Ior parallelo. È una lotta contro il tempo. La segreteria di Stato è ancora lontana dalla verità delle tangenti Enimont, ma a mano a mano che affluiscono i dati della Commissione, le movimentazioni assumono rilievo sempre più allarmante e sospetto. Sodano, sollecitato da Caloia, è sempre più diffidente nei confronti di de Bonis. Il monsignore si sente franare il terreno sotto i piedi: la cometa inizia a spegnersi. Il prelato comprende che ormai è solo questione di tempo.

Così, nel dicembre del 1992, su pressione proprio di Caloia, Sodano dà il nulla osta per rimpiazzare Bodio alla scadenza del mandato, rispedendolo in Lombardia. Al suo posto, sostenuto dal cardinale José Rosalio Castillo Lara, presidente del Comitato cardinalizio di controllo dello Ior e nome che ritroveremo sempre più spesso, arriva Andrea Gibellini, che ha appena ricoperto lo stesso ruolo al Credito Varesino. De Bonis si profonde in elogi, gratifiche e apprezzamenti. Stringe con lui immediata amicizia. La prima mossa del monsignore è indiscutibilmente astuta, brillante: Gibellini e de Bonis condividono lo stesso segretario personale, si dividono le premure di Natalino Aragona, ombra del prelato e suo fidatissimo collaboratore. Ogni respiro del neodirettore viene quindi avvertito, ogni mossa intercettata e studiata. Aragona segue Gibellini passo dopo passo. Il presidente dello Ior Caloia è tagliato fuori: Gibellini obbedisce a ogni desiderio dei porporati, è «*captive* di de Bonis», scrive Caloia nella corrispondenza con Sodano.

Mani pulite precipita nel dramma

In Italia, tra gennaio e febbraio del 1993, la situazione precipita: i magistrati di Roma e Milano aprono inchieste parallele su Enimont, casa e ufficio di Garofano vengono perquisiti, a fine febbraio Gardini e Cagliari sono iscritti nel registro degli indagati per l'*affaire* chimica&tangenti. Ancora qualche settimana e il 10 marzo il presidente Cagliari finisce in carcere, a san Vittore.

Il passo successivo diventa inevitabile. Preannunciato e in qualche modo concordato con monsignor Macchi, si realizza in silenzio a fine marzo 1993: de Bonis lascia lo Ior. Nei corridoi dei sacri palazzi, diaspore, congiure e siluramenti si consumano senza clamore, dietro doppie porte insonorizzate, in ambienti bonificati, a velocità ridotta rispetto al comune agire. *Promoveatur ut admoveatur* è la legge che regna sovrana. Impensabile, seppur dovuta, qualsiasi iniziativa giudiziaria interna; il monsignore è contemporaneamente allontanato per necessità, ma solo sulla carta. Viene promosso vescovo del Castello di Numidia e, dall'11 aprile 1993, assistente spirituale del Sovrano Ordine Militare di Malta, al quale già aderiva nel Gran Priorato dell'Ordine di Napoli e Sicilia. È un incarico di prestigio. La posizione gli garantisce contatti ad altissimo livello.

I motivi di questa scelta sono scritti nella storia della Romana Chiesa, nel suo imbarazzato rapporto con il denaro. Più concretamente si scorgono anche nel potere di questo sacerdote venuto da Pietragalla e cresciuto fra le trame dello Ior. Basterebbe riguardare le fotografie scattate nel seminario di Santa Maria della Fiducia a Roma, domenica 25 aprile 1993, in occasione della cerimonia dedicata alla consacrazione episcopale del vescovo de Bonis immediatamente successiva al suo addio allo Ior. Consacratore è il cardinale Corrado Ursi con l'amico arcivescovo Macchi e Michele Scandiffio. È una rivincita per questa consorteria trasversale: duemila presenti, quindici cardinali e quarantacinque vescovi diocesani, un centinaio di prelati, un *parterre* di politici di primo piano, tra i quali Francesco Cossiga ed Emilio Colombo. Un pezzo della Roma che conta.

La celebrazione finisce su tutti i giornali perché de Bonis ringrazia in pubblico quell'uomo silenzioso, seduto ricurvo al primo banco: «Voglio ringraziare il presidente Giulio Andreotti per averci salvato dieci anni fa da gravi rischi, con i suoi consigli»,[10] scandisce il neovescovo con un plateale riferimento all'Ambrosiano. Scattano dieci minuti di applausi. Un'ovazione. Parole che fanno rumore. Dai molteplici significati visto che Andreotti proprio in quelle settimane è accusato dai pentiti sentiti dalla Procura di Palermo di baciare i boss di Cosa Nostra. È una decisiva testimonianza d'affetto alla vigilia del voto sull'immunità della giunta parlamentare. È un ricordare a tutti la dovuta riconoscenza al leader politico primo interlocutore del Vaticano dal Dopoguerra. Per ogni volta che Andreotti si è prodigato per la Santa Sede. Con la Banca d'Italia per la chiusura della scivolosa vicenda Ambrosiano firmata a Ginevra con i liquidatori del Banco; con la Rizzoli quando il venerabile Licio Gelli consegnò proprio ad Andreotti le celebri foto di Wojtyla che nuotava nella piscina realizzata nei giardini vaticani. Il presidente le portò al papa, che ringraziò.[11] In definitiva è soprattutto un *memento* indirizzato a chi conosce il conto «Fondazione Spellman», lo Ior parallelo, i segreti Andreotti/Vaticano e spera magari di voltare pagina.

Bisignani fiuta il disastro e il 28 giugno 1993 bussa allo Ior: si fa consegnare, e distrugge, le volontà ereditarie lasciate per prassi. Chiude il conto «Jonas Augustus Foundation» ritirando un miliardo e 687 milioni in contanti. Operazioni che è costretto a compiere in due mandate non avendo borse abbastanza capienti da contenere le mazzette di denaro. Un mese dopo sarà latitante, inseguito da Antonio Di Pietro e dal Pool di Mani pulite. Siamo ormai al tragico luglio del 1993. Sama e Garofano riempiono verbali di accuse. Nel giro di pochi giorni Gabriele Cagliari, già a san Vittore, s'infila un sacchetto di plastica in testa soffocandosi e Raul Gardini, all'indomani delle anticipazioni esplosive apparse sui quotidiani, si spara alla tempia con la sua Walther PPK calibro 7,65. Il suo corpo, nell'ampia camera da letto del settecentesco palazzo Belgioioso a Milano, segna la fine di un'epoca. Lascia un biglietto con un'unica parola: «grazie».

La tempesta si abbatte sullo Ior

Allo Ior, come emerge dall'archivio Dardozzi, la documentazione mandata in copia al segretario di Stato cardinale Sodano sul sistema *offshore* sparisce come d'incanto. Sebbene de Bonis sia ormai fuori dall'Istituto, qualche lungimirante mano ha portato via i documenti dai dossier più scottanti, cercando di arginare le indagini della Commissione segreta di Dardozzi, Caloia e Sodano. La denuncia della sparizione, l'atto d'accusa sulle malversazioni, sei pagine scritte a mano da Caloia, arriva proprio sul tavolo di Sodano. I toni scelti dal pacato presidente della banca sono drammatici, inconsueti per lo stile degli interlocutori. Caloia non usa mezzi termini. Imputa a de Bonis una «netta e criminosa attività consapevolmente condotta».[12] Nella stessa missiva il presidente lascia intendere che l'allontanamento dell'ex prelato, nei documenti indicato talvolta con il nome in codice «Roma», non ha determinato alcun cambiamento. De Bonis, seppure da lontano, coordina ancora l'attività della banca. Il riciclaggio, che Caloia scopre essersi protratto anche nel 1991 sotto la sua presidenza e con il «fidato» Bodio direttore generale, continua:

Le fotocopie a lei rimesse di documentazioni interne (fino a qualche tempo fa disponibili e ora scomparse a opera dei… soliti ignoti!) rendono chiaro il grosso pericolo di coinvolgimento dello Ior in relazione a eventi criminosi emersi in questi giorni e che nell'anno 1991 indusse l'allora direttore generale [Giovanni Bodio, *nda*] ad aprire un

cosiddetto fondo, l'alimentazione del quale è dubbio che sia proveniente da generosità umane e non invece da dubbie operazioni.
Come appare dagli ordini di trasferimento, «ROMA» riuscì persino a
trasformarsi in ordinante di bonifici sull'estero ancorché non fosse
già più operatore dello Ior e il fondo non recasse formalmente alcuna sua titolarità. Appaiono sempre più chiari i contorni di netta e criminosa attività consapevolmente condotta da chi per scelta di vita e
ruolo ricoperto doveva al contrario costituire severa coscienza critica. Risulta sempre più incomprensibile il permanere di una situazione tale per cui il nominato continua, da ubicazione non meno privi-
legiata, a gestire indirettamente l'attività dello Ior. [...] Eminenza
Rev.ma, spero che la buona fede di quanti hanno lavorato all'interno della preziosa istituzione ci preservi dalle tempeste. Mi terrò
comunque in contatto e sarò sempre oltremodo grato e rasserenato
ogniqualvolta mi sarà dato di vederla e/o sentirla.[13]

Le tempeste che sconvolgono l'Italia, preannunciate da Caloia,
non tardano ad abbattersi sulla Madre Chiesa. L'ambasciatore di
tali sventure è un personaggio di primo piano nelle vicende
societarie dell'economia italiana: l'avvocato Franzo Grande Stevens. Nobile di casato, difensore storico e consigliere fidato di
Gianni Agnelli, vicepresidente della Fiat e in seguito presidente
della Juventus sino al 2006, Grande Stevens assumerà un ruolo
chiave nella gestione della difesa dello Ior nei mesi successivi.
Il 24 agosto 1993 Dardozzi concorda con Grande Stevens un
incontro per l'indomani. Il clima è teso. «L'avvocato dell'Avvocato» con scarne parole già anticipa che «si addensano le nubi».
Il che significa una cosa sola: Mani pulite rischia di travolgere
anche il Vaticano. Sui giornali una notizia precisa, una novità
che scuote le porpore nella Santa Sede: i magistrati hanno scoperto che parte della maxitangente Enimont è stata pagata in
titoli di Stato. Che siano proprio quelli depositati allo Ior? Un
informatissimo Giorgio Bocca su «la Repubblica» anticipa in
prima pagina che «al gran ballo dei corrotti partecipavano in
frenetico concerto politici, industriali, banchieri, dirigenti della Consob, vescovi dello Ior, giudici».[14]

Il commento non passa inosservato alla segreteria di Stato, l'articolo è esaminato riga per riga, Dardozzi interpreta l'indiscrezione come un segnale da Titanic.

In Vaticano si crea una sorta di «unità di crisi», con un'inconsueta alleanza fra i quattro personaggi chiave: Sodano, Dziwisz, Dardozzi e Caloia. Tra loro circolano le informazioni e i report della Commissione segreta sullo Ior parallelo. E sempre a loro fanno riferimento fidati monsignori come Timothy Broglio.[15]

L'unità di crisi valuta così l'ultimo dossier che indica anche tutti i beneficiari dei bonifici esteri effettuati dal «Fondo san Serafino»: 44,8 miliardi alla Bank Leu di Ginevra e alla Sbs di Chiasso, all'attenzione di Pius K. Steiner, per 35 miliardi, e di Ostinelli, per altri 9,8: «*Ex post* potrebbe dirsi – si legge nella relazione riservata – che le operazioni di cui sopra siano servite a far giungere danari a un determinato personaggio». Ancor più realistico e allarmato il fido consigliere dello Ior Vincenzo Perrone:

> Se come sembra qualcuno ha anche fornito alle autorità inquirenti i numeri dei certificati di credito del Tesoro non è da escludere che attraverso il canale bancario (Credito Italiano) si possa giungere all'Istituto (ovvero lo Ior). Da tempo la stampa dà notizie inquietanti: l'autorità inquirente è alla ricerca del destino di 50 miliardi, perché gli altri li hanno già localizzati. Le informazioni della stampa stanno diventando sempre più circostanziate e focalizzate verso un ormai quasi individuato obiettivo (lo Ior?). Si ha l'impressione fondata che «qualcuno» (Sama, Cusani e/o altre persone collegate) abbia indicato le piste (i numeri) delle serie di Cct incriminati e cercati.

I giornali fanno riferimento a bonifici e beneficiari che corrispondono a quelli emersi dalla contabilità del sistema *offshore*. Nessuno però ancora collega Enimont e i Cct al Vaticano. Così, oltre il Portone di Bronzo ci si divide. C'è chi minimizza parlando di «curioso riscontro» tra «le cifre indicate» dalla stampa e «gli importi che il prelato ha trasferito in Svizzera». I più, in realtà, raccolgono i segnali e scelgono una precisa strategia. Dinnanzi a questo imminente cataclisma prevale infatti la linea del basso profilo, attendendo gli eventi, senza cioè offrire a chi indaga preziose informazioni, evidenziate a Giovanni Paolo II ormai da più di un anno, dal marzo del 1992. Una scelta dettata da diversi motivi strategici.

Implicazioni istituzionali inaudite

I magistrati di Milano vanno avanti nelle indagini. Risalendo ai passaggi tra le banche italiane grazie alle confessioni del costruttore Bonifaci, ricostruiscono i movimenti dei Cct e individuano il coinvolgimento dello Ior. Così decidono di giocare in contropiede con un atto senza precedenti nelle relazioni tra Vaticano e Stato italiano. Piuttosto che mandare una rogatoria alla Santa Sede sui Cct delle tangenti elencate da Garofano e Sama, il 5 ottobre 1993 l'allora procuratore capo Francesco Saverio Borrelli alza il telefono e chiama direttamente Caloia. Un contatto informale, un breve colloquio per fissare un incontro. Lo scambio, o meglio il baratto, da come riferirà lo stesso presidente dello Ior nelle sue missive, è come sottaciuto: venite, raccontate, senza far clamore sui giornali, e noi andiamo avanti con le nostre indagini.

Il presidente dello Ior ascolta la proposta. Cordiale ringrazia e riaggancia. Lascia la sua casa di Milano e si precipita a Linate. Sale sul primo volo per Roma. In un paio d'ore è in Vaticano. Chiede a Broglio udienza urgente con Sodano. Nell'attesa si consulta con i penalisti di fiducia, prende la stilografica e scrive proprio al segretario di Stato, il premier della Santa Sede, prospettando diverse strategie difensive:

Il procuratore ha accennato a problemi concernenti lo Ior (al termine del colloquio mi dirà trattasi di «titoli di credito incassati dallo Ior»). Al fine di evitare clamori, mi ha invitato a un colloquio informale, apparentemente per rappresentarmi il merito dei problemi. Ho pensato che il colloquio fosse con lo stesso dottor Borrelli e, dopo aver premesso che dovevo sentire i miei superiori, ho accettato di fissare per giovedì 7 alle 16 l'incontro. In realtà mi è stato poi detto – da lui – che all'entrata del Tribunale di Milano, un carabiniere mi avrebbe accompagnato da due sostituti procuratori. Non ho esitato a prendere il primo aereo per Roma e sono tuttora in Vaticano in attesa di chiarire i comportamenti da tenere.

Caloia interpella diversi avvocati. Grande Stevens sconsiglia l'incontro suggerendo la rogatoria; Giuseppe De Luca invece, sempre secondo quanto scrive il banchiere, «è parso più gravemente conscio della vastità e risonanza negativa della potenziale fattispecie (che si giudica però ormai conosciuta dagli inquirenti, in possesso di tutti i numeri dei titoli di credito afferenti la vicenda Enimont). [...] Sia che si vada al colloquio sia che non si vada il clamore ci sarà comunque ("L'espresso", "la Repubblica" ecc.)».[16] Il presidente dello Ior indica a Sodano il fulcro delle accuse destinate alla prima pagina:

> Persona ben nota all'interno di un Istituto a servizio della Chiesa universale potrebbe aver operato in modo da cambiare somme formate da Cct, provenienti presuntivamente da tangenti di cospicuo importo, accreditando così l'immagine di un Istituto che continua a operare secondo i metodi del disastroso passato. Rifiutandosi di andare e chiedere la rogatoria, potrebbe non solo irritare ma suscitare ingiustificati sospetti sull'operato dell'intero organismo. In particolare, quando le somme cambiate fossero di notevole entità (come sarà certamente noto agli inquirenti) si rischierebbe di alimentare un coinvolgimento dell'intero Istituto nell'operazione potendosi configurare un reato di favoreggiamento reale. I giudici, tra l'altro, non crederebbero mai che non si conosca l'identità di quanti hanno portato titoli presso di noi.[17]

Forse, per la prima volta, Caloia avverte i rischi, ha paura. Paura di cedere. Se dovesse andare in Procura a Milano teme di trovarsi già «sulle spalle – prosegue nella lettera a Sodano – tutta la responsabilità della migliore rappresentazione di una situazione che sembra avere risvolti personali e istituzionali, nonché ecclesiali, di dimensione inaudita». In altre parole, se venisse interrogato si potrebbero «aprire voragini non controllabili». I risvolti istituzionali riguardano la «Fondazione Spellman», che agita il vertice della banca e la segreteria di Stato. Quelli ecclesiali avrebbero effetti dirompenti per la sola esistenza di uno Ior parallelo. Meglio allora la rogatoria: «Mette la Santa Sede in grado di conoscere in anticipo cosa vogliono i magistrati e di avere il tempo necessario per operare tutti gli accertamenti necessari». Se la richiesta di Borrelli cadrà quindi nel vuoto è solo perché si rivelerà assai più efficace prendere tempo, cercando di limitare l'azione della magistratura. Al tempo stesso si cercherà di «attutire l'eventuale irritazione» dei magistrati offrendo comunque la propria disponibilità. L'invito viene così rispedito al mittente, con una cordiale, velata e appena criptica breve lettera che Caloia invia a Borrelli, anticipata con una calorosa quanto inutile telefonata. Il presidente, annullando l'appuntamento, si dice comunque «attento a offrire la massima collaborazione all'interno delle diverse forme di interlocuzione che saranno seguite».[18] Ma ben altro si prospetta.

Informatori in Tribunale

In Vaticano l'aria si fa pesante. Da Milano la caccia ai Cct della tangente Enimont si intensifica. La Romana Chiesa deve affrontare, ripetendo le parole vergate da Caloia a Sodano, «un problema di dimensioni enormi e finora non immaginabili». L'incubo Ambrosiano si allunga su piazza san Pietro in tutta la sua gravità. Stavolta la Chiesa è priva degli storici riferimenti tra i politici di governo, non può contare sulla formidabile e reciproca tutela che già favorì un'uscita più che dignitosa dagli scandali passati.

L'Italia è un paese confuso nel passaggio tra la prima e la seconda Repubblica. Tra il '92 e il '93 la classe politica è debole, succube di un'azione impetuosa della magistratura inquirente. Tangentopoli, la disintegrazione dei partiti tradizionali, gli omicidi dei giudici Giovanni Falcone e Paolo Borsellino in Sicilia, l'indebolimento di Andreotti inquisito per mafia e per l'omicidio del giornalista Mino Pecorelli, con le esplosive dichiarazioni di Tommaso Buscetta, esasperano una situazione già difficile. Certo, l'esperienza del trio Sindona, Calvi e Marcinkus ha comunque offerto, dietro le mura leonine, un'ampia e sofferta conoscenza dei meccanismi dell'informazione, dei tempi e degli equilibri della giustizia. Ma non basta. L'unità di crisi inizia a studiare le mosse dei magistrati milanesi.

Dal Vaticano si attiva ogni canale informativo che possa portare lumi sull'azione della Procura di Milano. Il segnale che si riflette sull'ampia e fittissima ragnatela di relazioni vaticane viene colto e seguito dalla diocesi di Milano ai corridoi del Tribunale. In quelle settimane, dalla corrispondenza tra Caloia, Sodano e Castillo Lara, dagli appunti di monsignor Dardozzi, emerge la straordinaria capacità della Chiesa di prevedere le mosse della Procura con approfondite analisi della situazione. Ma anche di conoscere, talvolta persino in anticipo, le scelte operative della polizia giudiziaria e avere anzitempo importanti atti giudiziari. I riferimenti a degli informatori, a notizie riservate, sono allusivi, indiretti o palesi. Di sicuro nei momenti cruciali, la Santa Sede conosce le carte dell'avversario per una partita che diventa quindi falsata.

Il cambio del registro risale al 5 ottobre 1993 quando emergono i retroscena già anticipati in parte da «L'espresso» a fine settembre. Allo Ior si capisce che ormai la valanga non si può più fermare.[19] Bonifaci ha passato ai giudici di Milano l'elenco dei numeri di serie dei titoli ceduti. La somma del denaro riciclato cresce a dismisura. Con quei numeri seriali gli inquirenti hanno ricostruito i passaggi dei Cct sino alla banca vaticana. Quindi c'è stata la telefonata di Borrelli.

Con Sodano, Caloia è lapidario: la «realtà si rivela sempre
più drammatica e foriera di conseguenze gravissime». A Milano infatti sanno che quei titoli, come scrive Caloia a Sodano, «passati allo Ior sono il risultato di pagamenti di tangenti a uomini politici, per importi certamente a loro ritornati
in forma pulita. È l'esatta replica dei meccanismi del passato». L'elenco è sterminato. Non si tratta solo di quanto «già
lei conosce – sottolinea ancora Caloia, che si rivolge sempre
al segretario di Stato – e che è nell'ordine di una quarantina
di miliardi», ovvero quanto sinora appurato dalla Commissione segreta. No, i soldi sono molti di più: «È emersa
l'esistenza di una lista di titoli di credito che lo Ior potrebbe
aver acquistato nel 1991 per un importo molto più elevato».
Il presidente dello Ior ancora non lo dice ma già conosce le
anticipazioni di una verifica compiuta dal capoufficio titoli
della banca vaticana, Mario Clapis, in quel momento ancora in corso: ammonta a 63 miliardi il valore dei Cct passati
in Vaticano in odore di tangente. A questo punto Caloia chiede a Sodano che vengano informati i superiori: «Si ha la sensazione netta che ci si trovi di fronte, tutti, a un potenziale
esplosivo inaudito che deve essere doverosamente portato a
conoscenza delle più alte autorità». Caloia chiede che la
Commissione cardinalizia venga informata. Sodano procede
ad aggiornare il santo padre.

In quelle ore arrivano alla Santa Sede le indiscrezioni dalla
rete di informatori che si è attivata. La prima rappresenta
un'autentica e grave fuga di notizie che proprio Caloia, allarmato, confida a Sodano nero su bianco: «Fonti amiche della
Guardia di finanza – scrive con qualche ingenuità – mi hanno
allertato circa la ricerca da parte del Pool del mio indirizzo».
Chi informa Caloia in tempo reale dell'attività dei magistrati?
Non si sa. Ma se davvero in Procura cercano l'indirizzo significa una cosa sola: di lì a poco i magistrati potrebbero arresta-
re il presidente dello Ior. La drammatica conferma a questa
soffiata non tarda ad arrivare.

5 ottobre 1993

Eminenza Reverendissima,

      a completamento delle sommarie informazioni fatteLe pervenire per il tramite di Mons. Broglio, ho sentito l'avvocato Grande Stevens ed il penalista prof. Giuseppe De Luca.

Mi trovo di fronte ad un problema che è di dimensioni enormi e finora non immaginabili. Oltre a quello che Lei già conosce (e che è dell'ordine di una quarantina di miliardi) è emersa, da approfondimenti in corso, l'esistenza di una lista di titoli di credito che lo IOR potrebbe avere acquistato nel 1991 per un importo molto più elevato. Accertamenti sono in corso. Tuttavia, al di là della vera quantità, ciò che rende gravissima la situazione è che la lista proviene da Cusani che ha informato i giudici sui titoli passati attraverso lo IOR. Sono il risultato di pagamenti di tangenti a uomini politici, per importi certamente a loro ritornati in forma pulita. E' la esatta replica dei meccanismi del passato.

Il Consiglio dei nostri legali (FGS e De Luca) è a questo punto più che appropriato. Una rogatoria consentirà di meglio strutturare le risposte che in ogni caso non potranno essere mie, ma di coloro che hanno effettivamente iniziato e percorso procedure così delicate e quasi insondabili per me. Si ha la sensazione netta che ci si trovi di fronte, tutti, ad un potenziale esplosivo inaudito che deve essere doverosamente portato a conoscenza delle più alte Autorità.

Mi domando se non sia il caso di portare a conoscenza una realtà che si rivela sempre più drammatica e foriera di conseguenze gravissime alla Commissione Cardinalizia e al plenum del Consiglio di Sovrintendenza. Il difetto di tale informazione potrà essere addebitato come una pesante omissione.

      Restando come sempre a Sua completa disposizione, Le porgo i miei più affettuosi ossequi.

Angelo Caloia

Angelo Caloia

A Sua Eminenza Reverendissima
il Signor Cardinale Angelo SODANO, Segretario di Stato
CITTA' DEL VATICANO

Lettera di Angelo Caloia, presidente dello Ior, al segretario di Stato, cardinale Angelo Sodano, sullo scandalo Enimont.

La Procura di Milano chiede al Vaticano la rogatoria

L'11 ottobre 1993 l'arcivescovo di Milano, il cardinale Carlo
Maria Martini, in ottimi rapporti con il Pool di Mani pulite,
si fa avanti. Cerca Caloia per un «incontro urgente» che viene
subito fissato. Alle 20.45 Martini si mostra preoccupato, teso.
Caloia racconterà a Sodano di aver «ricevuto, per il tramite di
un sacerdote, segnali secondo i quali la Procura di Milano non
è contenta del fatto che io non mi sia presentato e che, in
assenza di contatti non meglio precisati, clamore e fragore (di
manette?) avrebbero potuto seguire». Tuttavia durante l'incontro con il cardinale prova a stemperare l'atmosfera, ribadisce la
validità della rogatoria cercando di portarlo sulle sue posizioni. Il banchiere conosce la profondità dei rapporti tra Martini
e la Procura di Milano, il rispetto che gode il porporato nella
comunità dei magistrati della città. Per questo lo invita a contattare il segretario di Stato Sodano, e cerca di coinvolgerlo per
fargli seguire il rapporto con i magistrati che sta attraversando
una fase delicatissima. Aprire un corridoio di dialogo può rivelarsi fondamentale. Chi meglio di Martini può porsi come
ambasciatore? Caloia rilancia e gli affida subito il compito di
«far sapere alla Procura di Milano che la via da seguire è quella in uso nei rapporti tra Stati».

In realtà è già tutto deciso. L'indomani parte la rogatoria su
Enimont. Il percorso non è però diretto, ma segue i canali
diplomatici, come prevede la procedura. Così, in quell'autunno del 1993, la richiesta di assistenza giudiziaria passa prima al
ministero della Giustizia poi, agli inizi di novembre, il dicastero la inoltrerà all'ambasciata italiana presso la Santa Sede, che
a sua volta la girerà in Vaticano. Ma la rete della Chiesa è già
attiva. Coglie in tempo reale le voci che al ministero danno già
in preparazione la rogatoria. Martini diventa così un punto di
riferimento e di dialogo.

Piercamillo Davigo, Antonio Di Pietro, Francesco Greco,
Gherardo Colombo e Francesco Saverio Borrelli hanno quin-

di firmato le cinque pagine che confermano le indiscrezioni già note ai porporati: per i magistrati su 130 miliardi di maxitangenti Enimont ne sono transitati 88,9 allo Ior, monetizzati in 234 titoli di Stato. In altre parole, ben 2/3 dell'intera mazzetta sono passati dallo Ior. Da Milano si vuole sapere quando e da chi sono stati presentati i Cct della tangente e i nomi dei destinatari degli accrediti. La mossa della Procura è chiara e astuta: nulla vi chiediamo su chi ha gestito tutti questi soldi allo Ior, perché si tratta di persone coperte dall'immunità stabilita dai Patti Lateranensi. Desideriamo avere invece ogni informazione utile per ricostruire i movimenti di questa enorme mazzetta. «Sulla scorta della mia esperienza – spiega l'ex pm Colombo in una recente testimonianza inedita – lo Stato Città del Vaticano si comportava come voleva. E, per quel che mi ricordo, non dava seguito alle richieste di assistenza. Abbiamo chiesto assistenza giudiziaria, sapendo che questa era la situazione. Niente di più. Diciamo che ci siamo "accontentati" della loro risposta. Non si poteva fare altro. Quando mancano trattati di assistenza giudiziaria, i rapporti si basano sulla cortesia internazionale. Io ero quasi certo che sarebbe stato impossibile ottenere collaborazione».[20]

È una difficile partita a scacchi. Da una parte la giustizia italiana che vuole far luce sulla maxitangente, dall'altra i segreti e le trame del Vaticano diviso in fazioni opposte. Il pressing sulla Santa Sede determina una chiusura a riccio. Quel «fragore di manette», per ripetere le parole del banchiere, intimorisce Caloia che la notte del 12 ottobre 1993 sollecita Sodano affinché si alzi una comune e impenetrabile difesa in vista del Consiglio dello Ior, dove saranno presenti anche i cardinali Castillo Lara, Casaroli, Martínez Somalo e O'Connor della Commissione di controllo:

Stanno per chiudere la morsa. Se posso esprimere un mio convincimento, esso mi porta a dire che la telefonata di Borrelli, il coinvolgimento del cardinale Martini e la notizia su «L'espresso» sono i chiari e univoci messaggi della Procura di Milano. Domani ai cardinali mi permetterò di illustrare i movimenti della magistratura e le ipotesi relative al coinvolgimento dello Ior. Non potrò non sottolineare l'enorme danno che è ormai certo attendersi per le reputazioni personali, per la Santa Sede e, ancor più per l'immagine della Chiesa. Sarà almeno necessario che si formi una piena corresponsabilizzazione e si dia luogo a un circolo di difesa compatto che includa colleghi del Consiglio, Commissione cardinalizia e, ovviamente, Santa Sede. [...] Non so quanto e in che modo si possa capire quale strada effettiva stanno seguendo per aver conferma di quanto ormai sanno, e cioè che dei titoli di credito sono stati incassati dallo Ior, e soprattutto per conoscere dove e a chi sono andate a finire quelle ingenti somme. I nostri consulenti non sono affatto sicuri che il Pool si astenga da qualche operazione al limite dell'ortodossia giuridica, anche al di fuori della stessa. È quindi essenziale capire se il bisogno di giustizia possa essere soddisfatto secondo canali ortodossi, capaci magari di evitare clamori mortali e danni assolutamente ingiusti a persone e istituzioni.

Ma il fronte non è così compatto. Né tra i cardinali, né tra i funzionari dello Ior. La figura di de Bonis, ciò che rappresenta, lo Ior parallelo, condiziona e divide ancora fra attriti, tensioni e allontanamenti. Benché il prelato abbia lasciato da sette mesi, in banca siamo ancora lontani dalla chiarezza. Caloia ha congelato tutti i conti correnti dello Ior parallelo. E cerca di proseguire nell'epurazione dei dipendenti ritenuti vicini al prelato. Dispone, per esempio, il prepensionamento sia di Ciocci, che firmava ogni carta di de Bonis e che se ne va solo convinto dalla generosa indennità corrisposta, sia di monsignor Carmine Recchia, capoufficio dell'archivio. Di quest'ultimo Caloia è particolarmente diffidente: «Trattasi di un capoufficio la cui esperienza – accusa Caloia nel suo rapporto periodico a Sodano –, quella a me nota, si è sempre tradotta in termini di copertura nei confronti dell'attività dell'ex prelato. La sua fuoriuscita consentirebbe maggior trasparenza di operatività ed eliminerebbe il consolidarsi di non trascurabili connivenze e condizionamenti interni».

Lo scandalo esplode

La notizia della rogatoria finisce su tutte le prime pagine dei giornali. «In Vaticano mazzette Enimont», titola in prima pagina il «Corriere della Sera» il 16 ottobre 1993. E l'indomani: «Lo Ior apre ma i conti non tornano». Il quotidiano di via Solferino è una lama affilata, chi scrive è Gianluca Di Feo:

> Tutte le strade portano a Roma. E tutti i grandi crac portano al Vaticano. [...] Ma chi ha studiato l'«Operazione Vaticano» aveva in mente gli schemi classici del riciclaggio. Nel gergo dei lavandai di denaro si chiama «guado del pellerossa»: un passaggio non registrato che fa perdere le tracce agli inseguitori, come gli indiani camminavano nei torrenti per non lasciare impronte. Un sistema che richiede però canali bancari molto, molto affidabili. E al di sopra di ogni sospetto. Cosa meglio dello Ior? Chi ha convogliato verso le mura leonine il fiume di Cct contava su una tradizione di silenzio, ben collaudata durante lo scontro tra Santa Sede e giudici milanesi per il crac dell'Ambrosiano. Allora tutte le porte furono sbarrate. Oggi invece la situazione potrebbe essere cambiata. Dalla Città del Vaticano arrivano segnali di pace: forniremo i chiarimenti richiesti. L'ordine è trasparenza.

Non si poteva pensare altro. I comunicati stampa «ben congegnati», per ripetere le parole di Caloia, enfatizzano la volontà di collaborare. Il cardinale Martini fa arrivare ai pm di Milano segnali distensivi e d'apertura. Passa il messaggio che Wojtyla ha chiuso il periodo Marcinkus introducendo verifiche allo Ior e nuovi organismi come la Commissione cardinalizia. Sempre il «Corriere della Sera» ricorda nei titoli che lo «Ior è garantito da un duplice controllo».[21] Insomma, riflette Caloia scrivendo a Sodano: «Gestita con la più grande positività possibile la fase del clamore, mi pare che le reazioni dei giornali siano state tutto sommato di rispetto per la dichiarazione a collaborare con la giustizia italiana».[22] Purtroppo le cose non stanno così. Sono due le anime che in Vaticano si scontrano apertamente avviando contraddittorie e autonome iniziative.

Caloia sfiora la rottura con Castillo Lara. Si rafforzano i suoi dubbi sulla trasparenza del capo dei controllori dello Ior. La guerra tra Caloia e Castillo Lara si fa aperta. Su pressante consiglio del presidente della Commissione cardinalizia, il direttore Gibellini in rotta con il presidente della banca lascia Città del Vaticano e va a chiedere lumi su come muoversi nella vicenda Enimont addirittura in Italia, all'allora governatore della Banca d'Italia, il potente e cattolicissimo Antonio Fazio. L'iniziativa manda su tutte le furie Caloia, che informa immediatamente Sodano chiedendogli di intervenire:

> Le preoccupazioni non finiscono mai! [...] L'improvvida e a questo punto veramente intollerabile intromissione del cardinale Castillo Lara, che direttamente gestisce l'attività del direttore generale, ha già propiziato iniziative gravide di rischio e assolutamente devianti rispetto alla linea di attesa vigile, avallata in modo così autorevole dalla segreteria di Stato. Il dottor Gibellini, che si crede unico amico del dottor Fazio e lo va da tempo ridicolmente sbandierando (a chi poi interessi non si sa, né è bene che lo Ior si lasci monitorare da istituzioni estere quale la Banca d'Italia), ha preso l'iniziativa di andare a incontrare il governatore della Banca d'Italia. A parte lo spregio per ogni statuto e regolamento interno (che assegna al presidente ogni rapporto eventuale con enti e istituzioni esterne), a parte anche l'estrema delicatezza della materia eventualmente trattata nel colloquio da chi non ha né la conoscenza adeguata né informazione completa circa i risvolti di vario genere che la vicenda in atto reca con sé, pare che il Gibellini se ne sia tornato col «compito» di far avere al suo «amico» il dettaglio di ciò che eventualmente è accaduto presso di noi. [...] Il tentativo di Castillo Lara di spiegare gli eventi anche con nuove interviste e con l'invio di incauti esploratori alla Gibellini presso sedi esterne rivela un pericoloso tentativo di appropriarsi della gestione di una vicenda che invece richiede ben altre doti, equilibrio e saggezza.[23]

Caloia è furibondo. I motivi incalzano. Colpa anche di un'avventata, falsa e utopica intervista rilasciata dal venezuelano Castillo Lara che offre un'equivoca e non coerente linea difensi-

va: «Si è colpevolizzato l'Istituto come se avesse fatto del riciclaggio di denaro sporco. Cosa che è assurda: in una banca si
presenta un signore, un grande industriale come Ferruzzi, che
vuole depositare 50 miliardi di titoli di Stato italiani, perfettamente legali, e a un certo punto vuole liquidarne una parte.
Un'operazione assolutamente normale che ogni banca fa ogni
giorno».[24] E la rogatoria? «Non copriremo – fa la voce grossa
Castillo Lara – le eventuali responsabilità di nessuno, siano essi
cardinali, vescovi o impiegati dello Ior.»[25] Un'utopia.

Stavolta però Sodano non tace e raccoglie le richieste di
Caloia. Chiama Castillo Lara e cerca di fargli capire, con i toni
smussati del linguaggio cardinalizio, come sia necessario lasciare al presidente dello Ior autonomia e mano libera su Milano.
Il venezuelano ascolta, annuisce. Non commenta e torna in
ufficio. Riflette è decide di cambiare strategia, rendendo lo
scontro più sottile. Il 20 ottobre alza il telefono, chiama Caloia
e lo invita a raggiungerlo. Dopo discussioni, dispetti, silenzi e
tensioni, i due si vedono, a mezzogiorno, per oltre un'ora. L'incontro appare franco. Castillo Lara e Caloia concordano una
strategia comune. Il cardinale vuole che sia lui solo, il banchiere laico, a preparare un dossier interno sulla situazione con
l'elenco di tutti i titoli incamerati, quindi incassati o ancora
giacenti in qualche cassaforte della banca. Ma il presidente dello Ior è guardingo. Già de Bonis dall'Ordine di Malta si era
fatto vivo per incontrare Castillo Lara; Caloia teme una trappola o anche solo qualche fuga di notizie sui report, possibile
in un momento di divisioni interne come questo e che sarebbe devastante per l'immagine della Romana Chiesa, per il futuro dello Ior e per l'opera di bonifica in corso. Meglio la linea
attendista concordata con Sodano. Meglio aspettare la rogatoria dei milanesi.

Poi Castillo Lara si lascia sfuggire una battuta ambigua, ve-
lenosa. Una frase che suona come un avvertimento. Sussurra a
Caloia che lui stesso conosceva questa situazione, il sistema de
Bonis, e che più volte l'aveva segnalato alla segreteria di Stato.

«Oggi si vede che avevo ragione, è sembrato concludere il porporato – riporta Caloia dopo l'incontro per informare Sodano – e che avevo visto giusto». Il cardinale conosce i rapporti tra il segretario di Stato e Caloia e gli dice in faccia che aveva avvertito Sodano. Vero o falso? Il messaggio comunque è chiaro: se lo Ior parallelo crolla, si faranno male in tanti.

La battuta rimane in sospeso. Castillo Lara è rapido. Passa subito ad altro. Ma la mina dello Ior parallelo rimane ancora lì, sotto un lembo di terra, inesplosa.

---

[1]   Su Gardini in quegli anni si sprecava la pubblicistica che ne enfatizzava le gesta senza far mancare le critiche. E così con il termine «corsaro» si intedeva alludere al suo coraggio e a una certa spregiudicatezza, tanto che il termine entrò nel linguaggio corrente (vedi Nicola Saldutti e Sergio Bocconi, «Caccia in Borsa ai titoli Comit», in «Corriere della Sera», 29 settembre 1998, e Daniele Mastrogiacomo, «Uranio, tangenti e alta finanza i pericolosi segreti del manager», in «la Repubblica», 30 giugno 1994).

[2]   Tribunale di Milano. V sezione penale. Sentenza «Enimont, Altissimo più altri», 27 ottobre 1995.

[3]   Il ritratto più efficace rimane quello tratteggiato da Alberto Statera su «La Stampa»: «Piccolo, scattante, sguardo intelligentissimo, capisce immediatamente il pensiero dell'interlocutore, con la rapidità di un furetto, si adegua», 5 agosto 1993.

[4]   Lancio Ansa, «Loggia P2: elenco nomi», 21 maggio 1981, «Fasc. 020203, grup 6, dott. Bisignani Luigi, Roma, Codice E. 1977, Tessera 1689, data iniz. 1.1.1977, data scad. 31.12.1980».

[5]   Daniele Martini, «Per far la carità tutti i mezzi sono buoni», in «Panorama», 30 gennaio 1994; Chiara Beria di Argentine e Leo Sisti, «E io vi sposo in nome dello Ior», in «L'espresso», 26 dicembre 1993.

[6]   Il deposito reca quindi il nome del fondatore Serafino Ferruzzi, scomparso a settantun anni nel 1979 dopo aver gettato le basi dell'impero di famiglia. La sua eredità viene divisa fra i quattro figli: Idina (nata nel 1936 e sposata con Raul Gardini), Franca (nata nel 1938 sposata con Vittorio Giuliano Ricci), Arturo (del 1940, sposato e separato da Emanuela Serena Menghini) e appunto Alessandra Ferruzzi (nata nel 1954, vedova di Ermanno Perdinzani e compagna di Carlo Sama).

[7] Nel report intitolato *La ricostruzione dei fatti*, risalente all'inverno del 1993/1994, si legge: «Per la contabilizzazione delle sue operazioni, de Bonis ha sempre utilizzato funzionari e impiegati poco critici nei suoi confronti o comunque assuefatti al suo modo di operare: in particolare Carlini, Chiminello e Ciocci. Queste persone non chiedevano delucidazioni al prelato e qualche volta, nel caso di Chiminello e Ciocci, hanno agito meccanicamente senza informare preventivamente i rispettivi capiufficio. Chiminello è forse l'unico impiegato dello Ior (a parte Natalino Aragona, segretario di de Bonis) ad avere visto le persone che si intrattenevano con de Bonis per la movimentazione dei titoli e del contante».

[8] Giancarlo Galli, *Finanza bianca, la Chiesa, i soldi, il potere*, Mondadori, Milano 2004.

[9] Dal report custodito nell'archivio Dardozzi, intitolato *La ricostruzione dei fatti*, risalente all'ottobre del 1993 e consegnato alla segreteria di Stato.

[10] Fernando Proietti, «Andreotti, applausi in chiesa», in «Corriere della Sera», 27 aprile 1993.

[11] La notizia uscì su «Il Resto del Carlino» il 20 ottobre 1993. Si riferisce al racconto reso ai magistrati da Umberto Ortolani, massone legato alla P2 di Gelli, che svelò di una telefonata ricevuta anni prima da Bruno Tassan Din e Angelo Rizzoli, all'epoca editori del «Corriere della Sera». I due lo informavano di essere entrati in possesso di foto che ritraevano il papa mentre faceva il bagno. Sempre secondo il quotidiano di Bologna, Ortolani riferì che gli editori si erano rivolti anche a Gelli che prese le foto e le consegnò ad Andreotti. Il presidente le diede quindi al pontefice.

[12] Lettera di Angelo Caloia al segretario di Stato, cardinale Angelo Sodano, del 27 luglio 1993.

[13] *Ibidem.*

[14] Giorgio Bocca, «Al gran ballo dei corrotti Enimont», in «la Repubblica», 21 agosto 1993.

[15] Nato a Cleveland Heights nell'Ohio, capo dello staff del segretario di Stato e prelato d'onore di sua santità, sarà consacrato vescovo da Sodano e dal cardinale Giovanni Battista Re nel 2001. Dal 2007 Benedetto XVI lo sceglie come arcivescovo delle forze militari Usa, affidandogli i complessi rapporti con le forze armate americane. All'epoca un giovanissimo Broglio è l'ufficiale di collegamento tra Sodano e monsignor Dardozzi. Raccoglie gli umori della banca. Segnala al segretario di Stato le anomalie dei conti e i mimetismi dello Ior parallelo.

[16] Lettera di Angelo Caloia al segretario di Stato, cardinale Angelo Sodano, del 5 ottobre 1993.

[17] *Ibidem.*

[18] Nella lettera di Angelo Caloia a Borrelli del 5 ottobre 1993, il banchiere scrive, tra l'altro: «Mi riferisco alla conversazione di ieri l'altro per significarLe di aver doverosamente consultato i miei superiori per rispetto sia alla competenza statuale sia alla funzione di mero indirizzo – e non operativo – del ruolo a me assegnato nell'ambito dell'istituzione vaticana. Avuto riguardo alla pluralità di queste ultime istituzioni, alla non praticabilità di un ruolo di interlocuzione a me assegnato, nonché alla esperienza pregressa ed attuale che priviligia procedure più congruenti alla migliore conoscenza dei quesiti e dei meriti di ogni indagine in corso, i miei superiori preferirebbero seguire le formalità in uso tra Stati sovrani. A tale volontà io non posso che attenermi [...]».

[19] Sabato 2 ottobre 1993, «Panorama» e «L'espresso» diffondono alcune anticipazioni dei verbali della confessione di Pino Berlini, responsabile della «finanza parallela» di Montedison, ai magistrati di Milano.

[20] Colloquio dell'autore con l'ex magistrato Gherardo Colombo, 23 ottobre 2008.

[21] Bruno Bartoloni, «L'Istituto garantito da un duplice controllo», in «Corriere della Sera», 17 ottobre 1993.

[22] Lettera di Angelo Caloia al segretario di Stato, Angelo Sodano, del 19 ottobre 1993.

[23] *Ibidem.*

[24] Andrea Giacobino, «Meno Stato più papato», in «Milano Finanza», 4 dicembre 1993.

[25] *Ibidem.*

Enimont. Il depistaggio

Documenti passati sottobanco

Se la rogatoria ancora deve arrivare oltre il Portone di Bronzo, nei sacri palazzi di certo non perdono tempo. Più documenti e appunti custoditi nell'archivio Dardozzi fanno pensare che una copia informale della richiesta dei pm milanesi fosse già a disposizione delle autorità ecclesiastiche almeno due settimane prima che il documento ufficiale arrivasse per via diplomatica, il 6 novembre 1993. È quanto si deduce, in particolare, dal puntuale diario personale che Dardozzi aggiornava continuamente:

> Oggi 23 ottobre 1993 alle ore 10.15 il cardinale Sodano mi chiede chiarimenti sulle procedure. Mi dice che la richiesta la manderanno al Tribunale vaticano il quale esaminerà e prenderà (probabilmente) contatto con i responsabili per le informazioni del caso. Ho risposto che il documento in via informale e segreta è nelle mani dell'avvocato Franzo e che è stato disposto (sempre in via informale) per tutti i più precisi accertamenti da eseguire attraverso una sola e ben identificata persona. In modo che non si «determinino fughe».

Ma c'è di più. Altri due elementi fanno presupporre che il «documento in via informale» già in mano al penalista Grande Stevens sia proprio la rogatoria. Innanzitutto un fax che l'avvocato torinese manda sempre il 23 ottobre mezz'ora dopo l'incontro tra Dardozzi e Sodano. Nel fax si fa riferimento a

tutte le contestazioni su Enimont con dati e cifre contenute
nella rogatoria e ancora non pubblicate dai giornali. Il penalista fornisce queste informazioni, ancora riservate, per predi-
sporre una prima bozza di risposta alla rogatoria. Non solo.
Sempre nell'archivio del monsignore esistono due copie della
rogatoria che pagina per pagina si distinguono per una clamo-
rosa differenza. La prima copia, infatti, è quella ufficiale con
tutti i fogli della Procura di Milano marcati dal timbro del
Vaticano all'atto del protocollo. La seconda è identica, solo che
il documento è privo dei timbri. Significa che questa copia è
stata approntata prima che l'atto arrivasse a piazza san Pietro.

Sebbene non si abbia prova certa che ciò sia veramente accaduto, che cioè qualcuno in Tribunale o al ministero della Giustizia abbia passato la rogatoria *brevi manu* settimane prima
della formale notifica, quanto raccolto da Dardozzi va tuttavia
in questa direzione. Significherebbe che qualcuno ha violato il
segreto istruttorio informando prima non il Tribunale vaticano, ovvero il naturale interlocutore della Procura di Milano,
ma l'autorità politica della Santa Sede, il soggetto passivo della rogatoria, il testimone che doveva spiegare il passaggio dei
Cct di Enimont. La violazione diventa ancor più palese se si
considera che il ministro della Giustizia italiano, Giovanni
Conso, avrebbe anche potuto bocciare la rogatoria rispeden-
dola al Pool.

La vera maxitangente Enimont

Il 6 novembre 1993 arriva ufficialmente la rogatoria; Sodano
allerta tutti i membri della Commissione cardinalizia, a iniziare dall'ex segretario Agostino Casaroli, avvisandoli di aver già
sollecitato Caloia a «fornire – scrive Sodano – appena possibile le necessarie informazioni agli eminentissimi membri della
Commissione cardinalizia di vigilanza».[1] Il presidente dello Ior
non si tira indietro. Finalmente è autorizzato a divulgare, con

discrezione, quanto emerso sullo Ior parallelo. Fa circolare i risultati delle ultime verifiche nei forzieri vaticani evidenziando i punti di criticità. Si sofferma infatti su alcuni aspetti che almeno per il momento sfuggono ai magistrati. Questioni gravi che se conosciute dalla Procura potrebbero determinare reazioni a catena, nuove inchieste. La situazione si presenta infatti ben più complessa di quanto verificato dagli inquirenti di Borrelli. Le più alte autorità della Santa Sede hanno così di fronte tutto il potenziale dell'inchiesta milanese. Ora non si tratta più di decidere solamente se rispondere o meno ai quesiti posti per rogatoria. È scontato proseguire nella «collaborazione» annunciata. Siamo di fronte ad accuse circostanziate, in un periodo storico di massimo consenso popolare verso l'azione di Mani pulite. Bisogna scegliere con cautela quanto far conoscere agli inquirenti, in modo da proteggere altri segreti ancor più inconfessabili. Segreti sulle somme reali transitate nella banca del pontefice e sui beneficiari.

Dalle scritture contabili, riassunte nei report di quei giorni mandati da Caloia e monsignor Dardozzi a Sodano, emerge che allo Ior si sarebbero verificati casi di autentico «riciclaggio». Il termine proibito è ora coraggiosamente indicato e ammesso nei carteggi riservati:

Le ricognizioni interne permettono di ricondurre alla persona di Donato de Bonis, direttamente o indirettamente, una vasta movimentazione di titoli e contanti effettuata in modo più intenso negli anni dal 1990 al 1993 con la finalità sostanziale, non sappiamo se intenzionale oppure soltanto subita, di trovare riservata dimora a mezzi finanziari o, in qualche caso, di riciclarli avvalendosi dello schermo offerto da una istituzione finanziaria non residente in Italia quale è lo Ior. I titoli sono entrati nell'Istituto per essere o immessi in depositi valori, a custodia, o venduti allo Ior, o inviati all'incasso a banche esterne con lo Ior usato come schermo per i titoli prossimi alla scadenza. In alcune occasioni de Bonis si è fatto consegnare titoli dopo averli acquistati con addebito sui riferimenti sopra citati (in particolare la «Fondazione Spellman» e il «Fondo di Jorio»), sui quali aveva fatto accreditare il ricavato della vendita di altri titoli oppure il deposito di contante. Si sono pertanto verificati lo «scambio di titoli contro titoli» e lo «scambio di contante contro titoli», cioè casi di «lavaggio» di denaro.[2]

Gli esempi non mancano e vengono indicati. Sul conto della «Fondazione Spellman» si sono registrati rilevanti scambi di titoli compiuti nello stesso giorno in almeno quattro occasioni. Tra queste, il 25 gennaio 1991, sono avvenuti scambi per 6 miliardi di lire; il 17 e il 23 ottobre 1992 il deposito di certificati per altri 3 miliardi e il contestuale ritiro per 4,5 miliardi. Sempre in quel periodo de Bonis, «utilizzando sia i riferimenti contabili della "Fondazione Spellman" sia il "Fondo di Jorio", ha presentato all'incasso tramite lo Ior cedole per complessivi 5,4 miliardi».[3]

Ma c'è di peggio. Il conteggio dei titoli non torna. I pm hanno in mano solo un frammento di verità. Hanno un elenco di Cct e la traccia di alcuni bonifici effettuati all'estero. Chiedono ragione dei 234 titoli transitati allo Ior tra il 1990 e il 1993 per 88,9 miliardi, la maxitangente della chimica italiana. Ma andando a confrontare questo elenco di Cct – utilizzati per distribuire le somme indicate in rogatoria con i bonifici alla banca vaticana apparsi sui giornali – si accorgono che per date e somme si tratta di cedole differenti. Sono stati usati anche altri Cct. Solo ora si comprende che, in pochi anni, allo Ior sono stati monetizzati Cct per centinaia e centinaia di miliardi. Bisognerà quindi individuarli tutti. Far coincidere gli importi e i numeri dei Cct con i bonifici effettuati, indicando necessariamente altri titoli di Stato nella risposta alla rogatoria e allargando così l'orizzonte investigativo. Al tempo stesso bisognerà preservare la Santa Sede da ulteriori filoni d'inchiesta: due esigenze opposte.

I titoli monetizzati solo sui cinque conti dello Ior parallelo, aperti dai clienti di de Bonis per il riciclaggio Enimont, risultano molti di più. Ballano Cct per oltre 62,6 miliardi rispetto agli elenchi forniti dai magistrati milanesi. La somma è semplice: più di 22,6 miliardi passati sul conto «san Serafino» dei Ferruzzi, 14,3 su «Fondazione Cardinale Spellman», 13,4 sul «Fondo Cardinale di Jorio» gestito *in primis* dall'allora prelato, 10,5 sui conti del costruttore Domenico Bonifaci e 1,8 sul deposito di Bisignani.

Certo, «questi titoli sono di tipologia e numerazione diversa – si legge in un report Ior – rispetto a quelli presenti nell'elenco del Tribunale di Milano o negli elenchi di Bonifaci», quindi non è detto che si debbano riferire tutti alla vicenda Enimont, ma «non si può escludere che, da una parte di essi, specie per i fondi riconducibili ai Ferruzzi, derivi da qualche vena per il momento non ancora nota».[4] Sulla stessa linea anche Caloia. Questi certificati odorano di tangenti:

> Scandagli ulteriori stanno facendo emergere la vastità delle trame perpetrate da «Roma». Egli ha sistematicamente presentato all'incasso cedole relative a titoli che, pur essendo presso di noi, sono identificabili e riconducibili a fattispecie diverse da quella che concerne la rogatoria attuale ma non sicuramente immuni da risvolti criminosi. Detto altrimenti c'è il timore che alle domande che ci sono finora pervenute, la giustizia italiana ne possa far seguire altre.[5]

Un'altra questione riguarda un problema già sfiorato e che si ripropone. I titoli entrati alla banca del papa venivano inviati, per l'incasso o l'immissione a custodia, a banche esterne come il Credito Italiano e la Banca Commerciale. Ma anche qui i rispettivi conteggi non combaciano. Infatti, degli 88,9 miliardi dell'elenco di Cct ricostruito dai magistrati allo Ior non si trovano 15,6 miliardi che, secondo la Procura, la banca vaticana avrebbe incassato presso il Banco di Santo Spirito (poi Banca di Roma) e un altro miliardo al Credito Italiano:

> Si può soltanto temere che de Bonis abbia inviato o fatto inviare all'incasso titoli facendo apparire la rimessa come appartenente allo Ior senza seguire le normali procedure interne, compiendo in tal modo un grave illecito. È abbastanza difficile pensare a un errore

totale delle banche interessate, della Banca d'Italia, della Guardia di finanza e del Tribunale.[6]

Insomma, la doppia contabilità dello Ior occulto crea confusione. Bisognerà definire prima la movimentazione «ufficiale», poi l'altra, quella clandestina. «Si è detto "ufficiale" perché si ha anche motivo di sospettare che vi sia stata una movimentazione di titoli e/o di cedole verso banche esterne effettuata spendendo il nome dello Ior ma con contabilizzazione inesistente o incompleta all'interno dell'Istituto.»[7] Appunto, il comparto più riservato dello Ior parallelo.

Ci si muove in un campo minato. A ogni passo sorgono nuove difficoltà. Come se non bastasse, in banca devono anche decidersi su come trattare Cct e Btp ancora custoditi nei forzieri sotterranei. Non si sa come monetizzarli. Alla Santa Sede sono ben consapevoli che alcuni di questi certificati potrebbero essere frutto di tangenti e di ulteriori casi di riciclaggio. Per questo ci si deve muovere con la massima prudenza:

> Nel caveau dello Ior giacciono circa 27,9 miliardi di titoli di Stato italiani, Btp e Cct. Non si tratta dei titoli degli elenchi della magistratura, che sono tutti scaduti tra il giugno 1991 e il febbraio 1992, bensì di certificati di varia provenienza. Non tutti i numeri sono «puliti». Prima di inviare a banche esterne le cedole per l'incasso o i mantelli per il rimborso sarà necessario ricostruire accuratamente, certificato per certificato, chi ci ha fornito i titoli.[8]

Sullo scacchiere processuale una variante rischia però di ampliare ancora di più lo scandalo, facendo da detonatore. Pesa infatti il rischio che de Bonis venga interrogato dai magistrati. Pur di sottrarsi alle sue responsabilità, il prelato potrebbe accusare la nuova dirigenza che nelle relazioni alla segreteria di Stato già si difende:

> Potrebbe tentare di addossare le responsabilità ai nuovi gestori laici dell'Istituto, accusando in particolare la direzione, il Consiglio di

sovrintendenza e Caloia, che non dovrebbero avere responsabilità visto che non erano stati preventivamente informati dell'apertura dei depositi dal direttore Bodio. Inoltre, quando l'apertura dei depositi è stata conosciuta, sono state fatte adeguate pressioni su Bodio e su de Bonis affinché le posizioni venissero chiuse. Non si può dire che vi sia stata *culpa in vigilando*. I fatti avevano per di più dato il via alle ricognizioni interne in materia di fondazioni, i cui esiti sono stati portati a conoscenza della Commissione cardinalizia.[9]

La possibilità che de Bonis venga sentito diventa più concreta se si considera che la Procura di Milano chiede in rogatoria di conoscere il nome della persona che ha portato i Cct in banca, cioè de Bonis: «È lui che ha presentato i titoli e ha firmato per quietanza le distinte. È lui che quasi sempre, tranne che per qualche prelievo negli ultimi tempi di Luigi Bisignani, ha ritirato le somme in contanti o disposto gli ordini di bonifico».[10] Bisogna quindi escogitare una soluzione che tenga lontano l'ex prelato dagli uffici del Tribunale. Persino i suoi nemici sanno che loro malgrado ne esiste una sola: proteggerlo fin dove sarà possibile.

La variante Andreotti

Come se non bastasse, su tutto si staglia la questione più spinosa, portatrice di problematiche inimmaginabili, da tempo intuite da Caloia e dall'unità di crisi e sottoposte senza reazioni apprezzabili già nel marzo del 1992 a Wojtyla. È sempre il conto «Spellman» e il «coinvolgimento di Andreotti», come si legge nell'intestazione del paragrafo dedicato proprio all'ex premier Dc:

> Non abbiamo la certezza che la «Fondazione Cardinale Spellman» sia riconducibile alla persona di Andreotti. Non vi sono né il suo nome né la sua firma nell'intestazione. Vi è soltanto una disposizione di de Bonis che alla sua morte lascia tutto ad Andreotti [...] secondo la sua

discrezione per proseguire le finalità del fondo. [...] Più complesso il caso della «Fondazione Spellman». I 4198 milioni derivanti dalla vendita o rimborso di titoli provenienti dalla «tangente Enimont» si confondono con numerosi altri movimenti relativi all'operatività normale del conto. Su questo deposito sono rilevabili facilmente almeno quattro operazioni di riciclaggio di titoli che, se rese note, potrebbero far aumentare i filoni di indagine. [...] Bisognerà sentire ciò che dirà de Bonis quando sarà interrogato. Il coinvolgimento di Andreotti potrebbe salvare de Bonis da più gravi conseguenze penali (non vi sarebbe appropriazione da parte sua per i 4198 milioni rivenienti dalla tangente Enimont), ma avrebbe ripercussioni clamorose. Finora Andreotti non è risultato implicato nell'affare Enimont. [...] De Bonis ha agito non come esponente dell'Istituto ma come rappresentante dei reali titolari dei fondi che non si sono mai presentati di persona. È stato un loro uomo di fiducia. Eventuali successive richieste della magistratura sulla movimentazione della «Fondazione Cardinale Spellman» potrebbero aprire nuovi filoni di inchiesta.[11]

La chiusura della relazione in previsione della rogatoria prospetta cupi scenari e detta la linea su cosa dire ai magistrati, come e quando.

Nel formulare la risposta andrà tenuto presente che, se è vero che i titoli della tangente Enimont sono stati dati ad Andreotti da Garofano, come ha detto in un'occasione de Bonis, Garofano potrebbe aver già riferito questo fatto ai giudici milanesi.[12]

In realtà nessuno accusa il leader politico, né verrà mai coinvolto nell'inchiesta. Nelle indagini il suo nome emerge solo come capocorrente di alcuni democristiani accusati di aver percepito delle somme ma che verranno poi assolti al processo.

I dubbi espressi nel report sul coinvolgimento di Andreotti vanno quindi superati. Così il 9 novembre, per conoscere la verità sulla «Fondazione Spellman», Dardozzi entra in banca. Si fa stampare al computer, con il sistema di ricerca contabile interna Key2, la scheda del conto «Fondo Spellman Francis». Non si fida delle voci, delle relazioni. Vuole sapere una volta

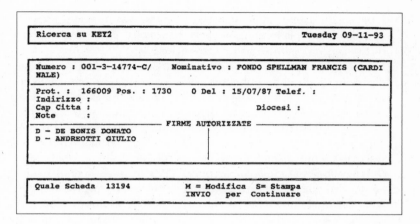

```
┌─────────────────────────────────────────────────────────────────┐
│  Ricerca su KEY2                          Tuesday 09-11-93        │
│                                                                   │
│  ┌─────────────────────────────────────────────────────────────┐ │
│  │ Numero : 001-3-14774-C/   Nominativo : FONDO SPELLMAN FRANCIS│ │
│  │ (CARDINALE)                                        (CARDI    │ │
│  │                                                              │ │
│  │ Prot. :   166009 Pos. : 1730    0 Del : 15/07/87 Telef. :   │ │
│  │ Indirizzo :                                                  │ │
│  │ Cap Citta :                          Diocesi :              │ │
│  │ Note      :                                                  │ │
│  │ ─────────────────── FIRME AUTORIZZATE ──────────────────────│ │
│  │ D - DE BONIS DONATO                                          │ │
│  │ D - ANDREOTTI GIULIO                                         │ │
│  └─────────────────────────────────────────────────────────────┘ │
│                                                                   │
│  ┌─────────────────────────────────────────────────────────────┐ │
│  │ Quale Scheda  13194        M = Modifica  S= Stampa          │ │
│  │                            INVIO   per  Continuare          │ │
│  └─────────────────────────────────────────────────────────────┘ │
└─────────────────────────────────────────────────────────────────┘
```

Il documento bancario che rivela tra le firme autorizzate del conto «Spellman» quella di Giulio Andreotti.

per tutte chi è il beneficiario di quel conto che giustifica la paura e la prudenza delle lunghe tonache. L'amara e temuta sorpresa arriva in pochi secondi. Le firme autorizzate sono due: «de Bonis Donato» e «Andreotti Giulio». I rischi sono quindi davvero altissimi, con effetti dirompenti per l'immagine del Vaticano e per l'alleato più fidato e potente tra i politici italiani, da sempre vicino ai papi, rimasto finora lontano dalle inchieste e dai fulmini di Mani pulite.

Sono ragionamenti e timori comuni nei sacri palazzi; anche Caloia li sviluppa in quei giorni, intravedendo la fine del CAF ovvero dell'asse Craxi-Andreotti-Forlani. Pensieri e preoccupazioni che condivide, come sempre, con Sodano in una lettera del 29 ottobre 1993 particolarmente illuminante sulla strategia da adottare per proteggere Andreotti e su cosa dire ai pm di Milano. Caloia adotta le solite prudenze e usa termini criptati già incontrati, dove «Roma» sta per de Bonis, «OMISSIS», scritto tutto maiuscolo, sta invece per l'ex presidente del Consiglio Andreotti e «Spell» per il conto intestato alla «Fondazione Spellman»:

Eminenza reverendissima, qualche considerazione maturata a seguito del colloquio da lei concessomi la mattina del 27 v.s. e di ulteriori scandagli circa il materiale a disposizione.

Un atteggiamento di responsabile collaborazione, al quale ci si è dichiarati disponibili pubblicamente (con eco positivo anche e soprattutto all'estero) non consente di evadere la domanda circa «chi materialmente» può avere consegnato a noi i titoli incriminati. Ne consegue l'impossibilità di tacere il nominativo di «Roma». Questo dal lato entrate. Dal lato uscite (mi riferisco ai trasferimenti effettuati sostanzialmente ancora da «Roma») le riflessioni ulteriori porterebbero a escludere il coinvolgimento dell'OMISSIS mentre si arriverebbe agli altri due componenti del cosiddetto CAF. L'OMISSIS potrebbe invece essere coinvolto per quanto è stato da «Roma» accreditato sul conto Spell. Qui «Roma» peccherebbe due volte: per aver portato materiale incriminato e per esserselo accreditato sul conto a suo nome (anche se fiduciariamente gestito per conto dell'OMISSIS)! Conclusivamente anche nel lato uscite non è prudente sottacere gli invii fatti all'estero per questi motivi: le rimesse, nei loro esatti termini, sono già comparse su «L'espresso»; esse non coinvolgerebbero l'OMISSIS; esse potrebbero essere rivelate (se già non lo sono state) dal processo in corso a Milano ove figura il personaggio regista dell'operazione incriminata e che aveva incarichi proprio dagli altri politici cui le rimesse potrebbero afferire.

Sui bonifici esteri, in altre parole, si può informare la Procura perché gli stessi non sembrano destinati ad Andreotti e sono comunque noti ai magistrati essendo già apparsi sui giornali. Si impone invece massima attenzione sulle somme bonificate sui conti dell'Istituto. A iniziare dalla pertinenza «Spellman» che lega de Bonis ad Andreotti:

Questo ruolo di rappresentanza di terzi potrebbe esporlo a conseguenze di ordine penale. Egli è cittadino italiano e potrebbe quanto meno essere chiamato a dimostrare la sua buona fede (in senso giuridico) per gli atti che ha compiuto. Se poi vorrà attribuirsi la pertinenza della «Fondazione Cardinale Spellman» dovrebbe dimostrare per quale ragione ha avuto titoli da cui ha ricavato 4198 milioni. Non vi sono evidenze certe che avrebbe ricevuto denari per sé (che sarebbero stati accreditati sulla posizione del «Fondo Cardinale di Jorio»). Titoli per nominali 300 milioni da lui cedutici in data 1° agosto 1991 hanno comunque una numerazione immediatamente vicina a quella di altri certificati presenti nell'elenco inviatoci dal Tribunale di Milano e nell'elenco consegnatoci da Domenico Bonifaci.[13]

S'indebolisce quindi l'ipotesi, pur sempre sostenibile, che l'allora prelato dello Ior possa aver depositato i soldi sul conto «Spellman» a insaputa di Andreotti, per tornaconto personale, per depistare controlli e curiosi. Un ardito *escamotage* per assicurarsi le necessarie protezioni una volta scoperto. La gestione delegata e fiduciaria di un deposito consente infatti di farvi transitare ogni somma. Ma l'ipotesi viene accantonata: se fossero stati denari suoi, de Bonis li avrebbe accreditati sull'altro fondo, appunto quello «di Jorio».

Per non dimenticare che, al di là del capitolo Andreotti, la sola «notizia del passaggio per il nostro tramite della tangente Enimont è aggravata dall'entità della somma, dall'estraneità del quartetto Alessandra Ferruzzi-Carlo Sama-Sergio Cusani-Luigi Bisignani al mondo ecclesiale e dalla loro ben più marcata appartenenza agli ambienti laico-borghesi vicini al partito socialista italiano».[14]

Su questi delicati ragionamenti Caloia, Dardozzi, Sodano, Casaroli e altri si confrontano per individuare la strategia vincente e superare la questione Enimont. La sera di sabato 13 novembre 1993 un incidente fa temere il peggio, rischia di far saltare i piani. Luciano Pavina, discreto autista alla guida di un'Alfa Romeo, accompagna il presidente dello Ior Caloia a un appuntamento in provincia di Brescia. La berlina corre sull'autostrada Milano-Venezia, quando all'altezza del casello di Palazzolo sull'Oglio viene tamponata all'improvviso. L'urto è tremendo, Pavina perde il controllo, l'auto sbanda. Caloia è subito trasportato in ospedale nel paese più vicino. Ma non basta. Il presidente è in condizioni gravi e viene trasferito al reparto traumatologia dell'ospedale di Rovato. Dopo un paio d'ore entra in sala operatoria per un intervento di riduzione di alcune fratture. La prognosi è di un mese. Escono brevi notizie sui giornali. Nei giardini del Vaticano e nei corridoi dei palazzi apostolici l'incidente scatena congetture e malignità. Vengono in mente le morti sospette che hanno segnato gli anni Ottanta, ma la dinamica fa pensare che si sia trattato solo di un incidente.

Caloia, in ospedale, si convince che bisogna trovare un punto di equilibrio tra le esigenze di riservatezza, di immagine e di tutela della banca, e le richieste avanzate dalla magistratura. Imbocca quindi, in quei giorni, una strada già percorsa da diversi protagonisti coinvolti nella vicenda di Mani pulite: offrire ai magistrati inquirenti la conferma di quanto già conoscono aggiungendo solo ciò che potrebbero scoprire di lì a poco. La strategia consente di trarre numerosi vantaggi in una situazione oggettiva di crisi: si contengono i danni, si contrabbanda mediaticamente il proprio atteggiamento come «massima collaborazione» rendendo credibili i dati forniti, soprattutto si spegne la curiosità investigativa dei magistrati. Solo così potranno passare in secondo piano aspetti che imbarazzano fortemente la Santa Sede. Solo così si eviteranno nuovi filoni d'indagine e coinvolgimenti meno gestibili.

Sulla stessa posizione appare anche uno dei più potenti membri del Consiglio di sovrintendenza della banca e assai vicino a Caloia, lo svizzero Philippe de Weck, già presidente della svizzera Union de Banques Suisses (Ubs) e ora vicepresidente dello Ior. De Weck incontra la piena fiducia del portavoce del Vaticano Joaquín Navarro-Valls, «numerario» dell'Opus Dei dal 1959. Nella riunione del Consiglio del 17 novembre, lo Ior prepara difese e contromosse, decidendo in via generale la linea da adottare con la magistratura. De Weck, in particolare, si «raccomanda di rispondere – si legge nel sintetico verbale della seduta che appunto affronta gli "aggiornamenti su alcuni argomenti delicati" ovvero Enimont – solo alle domande che verranno poste e non oltre».[15]

L'indomani il banchiere svizzero invierà una lettera a Caloia nella quale un po' banalmente chiede di cambiare nome allo Ior «per manifestare chiaramente che c'è una rottura con il passato», pensando sia sufficiente un altro logo su nuova carta intestata per nascondere lo scandalo. Inoltre, suggerisce di sopprimere la funzione del «prelato» all'interno dell'Istituto.

Ma non è tutto. Per capirne di più, la sera del 23 novembre si tiene un vertice tra Sodano, Caloia, Dardozzi e l'avvocato Franzo Grande Stevens. Al penalista viene affidato l'incarico di incontrare de Bonis e farsi raccontare finalmente la verità. L'incontro viene preparato nei dettagli. Caloia elabora una lettera per de Bonis con una richiesta di spiegazioni che già nella prima mattinata sottopone a Sodano, «nulla ostando le trasmetto copia, grazie sempre per l'incoraggiamento e per la saggezza dei consigli».

L'avvocato è così ricevuto in udienza dal neovescovo nell'ufficio dell'Ordine di Malta di via Condotti a Roma. De Bonis si mostra sbrigativo. Cerca di rendere le cose più semplici di quello che sono. E fornisce o concorda una versione per scaricare tutto su Bisignani. «De Bonis mi ha detto – riferirà Grande Stevens a Caloia in una lettera riservata scritta subito dopo l'appuntamento – che i titoli di cui si tratta gli furono consegnati materialmente dal signor Bisignani e da quest'ultimo furono chiesti gli undici bonifici disposti a favore di titolari di conti di banche estere.»[16] Gli incontri e i colloqui si succedono a ritmi incalzanti: «Colloquio de Bonis/FGS – annota preciso Dardozzi in agenda – 7. Caloia/de Bonis, 8. Caloia/Grande Stevens, 9. Caloia/Castillo Lara, il 4/12/93 Martínez Somalo/Agostino (Casaroli, *nda*)». Insomma, in quelle ore «è notevole il lavoro – scriverà Caloia il 4 dicembre 1993 – in atto per ricostruire, senza eccessivi coinvolgimenti e con la massima prudenza, gli eventi e offrire la più saggia modalità di risposta».[17]

Bisogna limitare l'azione dei magistrati e per questo «controllare se le date di presentazione per la vendita dei titoli allegati alla rogatoria – si preoccupa sempre il penalista – da parte dello Ior alle banche italiane siano tutte anteriori e congrue rispetto agli undici bonifici suddetti».[18] Il mare di Cct monetizzati è infatti infinito: è indispensabile indicare quelli giusti. Ma molti titoli sono tra loro collegati; indicarne quindi alcuni significherà offrire in automatico ghiotti spunti investigativi ai magistrati. Bisogna esser quindi certi che si diano gli estremi solo di quelli già noti o riconducibili a quanto già in mano agli inquirenti.

Risposte su misura ai magistrati

In Vaticano la verità non è mai una sola. Nemmeno sui numeri. E dai documenti che sono custoditi nell'archivio Dardozzi emerge che alcuni uomini della Santa Sede assumono e portano avanti un atteggiamento omissivo nei confronti dei magistrati. Così, rispetto all'ampia collaborazione promessa e pubblicizzata sui giornali, ci si limita a riferire soltanto quanto non può più essere nascosto. Senza indicare le reali somme dei Cct ricevuti e collegati alla tangente Enimont che è ben più cospicua di quanto scoperto dalla Procura.

Il primo passo viene deciso subito. Con una bugia per proteggere il monsignore, si ridimensiona fortemente il ruolo dell'ex prelato. Non si sosterrà infatti che è stato de Bonis a portare i titoli in banca, a gestire accrediti e bonifici, esponendo il Vaticano a mille problemi. Si ridurrà la sua responsabilità addebitando l'operato a Bisignani. In pratica si affermerà che l'uomo dei Ferruzzi portava allo Ior i titoli, mentre dalle cedole risulta che era proprio l'allora prelato a gestire in prima persona ogni fase della monetizzazione apponendo le firme sulle ricevute.

Bisogna poi sovrapporre la lista titoli alla lista bonifici facendole combaciare alla perfezione. Gli importi non coincidono. Bisogna indicare altri gruppi di Cct dello Ior parallelo senza destare sospetti. Sulle somme da indicare in quei giorni si sprecano le bozze della risposta da fornire ai magistrati. Per non aumentare la confusione, vengono persino numerate in progressione con le lettere dell'alfabeto (a, b, c...). Fino all'ultimo non ci si decide su quanti e quali Cct indicare. Si compie un'ulteriore faticosa scrematura: dei 62,7 miliardi di Cct in più, ben 34,9 miliardi sono costituiti da certificati con numeri assai sospetti. Come nasconderli?

Il 6 dicembre monsignor Dardozzi teme che la situazione precipiti. Da Milano arrivano brutti segnali: «Achtung! – si legge in un appunto manoscritto – Di Pietro attende (o meglio non attende) fino al 13». Così accelera: alle 18.40 consegna a Sodano «la bozza di lettera del professor Caloia al professor Ciprotti concordata con l'avvocato»,[19] ovvero la missiva per il presidente del Tribunale vaticano, delegato a rispondere ai giudici milanesi, studiata con Grande Stevens.

Alla missiva è allegata la tabella con gli estremi degli undici bonifici compiuti dallo Ior all'estero: «Salvo suo diverso avviso questa lettera con tabella allegata verrà consegnata in via informale al professor Ciprotti per una prima visione il 7 dicembre». Sodano studia il documento e alle 20 dà a Dardozzi l'ok definitivo per telefono: «Andate avanti».[20] L'indomani s'incontrano tutti dal segretario di Stato. Ma si tratta di una falsa partenza. Tra i Cct consegnati dalla Procura e i bonifici partiti per i politici le somme ancora una volta non coincidono. È quindi necessaria una seconda cernita per indicare altri Cct non presenti nella rogatoria. Non tutti, ma almeno una parte di quei titoli che per altri 34,9 miliardi imbarazzano chi gestisce la vicenda in Vaticano e che rimandano direttamente alla tangente Enimont. Un ulteriore e definitivo filtro porterà a 23,1 miliardi la somma monetizzata da Bisignani e de Bonis di Cct «dello stesso tipo» da comunicare ai magistrati.

In particolare Dardozzi e Caloia si accorgono che a partire dal luglio 1991 salta la corrispondenza tra i numeri progressivi delle entrate di certificati e quelli dei bonifici. Dardozzi passa un'intera notte sui fogli. Riformula i conteggi e trova la soluzione:

I progressivi di cui trattasi potrebbero essere resi congruenti, introducendo una parte dei Cct non in rogatoria: per esempio lire 14.620 milioni del mese di giugno 1991 (come da documenti Ior), su un totale di 23.170 effettivamente presentati (non in rogatoria). In tal modo i due totali delle entrate dei Cct e dei bonifici risultano rispettivamente: 103,6 miliardi (nominali) pari a circa 107,0 di ricavi mentre le uscite 96,6 miliardi. Il delta di circa 10 miliardi di differenza può essere giustificato in due modi: o con una giacenza presso lo Ior di 10 miliardi (in conto Bonifaci) oppure con altrettanti ritiri di contanti (da parte di Bisignani) come effettivamente risulta.[21]

Siamo vicini al compromesso. Indicare tuttavia una disponibilità di Bonifaci viene considerato incerto per lo Ior; potrebbe aprire nuovi scenari, potrebbe lasciare un varco per scoprire l'attività della banca: «L'esplicitazione di 10 miliardi in Cct presentati da Bonifaci espone quest'ultimo a tutte le implicazioni presenti e future. Mentre garantisce la credibilità della risposta, mette in evidenza l'esistenza di "giacenze" (conti?) presso l'Istituto».[22] Esistenza che potrebbe suscitare ulteriori accertamenti e rogatorie. È quindi più sicuro indicare prelievi in contanti: una risposta definitiva che spegne ogni curiosità.

Per far collimare alla perfezione le somme con le date vengono fatte alcune prove. In bozza vengono quindi individuati e aggiunti in ingresso Cct per altri 14 miliardi e in uscita i bonifici lievitano, passano da undici a dodici.

Si lavora sette giorni su sette. Ma è l'incontro della domenica del 12 dicembre 1993 tra Dardozzi e l'avvocato Grande Stevens, a seguito di un'udienza del giorno prima alla segreteria di Stato, quello che rende operativa la scelta omissiva. Il monsignore riporta infatti al penalista le perplessità che ancora incontra in Vaticano sulla necessità di indicare i certificati non elencati in rogatoria. Perché dare alla Procura notizie in più, magari aprendo nuovi fronti? Il professionista è assai esplicito. Nell'incontro non si accenna a nobili motivi di trasparenza. La scelta appare obbligata:

L'avvocato mi conferma – scriverà Dardozzi – che è necessario aggiungere un numero di certificati non in rogatoria pari al valore che renda congrua la somma progressiva delle entrate con la somma progressiva dei bonifici: a luglio 1991, senza una parte (14.620 milioni) dei Cct non in rogatoria, la somma progressiva a quella data delle Entrate sarebbe notevolmente inferiore a quella dei bonifici.[23]

Per questo, rispetto alle bozze sinora stilate, bisogna riformulare anche «l'elenco dei bonifici opportunatamente variato nell'ultima colonna (destinatari) e contenente un altro bonifico (che nella serie cronologica sarà il primo)».[24] Insomma, è indispensabile inserire un bonifico estero che fino all'ultimo si era nascosto.

È proprio quello da 2.212.000 dollari effettuato il 23 gennaio 1991 alla Trade Development Bank di Ginevra in favore del conto FF 2927 dal deposito «Fondazione Spellman». Per la Procura quei soldi erano destinati a esponenti della Dc romana vicini ad Andreotti, come Vittorio Sbardella e Giorgio Moschetti, fino a quando l'agente di cambio Giancarlo Rossi non testimoniò, nel giugno del 1994, di aver gestito quei fondi direttamente per conto di Bisignani, sollevando da ogni responsabilità i politici di riferimento di Andreotti su Roma.[25] Sul punto Dardozzi ha conservato in archivio alcune note dal contenuto criptico: «Piccolo uccello (da Grande 30/12/93) Teal onle Moschetti – cognato di Sbardella» e ancora: «Pioselli (!) (cf Gibellini) – Andreotti – Chicco».

I bonifici passano così da undici a dodici. Nell'archivio Dardozzi i documenti sono eloquenti. Nella prima risposta informale al Tribunale vaticano del 9 dicembre i bonifici sono undici; due giorni dopo, lo stesso elenco nella nuova missiva è appunto arricchito di un ulteriore mandato di pagamento. Ai Cct della Procura è invece necessario aggiungerne altri per 14,6 miliardi pur di formulare una risposta congrua seppure incredibilmente omissiva e parziale. Viene invece subito cassato il documento «Bozza, IV versione» nel quale si indica che «Bisignani ha presentato altri titoli della stessa specie per nominali 23,170 miliardi». La bozza finisce nel cestino.

Alla Procura di Milano sale il nervosismo. Sono ormai due mesi che è partita la rogatoria e non è ancora arrivata nessuna risposta. Di Pietro telefona due volte in Vaticano e cerca persino di aprire un canale personale, al di là delle attività inquirenti. L'11 dicembre il pubblico ministero chiama lo Ior e preannuncia la sua prossima venuta a Roma. Stando agli appunti di Dardozzi, dice che «potrebbe egli stesso ritirare la proposta».[26] Sempre nell'incontro domenicale del 12 dicembre, Dardozzi chiede lumi su questo atteggiamento a Franzo Grande Stevens, che non si stupisce: «Milano ha urgenza di avere la risposta che conviene inoltrare quanto prima».[27]

Il 16 dicembre sarà Caloia a raccontare a Sodano che «Di Pietro ha contattato il dottor Gibellini, una volta di più per il tramite di presunte vicinanze abitative e soprattutto di conoscenze (non so quanto previe!) tra le signore. Il pm ha fatto rimostranze perché non vede ancora nulla. Sono stati fatti passi per concordare incontri conviviali». Ma Gibellini viene subito stoppato: con Di Pietro non bisogna incontrarsi.

Quei Cct nascosti

Così la risposta alla rogatoria, il 13 dicembre, è finalmente pronta per partire alla volta di Milano. Alla fine si è deciso di rispondere sugli 88,9 miliardi e di aggiungere Cct per altri 14,6 miliardi come impongono i conteggi per la congruenza degli importi. Celando almeno quattro depositi effettuati tra il gennaio e l'ottobre del 1991 per altri 8,5 miliardi di certificati monetizzati sui conti «Spellman», «san Serafino» e «Jonas Foundation».

Caloia nella risposta ai giudici è telegrafico. In dodici righe sintetizza la tesi ormai concordata: Bisignani ha consegnato tutti i Cct, dai conteggi risulta che a parte gli 88,9 miliardi lo Ior ha trattato titoli per altri 14,6. I soldi sono finiti tutti su conti esteri con dodici bonifici. In allegato due liste «depurate», assai meno complete rispetto alle iniziali versioni. Persino i nomi di chi ha trattato queste tangenti all'estero vengono omessi.

È un colpo da maestri. Sui giornali la Chiesa esce dallo stallo ricavandone una lodevole figura. Si parla di «*glasnost* vaticana»: «Per la prima volta lo Ior – scrive Gianluca Di Feo sul "Corriere della Sera" il 22 dicembre 1993 – collabora con la giustizia italiana e consegna i documenti riguardanti i 93 miliardi della maxitangente Enimont. La breccia a Porta Pia... Un miracolo insperato». Al presidente della Commissione di vigilanza, il cardinale Castillo Lara, viene affidato il compito di rilasciare interviste. Si dichiara «molto soddisfatto per la serietà dell'operazione e la grande trasparenza. Abbiamo collaborato con l'autorità giudiziaria italiana senza reticenze». E, ovviamente, scarica tutto sul gruppo di Ravenna.

I Ferruzzi? «Siamo stati strumentalizzati e usati. Oggi siamo oggetto di una campagna denigratoria.»[28] Quasi ogni giorno Castillo Lara cerca di far passare lo Ior per vittima, afferma che nessuno sapeva che quei soldi fossero fondi Montedison o peggio mazzette,[29] si pensava a beni personali dei coniugi Sama:

> I Ferruzzi avevano usato lo stratagemma di far passare la somma come un fondo destinato ad opere di bene, utilizzando la clausola del regolamento interno secondo la quale basta anche che soltanto gli interessi siano vincolati a fini caritativi. Compiacenze interne ci sono certamente state, ma allo Ior replicano che un conto è il «piacere» di consentire un deposito, un conto era la finalità complessiva dell'operazione Ferruzzi, che nessuno poteva sapere. Fatto sta che i funzionari sono stati rapidi a fornire ai loro superiori ogni elemento.[30]

E de Bonis? Magari rischia qualcosa per la giustizia italiana? «Non ha violato nessuna legge – risponde candido sempre Castillo Lara –, sono sicuro non sospettasse il vero utilizzo di quei fondi. Tra l'altro all'epoca dei fatti era funzionario di un ente centrale del Vaticano e quindi non perseguibile da uno Stato straniero per l'esercizio delle sue funzioni.»[31]

Il messaggio è chiaro: l'articolo 11 dei Patti Lateranensi, ci fosse qualcuno che lo ha dimenticato, ritaglia un'immunità speciale a tutti i dipendenti di organi centrali della Santa Sede. Marcinkus *docet*.

Fare chiarezza

All'interno delle mura leonine, invece, chi per amor di verità, chi per giochi interni, aumenta il fronte di chi vuole che venga fatta reale chiarezza. Così de Weck, vicepresidente dello Ior spalleggiato dal consigliere Theodor Pietzker, direttore della Deutsche Bank, già pupillo del banchiere Hermann Abs, chiede una ricostruzione di quanto avvenuto. Il 23 dicembre manda un'infuocata lettera *confidential* a Caloia, segnata da ben diciotto punti interrogativi con altrettante imbarazzanti domande sull'*affaire* Enimont e sulle fondazioni dello Ior parallelo: chi ne conosceva l'esistenza? Chi ci ha guadagnato? Quali meccanismi portavano alla costituzione di queste fondazioni? Il venezuelano Castillo Lara suggerisce un processo interno. Vuole che siano interrogati de Bonis, l'ex direttore generale Bodio, i funzionari dello Ior, ma Sodano lo convince che aprire un procedimento interno determinerebbe conseguenze imprevedibili. Anche perché il Vaticano è ancora, ogni giorno, sui giornali con un incredibile scaricabarile. Carlo Sama indica in 9 miliardi la somma incassata dallo Ior per pulire i soldi Enimont, Bisignani dopo tre mesi di latitanza rientra e riempie pagine di verbali: «I soldi dei Ferruzzi? Non pensavo fossero tangenti ma riserve».

I colpi di scena non sono finiti. La vicenda Enimont si trasforma in un incubo a puntate che angoscia i sacri palazzi. In quelle settimane la Guardia di finanza individua infatti altri 3 miliardi di Cct provenienti dalla provvista Bonifaci e «puliti» nella banca vaticana, rispetto agli 88,9 miliardi già contestati. Bisogna rifare quindi i conteggi. Confrontandoli con quelli appena indicati nella risposta alla rogatoria, i magistrati arrivano a dimostrare che tra gennaio del 1991 e fine marzo del 1992 allo Ior vengono monetizzati titoli per oltre 107,5 miliardi di lire.[32] Qualcosa non quadra. La Procura di Milano subodora che la risposta ricevuta sia parziale. Il 20 dicembre 1993 i magistrati mandano nuove rogatorie in Svizzera e Lussemburgo per incrociare le informazioni. Anche perché con i nuovi Cct in entrata per 107,5 miliardi non tornano più nemmeno le uscite dei dodici bonifici che si fermano a «soli» 93,7 miliardi. All'appello dei giudici mancano quindi 13,8 miliardi. A questo punto sia i magistrati del processo Cusani, giunto ormai alla conclusione a Milano, sia la Procura vogliono sapere dove sono finiti questi soldi. A metà gennaio del 1994 partono così altre due nuove rogatorie per il Vaticano. Il presidente del collegio del processo Cusani, Giuseppe Tarantola, chiede «se il controvalore dei titoli negoziati sulle banche estere indicate nell'elenco allegato alla risposta alla rogatoria comprenda tutti i titoli consegnati da Bisignani o solo quelli elencati dalla Procura di Milano». Ovvio, si tratta solo di quelli indicati dalla Procura. Ma Tarantola non riceverà mai questa risposta.

Le nuove e ulteriori richieste creano malumori nel mondo cattolico. A sorpresa «Vita pastorale», il mensile dell'editrice cattolica san Paolo indirizzato ai sacerdoti italiani, sollecita chiarezza: «Ogni membro del popolo di Dio – si legge nell'editoriale – ha il diritto-dovere di capire i vari aspetti della faccenda (miliardi Enimont), distinguendo le diverse responsabilità, per dare, come si suol dire, a ciascuno il suo».

«È uno stillicidio», s'inviperisce Grande Stevens, che prende carta e penna e gira a Dardozzi una prima bozza di risposta alla nuova rogatoria «nella linea di volontà giustamente espressa dalla Santa Sede di non opporsi e collaborare alla ricerca della verità».[33] Ma Grande Stevens ormai non trattiene l'amarezza. «Non ti nascondo che questo stillicidio di notizie e di episodi non giova – afferma – all'immagine dell'Istituto. Sarebbe opportuno organizzare un sistema efficace di controllo generale e chiedere che si riferisca su tutte le operazioni passate che possono dare adito a sospetti».[34] L'avvocato sollecita quindi un nuovo incontro chiarificatore con de Bonis perché riveli tutte le operazioni segrete. Invano.

Non basta infatti la riorganizzazione della banca per far emergere lo Ior parallelo in tutte le sue articolazioni. Sebbene le dimensioni o, almeno, i margini della «creatura» del prelato fossero noti dal marzo del 1992, le prime contromisure operative per garantire un controllo capillare sulle attività della banca vengono messe in atto nell'inverno del 1993, dopo il via all'integrale informatizzazione dell'Istituto. Viene varata la «riorganizzazione completa del servizio interno, l'inizio dell'attività dell'ufficio interno di revisione».[35]

Nel gennaio del 1994 viene invece introdotto il servizio di Tesoreria unica, «responsabile del controllo delle fonti e degli usi della liquidità dell'Istituto», come si legge nelle tre pagine del documento di indirizzo del nuovo organismo stilate il 17 dicembre 1993. Si vuole voltare pagina con una regia unificata sulle attività finanziarie dello Ior. Il nuovo ufficio viene affidato a Mario Clapis, già capoufficio titoli, che nella dolorosa vicenda Enimont si è mostrato in linea con il presidente dello Ior. La riforma coincide con l'assunzione di una decina di nuovi dipendenti e la vendita di beni immobiliari sulle colline di Frascati e Rocca di Papa considerati costosi e difficili da gestire. Il compito di Clapis è delicato: il tesoriere infatti «negozia per conto dell'Istituto e in stretto rapporto con il Servizio titoli per conto dei depositanti qualsiasi strumento finanziario o monetario più consono al mantenimento dell'equilibrio di liquidità o in relazione alle richieste dei depositanti».[36] Il passo successivo sarà un collegamento dell'ultima generazione con i mercati borsistici di tutto il mondo. Per questo lo Ior chiederà al Governatorato di installare un'antenna satellitare del diametro di 85 centimetri in posizione bassa e nascosta sul balcone prospiciente il Cortile del maggiordomo. Clapis a febbraio del 1994 riceverà il super computer con decodificatore satellitare e il servizio *Money Center for Windows* in collegamento con le borse Amex, Nyse, Nasdaq, Ceg, Cbt, Matif, sino alla Mercantile Exchange di Chicago, con un canone da 24 milioni di lire ogni sei mesi.

Grandi manovre anche sul vertice della banca. Alla segreteria di Stato, infatti, ancora non si sono decisi se occupare la casella lasciata libera da de Bonis come prelato dello Ior. Tra i papabili eventuali lo stesso monsignor Dardozzi, attento conoscitore dei punti deboli della banca che conta tra i sostenitori sponsor di rilievo come l'avvocato del Vaticano Franzo Grande Stevens. A più riprese il penalista sollecita Dardozzi a candidarsi.

Il 12 gennaio 1994 gli scrive: «1) Nominare prelato integerrimo di sicura esperienza (R.D.?). 2) Nominare avvocato segretario del Consiglio e consulente legale dello Ior». «Ti ricordo – scrive il penalista in un'altra lettera a Dardozzi del 5 febbraio 1994 – che sarebbe opportuno che il prelato fossi tu e bisognerebbe concordare il nome del presidente del Collegio dei revisori.» Se il monsignore andasse a ricoprire il posto vacante, farebbe coppia con Caloia puntando sul rinnovamento. Ma il progetto naufraga. Le prime indiscrezioni sui giornali[37] avevano già indicato assai forte la candidatura di monsignor Gianfranco Piovano, capo dell'ufficio amministrativo della segreteria di Stato. Per Dardozzi era stata una doccia fredda. Il monsignore aveva letto in alcune anticipazioni di stampa dei messaggi. Riteneva, infatti, «facile indovinare l'autore e/o l'ispiratore che crede sia giunto il momento di "giocare" a carte scoperte». E già il 28 dicembre 1993 aveva scritto a Sodano «con devozione e rispettosa affezione»:

Forse egli già si è assicurato autorevoli garantite protezioni anche dalla segreteria di Stato. [...] Come prelato occorre scegliere non un operatore di banca ma una persona perbene che ne conosca il lavoro allo scopo di assicurare l'assoluta trasparenza sul piano del comportamento all'interno di un Organismo tanto delicato, purtroppo sempre «chiacchierato». E chiacchierato anche con ragione. Da troppi anni. Le connivenze varie che nell'Organismo hanno esercitato nefaste influenze hanno originato gli scandali noti. L'Organismo si è prestato non certo in misura trascurabile in operazioni al limite del lecito e anche oltre fino quasi al fallimento. La candidatura che si sta preparando subdolamente non è adeguata. È da scartare del tutto. Occorre una persona, un sacerdote che sappia stare al suo posto esercitando il suo *munus* specifico. La sostituzione del prelato è urgente perché se si tarda il «buco» appetibilissimo, verrà chiuso «male».[38]

Le pressioni su Sodano sortiscono l'effetto sperato, la candidatura di Piovano viene bloccata. La nomina del nuovo prelato è sospesa. L'incarico rimarrà vacante per molti anni.[39] Il direttore generale Gibellini, invece, rimane al suo posto seppur ormai in un limbo, quasi esautorato. In questa operazione di pulizia Caloia e Dardozzi si affidano al suo vice, Lelio Scaletti.

Altri grattacapi sono in arrivo dalla Svizzera. Su segnalazione dei colleghi milanesi, il procuratore pubblico del Canton Ticino Carla Del Ponte sequestra il conto «Charity Fund» acceso presso il Banco di Lugano nell'omonima città svizzera. Su quel deposito sono arrivati quasi 2 miliardi, che gli investigatori ritengono stornati da una tranche della mazzetta Enimont, agganciando il bonifico a due operazioni sporche del maggio successivo. La Del Ponte sospetta che si tratti della commissione pagata allo Ior dai Ferruzzi per l'opera svolta, pensando così di scoprire quanto la banca del papa abbia guadagnato in questa oscura vicenda. Tra l'altro, 2 miliardi è proprio la somma che corrisponde a quel 2 per cento indicato da Castillo Lara come normale commissione sui titoli.[40] Ma il procuratore svizzero non conosce le informazioni che circolano nella Santa Sede e che Dardozzi gira subito via fax a Grande Stevens: «Il «Charity Fund» è un conto in Ior intestato al monsignore».[41] De Bonis si sarebbe quindi servito di uno dei conti svizzeri del Vaticano, sul quale passano i capitali per gli investimenti nelle borse europee e le speculazioni sulle valute, per triangolare i soldi dei Ferruzzi.

La Del Ponte nemmeno si immagina che quanto scoperto corrisponde quindi a una semplice compensazione tipica degli schemi per nascondere il denaro. Ai magistrati manca infatti un passaggio cruciale e cioè che, giunta la somma sul conto dello Ior in Svizzera, l'indomani importo analogo viene accreditato in Vaticano sulla pertinenza «Jonas Foundation» di Bisignani.

Difeso dagli avvocati Fabio Soldati e Franco Felder, lo Ior chiede il dissequestro del deposito. Mancando infatti la compensazione tra la Svizzera e la banca vaticana, cade la possibilità che soldi in odor di tangenti transitati in maggio facciano parte della stessa provvista passata ben un mese prima sul Banco di Lugano. La scansione temporale e l'assunzione di paternità del conto da parte dello Ior convincono la Del Ponte, che il 15 febbraio dispone il dissequestro. È un fatto di una certa rilevanza: emersa la compensazione effettuata da de Bonis, si sarebbe imposta una nuova chiave di lettura e qualche magistrato avrebbe sicuramente potuto chiedere ragione di questi ulteriori trasferimenti di denaro a ritroso tra Svizzera e Vaticano.

Commissioni miliardarie

Tornando entro le mura, a questo punto bisogna sciogliere il nodo della doppia rogatoria. Si preparano subito le risposte a entrambe. Facendo collimare entrate in Cct e bonifici con i ritiri effettuati in contante da Bisignani. Le bozze sono pronte dal 14 febbraio 1994 ma si attende. Dal processo Cusani potrebbe arrivare qualche novità a smentire la tesi dei prelievi in contanti. Così, il 17 febbraio Caloia manda a Sodano «la bozza della eventuale risposta alla Procura di Milano, da confermare o meno alla luce di quanto eventualmente emergesse nella seduta odierna del processo Cusani». Il finanziere, unico imputato, non serba fuochi d'artificio difensivi e si allinea sulla posizione ufficiale della Santa Sede: «Lo Ior? Una scelta obbligata». È di buon umore e gli scappa persino la battuta: «Lo Ior? Una soluzione che sembrò arrivare dalla Provvidenza. Avevamo quella montagna di titoli di Stato, l'urgenza di monetizzarli e trasferirli all'estero». La banca del papa, poi, per Cusani era ignara di tutto. Non conosceva finalità e retroscena dell'operazione: «A de Bonis spiegai solo che quei titoli erano di Gardini e andavano trasferiti all'estero. Lo Ior ci appariva come una fortezza. Il costo della provvigione fu di 7 miliardi».[42]

In realtà la somma precisa rimarrà segreta ai giudici e al grande pubblico: «In prima approssimazione oserei dire – scrive Caloia a Sodano – che la cifra reale è dell'ordine di circa 3 miliardi, avendo purtroppo avuto il rimanente solo destinazioni personali ("Roma" e Bisignani)». Tradotto: lo Ior non ci ha guadagnato, de Bonis e Bisignani hanno fatto cassa. Del resto anche Bisignani in aula aveva difeso la banca del papa: «Mi consenta signor presidente, dottor Di Pietro, di dire una cosa che io sento profondamente nella mia coscienza. Al di là del mio stato, pesa veramente su di me il fatto di aver indotto, sia pur involontariamente e nella più assoluta e totale buona fede, lo Ior in una vicenda come questa. Io mi sono limitato a portare una decina di volte i plichi allo Ior. Dentro c'erano dei bigliettini con i riferimenti ad altri conti». E Andreotti?, butta là l'avvocato di Cusani. «Con lui avevo un rapporto di amicizia antico – risponde Bisignani – che nasce dall'amicizia che lui aveva con mio padre. All'interno del gruppo lui aveva rapporti con l'ingegnere Garofano per Montedison. Aveva quindi fonti più dirette per avere notizie. Devo dire che Andreotti aveva certamente un atteggiamento ostile nei confronti di Gardini.»[43]

Così il dibattimento del processo Cusani permette allo Ior, il 22 febbraio 1994, di spedire in tranquillità anche l'ultima risposta ai magistrati milanesi: il rimanente, in tutto 14 miliardi e 600 milioni, è stato ritirato da Bisignani in contanti.

La conseguenza non si fa attendere. L'8 marzo 1994 Bisignani viene riarrestato per ricettazione ma nega tutto: di questi soldi ulteriori non sa nulla. In realtà nessuno dice tutta la verità: Bisignani ha compiuto numerosi prelievi in contanti per somme rilevanti, il Vaticano con i suoi prelati ha guadagnato commissioni miliardarie. L'unico che non crede alle bugie che si specchiano è il gip Italo Ghitti, giudice terzo in quel periodo burrascoso. Dopo dieci giorni scarcera Bisignani: non può aver ritirato tutte quelle somme *cash*. «Il Vaticano non è credibile», sostiene il giudice, che chiede ai pm di presentare un'altra rogatoria per sapere i nomi dei funzionari dello Ior che hanno trattato tutti i bonifici e gli incassi e ricostruire la verità. Ma non se ne farà nulla.

Nessuna opera di carità

Questa storia è infatti segnata da silenzi, omissioni e menzogne. Imbarazza la Santa Sede al punto che non bisogna solo limitare lo spettro investigativo della magistratura italiana, ma anche decidere cosa rispondere a chi dall'interno del mondo della Chiesa chiede ragione di quanto accaduto. Così Castillo Lara, presidente della Commissione di vigilanza, torna a invocare la verità. Che lo faccia per amor di giustizia o strumentalmente, come in passato, non è dato sapere, ma il 23 febbraio 1994 decide di mettere nero su bianco le richieste già avanzate a Caloia. Vuole un dossier sul caso Ferruzzi. La Commissione di vigilanza, secondo quanto scrive il cardinale venezuelano, «desidera ricevere con sollecitudine una relazione completa ed esaustiva sul conto dei Ferruzzi presso lo Ior: quando fu aperto? Chi ne autorizzò l'apertura e quale giustificazione per farlo, tenendo conto che il cosiddetto "Fondo san Serafino" fu aperto dopo che il conto era già in atto e si facevano dei trasferimenti all'estero? Chi diede l'ordine per le diverse operazioni?». Insomma, tutto.

La reazione di Dardozzi è disarmante. Il monsignore alle 8.30 del 28 febbraio 1994 manda un fax al penalista Grande

Stevens con la bozza del report sulla vicenda Ferruzzi/Enimont da consegnare ai porporati. Dal breve messaggio sulla copertina del fax già si capisce l'intenzione: «Carissimo avvocato, ecco una bozza. Sulla opportunità di dire o non dire decidi tu». Il documento elaborato con il presidente Caloia fotografa la strategia usata, fissa in 2.918.941.871 lire le commissioni guadagnate dal Vaticano nell'operazione mentre «non risulta che qualche somma sia stata devoluta a "opere di carità"»:

> L'Istituto nelle risposte alle rogatorie non ha perciò precisato né il numero dei conti né l'intestatario degli stessi su cui l'introito dei Cct è stato depositato. Con ciò l'Istituto ha avuto cura di non implicare il nome di persona alcuna dell'Istituto stesso, senza cioè descrivere la procedura intermedia fra la consegna dei Cct e la destinazione del controvalore su banche estere, limitandosi a dire che i Cct sono stati consegnati da Luigi Bisignani. A questo punto per un'ampia necessaria informazione alla Eminentissima Commissione si ritiene opportuno quanto segue. Quattro sono i conti presso l'Istituto su cui è stato depositato l'equivalente controvalore dei Cct presentati:

Conto	Operazioni di deposito	Ritiri	Saldo estinto
- Jonas	24.872.000.000	25.314.000.000	
- Spellman	50.180.310.982	42.932.701.938	7.337.608.984
- F. san Serafino	46.646.000.000	45.663.000.000	1.424.276.608
- C/c Transitori	38.515.399.000	38.515.399.000	

> È necessario menzionare altri due conti intestati a Domenico Bonifaci, i quali sono stati indirettamente interessati alla vicenda Enimont.

- F. Gerini	35.636.000.000	35.634.000.000	1.448.000
- c/c n. 001317624	24.077.000.000	=	24.011.000.000

Bisogna lasciare all'oscuro la Commissione di vigilanza su uno dei punti più delicati della vicenda (vista dall'interno della Romana Chiesa). Ovvero quanto de Bonis ha guadagnato sull'operazione. Sui giornali e anche in Tribunale circola con insistenza la cifra di 10 miliardi. Che in realtà corrisponde a quanto incassato proprio dall'ex prelato: «Quattro miliardi a conti intestati a "Roma" – scrive in un appunto privo di data Dardozzi –, (3 più 4 = 7, somma indicata da Cusani) e ulteriori 2,5 miliardi a favore del "Charity Fund" (da riferirsi a "Roma") e poi destinati (sempre su ordine di "Roma") altrove. Per cui 3 più 4 più 2,5 = 9,5 somma di cui si mormora».

Lo Ior è anche pronto a coprire de Bonis: «Va da sé che fermo restando le considerazioni di non implicare il nome di persone dell'Istituto – prosegue lo scritto di Dardozzi – lo Ior si fa carico delle somme trattenute al di là dei circa 3 miliardi. Questo potrebbe valere nel caso in cui intervenisse ulteriore rogatoria da parte della Procura di Milano intesa a conoscere l'entità delle somme trattenute in occasione delle operazioni in esame». Vengono predisposte quindi prima tre bozze di elenchi, come scriverà Caloia a Sodano il 1° marzo 1994. Quello completo di cui all'allegato A, quello ridotto di cui all'allegato B, quello ancor più ridotto che, nella versione B, tralascia di spiegare perché si parli di 10 miliardi o di 7 miliardi.

Eminenza Rev.ma, Le rimetto per ogni sua più valida indicazione la bozza di risposta (allegato A) alla lettera del cardinale Castillo Lara. [...] Tale bozza, frutto di accurato lavoro ricostruttivo, contiene informazioni da considerarsi estremamente riservate, come sottolinea l'avvocato F.G.S. La delicatezza dei contenuti mi ha indotto, dopo ulteriori riflessioni, a formulare una variante, meno ampia dell'informativa e più aderente alle specifiche domande postemi dal cardinale Castillo Lara (allegato B). Ho dovuto pur sempre esplicitare il problema delle somme eventualmente trattenute dallo Ior, rendendo palesi i perché delle cifre che si fanno altrove. Chi dice 10, chi dice 7, i dati inerni dicono che l'effettiva commissione [...] ammonta a 2 miliardi e 918 milioni circa. Il di più di cui si vocifera va riferito a somme cui può rispondere solo «Roma». Tutto ciò premesso attendo da Lei un consiglio su quale documento inviare al card. Castillo Lara (mi sono impegnato a consegnarlo nella tarda mattinata di mercoledì 2 marzo, cioè domani). [...]

ISTITUTO
PER LE
OPERE DI RELIGIONE
—
IL PRESIDENTE

1 marzo 1994 CITTÀ DEL VATICANO

Eminenza Rev.ma,

Le rimetto, per ogni Sua più valida indi‑
cazione, la bozza di risposta alla lettera
che il Cardinale Castillo Lara mi ha indi‑
rizzato in data 23 febbraio 1994 *Allegato A*

Tale bozza, frutto di accurato lavoro rico‑
struttivo, contiene informazioni da conse‑
derarsi estremamente riservate, come sotto‑
linea l'Avvocato F. G. S.

La delicatezza dei contenuti m'ha indotto,
dopo ulteriori riflessioni, a formulare una
variante, meno ampia nell'informativa e
più aderente alle specifiche domande postemi
dal Card. Castillo Lara (*Allegato B*).

Ho dovuto pur sempre esplicitare *nell'Allegato B* il problema
delle somme eventualmente trattenute dallo IOR,
rendendo palese i perché delle cifre che si fanno
altrove. Chi dice 10, chi dice 7: i dati
interni dicono che l'effettiva commissione,

ISTITUTO
PER LE
OPERE DI RELIGIONE

IL PRESIDENTE

CITTÀ DEL VATICANO

peraltro solo implicita perchè derivante dalle differenze tra? Rancie praticate dall'Istituto al momento di ogni singola operazione, ammonta a lire 2 miliardi e 918 milioni circa. Il di più, di cui si vocifera, va riferito a somme di cui può rispondere solo 'ROMA'.

Tutto ciò premesso, attendo da Lei un consiglio su quale documento inviare al Card Castillo Lara (mi sono impegnato a consegnarlo nella tarda mattinata di mercoledì 2 marzo, cioè domani):

- quello completo di cui all'allegato A
- quello ridotto di cui all'allegato B
- quello ancor più ridotto che, nella versione 3, tralascia di spiegare perchè si parle di 10 o di 7 miliardi e riporta solo l'entità effettivamente percepita dall'Istituto (2.918.941.8ˆ
- altro

In attesa di ogni Sua indicazione, Le porgo il mio più affezionato ossequio

Angelo Card SODANO
P.º 4.Ticano

(A. CALOIA)

Lettera di Angelo Caloia, presidente dello Ior, al segretario di Stato Angelo Sodano sulle possibili versioni da dare sullo scandalo Enimont.

Il documento è riservatissimo perché svela come lo Ior e de Bonis abbiano guadagnato dalla vicenda Enimont. Tanto che Caloia riporta a tutti i cardinali della Commissione di vigilanza la personale raccomandazione di Grande Stevens a non divulgare nulla: «Il contenuto dell'appunto è strettamente riservato agli Em.mi signori Cardinali della Commissione, qualunque indiscrezione costituirebbe fonte di gravissimo danno per la Santa Sede. E ciò in quanto esso esplicita e sottolinea procedure e cifre che – non essendo essenziali alla Procura di Milano – non sono state trasmesse. E ciò anche perché non richieste dalle rogatorie». Quanto siano essenziali «nomi e cifre» è invece ormai chiaro: con i dati in più la Procura avrebbe potuto ricostruire tutte le bustarelle distribuite per il divorzio chimico e aprire nuovi filoni d'inchiesta.

Verrebbe da dire «meno si sa meglio è»: l'indomani Sodano approva la versione più omissiva tra le bozze del dossier sottoposte alla gerarchia vaticana. Spariscono i conti di Bonifaci e il nome di de Bonis. In un fax a Grande Stevens Dardozzi sfiora l'umorismo: «È meno estesa per non "indurre in tentazione"». La «tentazione» si chiama verità, ovvero non indurre in tentazione per non smuovere la curiosità dei cardinali delegati al controllo delle attività dello Ior.

Il 17 marzo 1994 i porporati ricevono il dossier tombale con gli auguri «di una Santa Pasqua di pace e letizia» firmati da Caloia. Qualche mese dopo arriva il segnale di approvazione di Wojtyla, come si legge da una lettera del commosso presidente dello Ior a Sodano:

> Il Consiglio di sovrintendenza della banca accoglie con grande favore e somma commozione l'accenno che il santo padre ha voluto riservare alle nostre vicende. L'atteggiamento così comprensivo e generoso del sommo pontefice è stato letto come uno straordinario incoraggiamento ad ancor meglio impegnarci per servire nella massima dedizione e trasparenza la Chiesa. È desiderio di tutti che il santo padre possa conoscere la grande gioia che è in tutti noi nel sapere ch'Egli segue con tanta benevolenza il nostro lavoro.[44]

Qualche giorno prima il Consiglio di sovrintendenza aveva fissato i punti chiave della vicenda in un incontro che sembrava definitivo:

> Possiamo affermare che monsignor de Bonis sia stato l'unico rappresentante dello Ior a mantenere relazioni con il personale Ferruzzi, secondo il suo stile. Ovviamente la gestione manuale delle varie transazioni è stata operata da altre persone designate da monsignor de Bonis. Può essere interessante ricordare che in generale gli impiegati, di qualsiasi livello, guardavano a monsignor de Bonis come a un punto di riferimento e un collegamento tra il vecchio e il nuovo corso. Dopotutto non aveva cambiato il suo alto ufficio, la sua posizione, passando indenne attraverso tutti i disordini che hanno scosso la struttura dell'Istituto. Anche la nuova direzione (direttore generale: dott. Bodio) aveva verso di lui un atteggiamento di rispetto e deferenza. Secondo la natura della transazione, già discussa con le parti interessate e decisa da esse, monsignor de Bonis avrebbe convocato un messo, un cassiere o un direttore e avrebbe fornito adeguate istruzioni per l'azione. All'interno di questo passaggio non è materialmente possibile accertare se queste persone avessero o meno qualunque tipo di contatto personale con i rappresentanti di Ferruzzi. Alcune di esse avrebbero potuto avere alcuni contatti in presenza di monsignor de Bonis, ma, per quanto possiamo ritenere, mai da sole.

Girandola di Cct sul conto «Spellman»

Il 28 aprile 1994 Sergio Cusani viene condannato a otto anni di carcere e 168 miliardi di risarcimento. Il 5 luglio 1994 inizia il processo Enimont, quello che tutta la stampa italiana definirà «il processo del secolo», la «Norimberga italiana», con un presidente del Collegio, Romeo Simi De Burgis, estasiato dal pubblico ministero: «Di Pietro? È un eroe».[45] Imputati i politici che grazie a Cusani, Sama e Bisignani sono accusati di aver incassato mazzette: Bettino Craxi, Arnaldo Forlani, Paolo Cirino Pomicino, Renato Altissimo, sino a Umberto Bossi, Giorgio La Malfa e Claudio Martelli. Tra gli imputati nessun sacerdote. Bisignani chiede che tutti i cardinali della Commissione di vigilanza, a iniziare da Castillo Lara, O'Connor, Casaroli e Martínez Somalo vengano sentiti, oltre allo stesso de Bonis. Ma i giudici rispediscono al mittente la richiesta, ultima possibilità di accendere un faro sulla vicenda.

Tre giorni dopo, come se nulla fosse, Bonifaci conferma il patto d'acciaio con il Vaticano. Bussa allo Ior e consegna al neotesoriere Mario Clapis, per il vicedirettore Scaletti, «alcuni stralci dell'interrogatorio in corso a Milano». È il verbale con la sua deposizione al processo Cusani. Una cortesia. Il costruttore ci tiene a coltivare i tradizionali rapporti Oltretevere. Fiducia, favori e interessi si intrecciano tra de Bonis, Bonifaci e Castillo Lara, risalgono nel tempo e rendono difficile compiere dei distinguo. Di sicuro è una delle relazioni che consentì all'ex prelato di proteggere fino all'ultimo il comparto occulto dello Ior e le operazioni più riservate. Ma ormai la rete è quasi distrutta. Caloia ancora a fine luglio raccoglie consensi e parole di sostegno dall'allora monsignore Giovanni Battista Re, dai cardinali Casaroli e Martínez Somalo: «Tutti mi sono stati di conforto. Molto bello è stato anche l'incontro con monsignor Stanislao (Dziwisz, *nda*) a Castelgandolfo. Devo essere grato per questi immeritati sostegni», mentre con Sodano si dice «debitore della massima comprensione e del prezioso incoraggiamento».[46]

Il processo Enimont si concluderà nell'ottobre del 1995 con condanne per quasi tutti i trentadue imputati tra i quali politici come Bettino Craxi, Renato Altissimo, Umberto Bossi, Arnaldo Forlani, gli stessi Giuseppe Garofano e Carlo Sama. Il Vaticano non restituirà mai nulla del denaro trovato sui conti o dei soldi attribuiti a de Bonis. Soltanto una modesta percentuale delle tangenti viene recuperata.

Ma nell'estate del 1997, l'amico e correntista Bonifaci torna in carcere su richiesta dei giudici di Perugia. Indagano su «Toghe sporche», casi di corruzione al Palazzo di giustizia di Roma per trasferire il processo Enimont da Milano e pilotare

altri procedimenti. In Umbria gli investigatori accusano Bonifaci di aver detto un sacco di menzogne ai magistrati del Pool:

> Bonifaci ha omesso di indicare titoli del valore di 82,7 miliardi su un
> totale di 243,1 acquistati con i fondi Montendison, con la conse-
> guenza che la Guardia di finanza di Milano, seguendo le indicazioni
> da lui fornite, ha individuato la destinazione di titoli pari a soli 160,4
> miliardi.[47]

Una parte di questi titoli è passata allo Ior. All'inizio si tratta
di una cifra relativamente modesta: 2 miliardi messi all'incasso allo Ior tra il '90 e il '91, che fanno arrivare in Vaticano
l'ennesima rogatoria su certificati che il commercialista Sergio
Melpignano consegnò a Bonifaci e che quest'ultimo avrebbe
girato ai giudici indagati per corruzione. A questo punto la
Procura vuol sapere «l'identità delle persone che conferirono
allo Ior il mandato ad incassare le cedole» e «la destinazione del
capitale»,[48] nonché sentire lo stesso Caloia. Nei sacri palazzi e
in banca ricostruiscono tutto in pochi giorni. In un appunto
interno del 18 agosto 1997 si legge:

> Il 25 gennaio 1991 sono transitati in cassa centrale titoli per un capi-
> tale nominale di 3,6 miliardi. Una partita di tali titoli sono stati
> accreditati sul «Fondo Spellman». La nota contabile sopra menzio-
> nata reca la dicitura «Titoli consegnati da S.E. Mons. Donato de
> Bonis – Fond. Spellman» con sigla dell'impiegato e la firma di S.E.
> Mons. de Bonis. Il 31 gennaio si è proceduto all'inoltro all'allora
> Banca Commerciale Italiana di Roma dei titoli sopra descritti per
> l'immissione nel nostro dossier.

In sintesi, è un'altra operazione di de Bonis con Cct provenienti, per l'accusa, da Bonifaci e accreditati sul conto «Spellman». Ancora una volta, il 16 settembre, viene contattato l'ex
prelato per avere lumi sulla vicenda. Ma il vescovo nicchia,
non ricorda, elude. Nell'archivio Dardozzi sulla questione è
custodita una breve nota proprio del 16 settembre 1997, non

firmata, assai criptica, con tutti i nomi dei possibili protagonisti segnalati solo con delle iniziali. L'autore del riciclaggio viene indicato con una misteriosa sigla «F/Sp»:

Da contatto avuto con d.B., in esito alla nota vicenda si è evidenziato quanto segue:
1) Non c'è memoria per quanto riguarda il o i nominativi che hanno fatto transitare quanto in parola presso il nostro ufficio.
2) È da escludere che autore del transito sia D.B.
3) È molto probabilmente da escludere anche L.B.
4) C'è la possibilità che siano stati portati tramite F/Sp.
5) Altra possibilità è data da altri benefattori delle opere di d.B. che nel periodo in considerazione erano attivi.

Chi si nasconde dietro quella sigla? Mistero. Si può ipotizzare qualche nome per tre sigle: «d.B» potrebbe essere de Bonis, «D.B.» Domenico Bonifaci e «L.B.» Luigi Bisignani. I pubblici ministeri umbri accuseranno ben presto Bonifaci e il suo fiscalista Melpignano di aver costituito un fondo nero di dimensioni colossali: «Una "provvista" di 445 miliardi in nero. Una parte (156 miliardi) era finita nella maxitangente Enimont, sulla quale ha indagato la Procura di Milano. Un'altra (153 miliardi) è stata usata dal costruttore-editore per i suoi affari. Una terza, per un totale di 136 miliardi, è stata invece dispersa in tanti rivoli diversi, ricostruiti dai pm. Oltre a queste tre parti resta solo un buco nero: 22 miliardi spariti nel nulla».

Nei mesi successivi la somma passata in Vaticano sarà destinata a lievitare. Così da questo nuovo filone i giudici chiederanno lumi su ben 14,5 miliardi di Cct di Bonifaci transitati allo Ior. E la banca vaticana nell'ottobre del 1998 risponderà su uno schema consolidato: «Il signor Bonifaci ha presentato a questo Istituto i titoli indicati in due volte, rispettivamente per lire 4.000.000.000 e 10.500.000.000, ritirando il controvalore in contanti». Nessun altro riferimento a manager della banca o conti dell'Istituto. Comunque si tratta di un'imprevedibile e diabolica ricaduta che rende infinita la tensione nei sacri palazzi. De Bonis sarà pur consapevole di aver intrapreso un lento e inesorabile declino ma è determinato a far scontare tutte le sue cambiali, persino a costo di bleffare.[49]

---

[1] Lettera del 6 novembre 1993 del segretario di Stato Angelo Sodano al cardinale Agostino Casaroli, membro della Commissione cardinalizia di vigilanza per lo Ior. Sodano informa anche Casaroli che la «segreteria di Stato ha trasmesso al Tribunale dello Stato della Città del Vaticano la rogatoria in parola affinché proceda a sentire i responsabili dell'Istituto».

[2] Dal report custodito nell'archivio Dardozzi, intitolato *La ricostruzione dei fatti*, risalente all'ottobre del 1993 e consegnato alla segreteria di Stato.

[3] *Ibidem.*

[4] Dal report custodito nell'archivio Dardozzi, intitolato *La ricostruzione dei fatti*, risalente all'inverno del 1993.

[5] Lettera di Angelo Caloia al segretario di Stato cardinale Angelo Sodano, del 29 ottobre 1993.

[6] Dal report custodito nell'archivio Dardozzi, intitolato *La ricostruzione dei fatti*, risalente all'ottobre del 1993 e consegnato alla segreteria di Stato.

[7] *Ibidem.*

[8] *Ibidem.*

[9] *Ibidem.*

[10] *Ibidem.*

[11] *Ibidem.*

[12] *Ibidem.*

[13] *Ibidem.*

[14] *Ibidem.*

[15] Alla riunione del Consiglio di sovrintendenza che si tiene dalle 11 del 17 novembre 1993 in una sala dell'ospedale Policlinico Gemelli di Roma, sono presenti oltre a Caloia e de Weck, gli altri consiglieri, professor José Angel Sánchez Asiaín e Virgil Dechant, il direttore generale dello Ior Andrea Gibellini, il vice Lelio Scaletti, il capoufficio Pier Giorgio Tartaglia e il consulente Vincenzo Perrone. Durante la riunione «il Consiglio reitera il desiderio di cooperare completamente con le autorità italiane e loda la condotta sinora tenuta dalle autorità della Santa Sede. Il Consiglio delibera che per quanto riguarda le relazioni con la stampa nessuno dovrà parlare con i giornalisti perché è prerogativa solo delle autorità del Vaticano».

16 Lettera dell'avvocato Franzo Grande Stevens del 9 dicembre 1993 ad Angelo Caloia.

17 Lettera senza indirizzo girata da Caloia a Dardozzi con questo appunto: «Lettera senza indirizzo da utilizzare per l'Emerito e l'Edoardo da accompagnare alla fotocopia della lettera inviata al Castillo. Grazie di tutto!».

18 Fax con le due bozze di lettera del penalista ad Angelo Caloia inviato dallo studio Grande Stevens a Renato Dardozzi il 2 dicembre 1993.

19 Lettera manoscritta di Dardozzi «a sua eminenza il Signor Cardinale Angelo Sodano, del 6 dicembre 1993» con appuntata anche l'ora ovvero le «18.30».

20 «Sodano ore 20 tutto ok», è quanto appunta Dardozzi sulla copia della documentazione spedita poco prima al segretario di Stato.

21 Appunto intitolato *Considerazioni*, compilato da Dardozzi e, seppur privo di data, risalente a un giorno prossimo al 9 dicembre 1993.

22 Appunto dattiloscritto *Ipotesi di risposta al Tribunale vaticano* corretto a mano da monsignor Dardozzi, privo di data e con «allegati due versioni (A e B) della risposta» da offrire ai magistrati.

23 Appunto dattiloscritto di monsignor Dardozzi che assomiglia a un rendiconto dell'incontro con Grande Stevens da sottoporre a qualcuno visto che sono evidenziati il «primo» e il «secondo» quesito provenienti «cfr. Udienza di ieri, sabato 11 dicembre 1993».

24 *Ibidem.*

25 Sbardella e Moschetti in quegli anni controllavano di fatto la Democrazia cristiana nella capitale. Moschetti venne proclamato senatore nell'agosto del 1992 dopo le dimissioni di Claudio Vitalone.

26 Appunto dell'11 dicembre 1993 manoscritto su carta «Ospedale pediatrico Bambino Gesù» intitolato *Quesiti da porre a Grande*, intendendo l'appuntamento che l'indomani Dardozzi avrebbe avuto con l'avvocato Grande Stevens. Al terzo punto si legge: «Di Pietro ha ritel. alla sig.na preannunciando la sua via (forse intendeva visita, *nda*). Ha chiesto alla suddetta di riferire ai superiori il suo messaggio. Ha preannunciato la sua prossima venuta a Roma e potrebbe egli stesso ritirare la proposta».

27 Vedi nota n. 15.

28 Lucio Brunelli, «In verità vi dico: ci hanno imbrogliati», in «Epoca», 25 gennaio 1994.

29 Lucio Brunelli, «Conto di nozze», in «Il Mondo», 3 gennaio 1994.

30 Marco Politi, «La glasnost della Santa Sede», in «la Repubblica», 22 dicembre 1993.

31 L. Brunelli, *int. cit.*

32 Processo Enimont, motivazioni della sentenza della V sezione del Tribunale di Milano pronunciata il 27 ottobre 1995 e confermata, in sostanza, nei gradi successivi di giudizio.

[33] Fax dell'avvocato Franzo Grande Stevens del 19 gennaio 1994 inviato a monsignor Dardozzi.

[34] *Ibidem.*

[35] Dal memorandum «per il Consiglio di sovrintendenza dello Ior» del 9 dicembre 1993.

[36] Dal memorandum «sul Servizio tesoreria unica» del 17 dicembre 1993 e conservato nell'archivio Dardozzi.

[37] È sul settimanale «Il Mondo», del 26 dicembre 1993, l'articolo «C'è Piovano in pole position» siglato da Lucio Brunelli che provoca la reazione di Dardozzi.

[38] «Appunto riservato confidenziale», datato «dicembre 1993» che Dardozzi allega alla lettera manoscritta del 28 dicembre 1993 per Sodano.

[39] Il posto di prelato dello Ior rimarrà vacante fino al 2006.

[40] Lucio Brunelli, *int. cit.*

[41] Fax di Dardozzi a Grande Stevens del 18 gennaio 1994.

[42] Nicola Pini, «Il finanziere: così utilizzammo lo Ior per incassare quei Cct in Svizzera», in «Avvenire», 18 febbraio 1994.

[43] Andrea Pamparana, *Il processo Cusani, politici e faccendieri della Prima Repubblica*, Mondadori, Milano 1994.

[44] Lettera del 15 giugno 1994 di Caloia a Sodano.

[45] Nicola Pini, «Processone in aula. Molti vip alla sbarra per l'affare Enimont», in «Avvenire», 5 luglio 1994.

[46] Lettera di Caloia a Sodano del 28 luglio 1994.

[47] Dalla richiesta di rinvio a giudizio del procedimento penale «Anna Maria Amoretti più altri», Procura della Repubblica di Perugia, 5 gennaio 1999.

[48] Dalle tre pagine della Commissione rogatoria del 20 agosto 1997 firmata dai procuratori di Perugia Fausto Cardella, Silvia della Monica, Michele Renzo e Alessandro G. Cannevale.

[49] Giuliano Gallo, «Enimont, l'atto di accusa finale», in «Corriere della Sera», 16 dicembre 1998.

Enimont. Le coperture

Andreotti e quei 4,5 miliardi sfuggiti ai giudici

La scelta di «proteggere» in qualche modo de Bonis offre inaspettata energia all'ex prelato dello Ior. Così torna a farsi avanti. Come se in banca non fosse accaduto niente. Il monsignore avvicina Gibellini, il direttore generale, ed esercita pressioni per sbloccare i conti correnti dello Ior parallelo. Gli consegna due dichiarazioni giurate che fanno sudare freddo. «Il cardinale mi ha consigliato – scrive de Bonis nel bigliettino del 16 maggio 1994, riferendosi a Castillo Lara – queste due dichiarazioni giurate. Se non bastano mi consigli.» Più che dichiarazioni suonano come avvertimenti. Il vescovo giura nero su bianco che sul conto «Fondazione Spellman, da me aperto e amministrato, la somma di 373 milioni è di mia esclusiva proprietà». A questo punto bisogna capire di chi sono tutti gli altri soldi depositati, visto che il conto presenta un saldo di 7 miliardi. Infatti, de Bonis si limita a rivendicare quei 373 milioni e «71,5 milioni di interessi», lasciando intendere e ricordando che gli altri 6,7 miliardi accreditati non sono suoi, non essendo il titolare del deposito in questione. Un'analisi che Caloia farà in una missiva a Sodano del 21 giugno 1994:

La «Fondazione Cardinale Spellman» (che l'ex prelato ha gestito per conto dell'Omissis) contiene cifre dell'ordine di 4,5 miliardi che sono il risultato di titoli i cui numeri sono tutti comparsi nella rogatoria di Milano. Le cifre rimanenti possono attendibilmente ascriversi a fattispecie che nulla hanno a che vedere con le disponibilità personali del monsignore o con suoi titoli di merito. [...]

La richiesta è oggettivamente insidiosa: nel giurare di essere proprietario di 350 milioni (il riferimento è ai 373 milioni menzionati da de Bonis, *nda*) – e soltanto di quelli – implicitamente «Roma» dichiara che il resto è sempre stato ed è ancora di giurisdizione e gestione altrui. Ad altri (cioè allo Ior) spetta perciò l'eventuale responsabilità per quei 4,5 miliardi che potrebbero tuttora essere nel mirino della magistratura italiana.

Soldi che scottano e che ancora sono depositati sul conto «Fondazione Spellman». La seconda dichiarazione è un messaggio chiaro di ringraziamento e un atto di generosità interessato. De Bonis riscrive infatti le volontà testamentarie. Alla sua morte le somme restanti non dovranno più andare ad Andreotti, come aveva indicato all'apertura del deposito, ma «tutto passi a libera proprietà dello stesso Ior per le sue alte finalità caritative e statuarie».

L'ex prelato rivendica infine la titolarità del conto «Fondazione mamma de Bonis, lotta alla leucemia» chiedendo che gli vengano bonificati i 313 milioni di saldo. Ma quel deposito è stato alimentato da fondi dello Ior e non del vescovo.

Gibellini e Perrone si consultano. Temono «il cardinale» indicato da de Bonis, che altro non è se non Castillo Lara. Nel frattempo però, il neocappellano dell'Ordine di Malta, attento conoscitore delle terrene debolezze, si adopera per far pressioni sull'accondiscendente direttore. Gli regala gli arredi dell'ex ufficio rimasti ancora allo Ior. Gibellini non batte ciglio. Anzi ringrazia, accetta la tela raffigurante un covone di grano di un pittore italiano, l'armadio di olivo libanese e persino un tavolinetto *étagère*. Caloia viene informato e rimane di sale di fronte a questi atteggiamenti. A metà giugno avverte il segretario di Stato:

La fuoriuscita di mons. de Bonis non sembra ancora completa. Il personaggio è tornato a premere sul direttore generale perché fossero smobilizzate somme giacenti presso lo Ior («Fondazione Card. Spellman» e altri conti per i quali è *sub judice* la titolarità e la neutralità rispetto alle più recenti vicende giudiziarie). A un primo diniego da me opposto a ogni prelevamento l'ex prelato ha deciso di far pervenire, su apparente suggerimento del Cardinale Castillo Lara (a detta almeno del dottor Gibellini), alcune dichiarazioni. Ho apposto un ulteriore diniego adducendo non solo la decisione del Consiglio, che aveva congelato tutte le disponibilità in questione, ma anche il permanere di una situazione giudiziaria tuttora non conclusa. Può essere significativo rilevare che proprio negli stessi giorni in cui si sono manifestate le pressioni si è altresì disposto che oggetti preziosi lasciassero lo Ior e finissero a casa del direttore generale... È sconcertante constatare che questi oggetti vengono accettati da chi per qualifica ricoperta dovrebbe ormai conoscere bene i difficili trascorsi e le conseguenze di certi comportamenti passati.

Il 30 giugno 1994 l'erede di Marcinkus torna ancora alla carica. Come se nulla fosse, chiede che vengano venduti Cct custoditi su uno dei suoi depositi per 120 milioni e vuol ritirare le sue azioni della società americana Bozzuto's Inc. Ma quei Cct sono sospetti. Infatti sul conto titoli dell'ex prelato DV 21012 è stato immesso un Cct con numerazione assai simile a uno della provvista Enimont passato, invece, sul deposito «Fondazione Spellman». Ogni richiesta viene quindi respinta.

L'ex prelato è nero di rabbia, furibondo con il presidente dello Ior. Da parte sua, Caloia non arretra, anzi spiega a Sodano il blocco dei conti, gli illustra questo «*non possumus*» con pragmatica chiarezza. Non può accedere né a «Spellman» né agli altri depositi come «"Mamma de Bonis" che è stato alimentato con bonifici provenienti dalla successione dei coniugi Tumedei (avvocato Cesare e moglie Alina Casalis), da transazioni (Vannucchini) e da disposizioni di beneficenza la cui titolarità è dello Ior e non dell'ex prelato che in modo del tutto arbitrario ha fatto confluire le somme sui conti a sua firma».

La gestione personale e illegittima di fondi dello Ior non coinvolge solo i lasciti di ricchi fedeli ma anche le eredità dei cardinali: soldi che vanno così ad alimentare la contabilità parallela del monsignore lucano. Proprio in quelle settimane, infatti, si scopre che i giochi di prestigio dell'ex prelato sono inesauribili. Il caso record è quello dell'eredità dell'ex presidente dello Ior, il cardinale Alberto di Jorio, morto nel lontano 1979.[1] La banca è stata nominata erede universale ma non ha ancora ricevuto il tesoro del porporato tra ville, terreni, bond e depositi. Anzi, vecchi collaboratori di Marcinkus come Luigi Mennini tornano in scena per contrastare la volontà di Caloia e gestire ancora quella fortuna. È una situazione paradossale che porta il vertice della banca a informare tutto il Consiglio di sovrintendenza e a bloccare i conti:

È giunto alla nostra attenzione che alcuni conti connessi con l'eredità del defunto cardinale Alberto di Jorio sono tuttora gestiti da uno degli esecutori testamentari. Sua Eminenza il cardinale ha lasciato un testamento (12.08.1953) nel quale lo Ior era indicato come unico erede. Nello stesso documento Sua Eminenza nominava esecutori testamentari il dott. Pellegrino de Strobel (ora defunto) e il dott. Luigi Mennini. Il testamento è accompagnato da una serie di indicazioni per gli esecutori su lasciti e altre attività da eseguire dopo la morte del cardinale. Successivamente, sempre attraverso note manoscritte, Sua Eminenza ha ampliato notevolmente il contenuto delle indicazioni per i suoi esecutori testamentari, accordando loro poteri pressoché illimitati, compresa la possibilità di «modificare le intenzioni espresse con un gusto di aperta liberalità e un approccio leale». Con il documento datato 14.11.1968, il cardinale di Jorio ha aggiunto ai due esecutori già menzionati monsignor D. de Bonis. Infine, con un'ultima nota manoscritta datata 31.07.1973, il defunto cardinale ha dato ulteriori istruzioni ai suoi esecutori testamentari circa la donazione della propria villa a Montecrescenzio, del mobilio, dei giardini e delle terre coltivate a sua santità papa Paolo VI. [...] Per quanto ne sappiamo il «Consiglio» degli esecutori testamentari non si è mai costituito e solo di recente (febbraio 1994) il dott. Mennini ha depositato la sua firma presso di noi per operare sul conto insieme al monsignor de Bonis. Mentre procediamo a raccogliere nel miglior modo possibile tutta la corretta documentazione, il presidente ha dato istruzioni affinché vengano congelati tutti i conti e i depositi tuttora esistenti a nome del defunto cardinale, permettendo solo il pagamento delle obbligazioni correnti per le attività realizzate nell'ambito delle indicazioni dettate dal cardinale.[2]

Di fronte a queste nuove contestazioni l'ex prelato sembra perdere il controllo. Telefona. Allude. Avverte. Minaccia. Tanto che proprio Caloia, il 23 giugno 1994, denuncerà addirittura che le «visite e telefonate del personaggio si fanno ogni ora più terroristiche nei confronti miei e dei miei più fidati collaboratori».

Trapianti di midollo alla de Bonis

I conti bloccati, le coperture saltate: la parabola discendente di de Bonis più volte annunciata stavolta sembra inarrestabile. La prova arriva nell'estate del 1994 da un'inedita corrispondenza proprio tra Caloia e l'ex prelato della banca. De Bonis critica le scelte del Consiglio di congelare i depositi, batte cassa, chiede un finanziamento. E per convincere, tra allusioni alla vicenda Calvi e i toni melliflui di sempre, allega attestati della beneficenza e della lotta alla leucemia infantile che compie:

> Con amarezza devo scriverle: se non lo facessi commetterei un peccato di omissione. L'atteggiamento del Consiglio non è una cattiveria, ma un errore. Per le cattiverie l'animo di un sacerdote è vaccinato. Per gli errori no! Come da mia precedente dichiarazione sotto giuramento il conto «Lotta alla leucemia» in memoria di Mamma de Bonis non ha alcuna relazione con il caso Cusani e compagni. Non vi è alcuna motivazione valida per bloccarlo, anche per il bene che questo denaro ha fatto per salvare tante vite di bimbi innocenti, malati di leucemia. Ho presentato a suo tempo le dichiarazioni del prof. Mandelli. Il Consiglio compie un sequestro di beni, come un Tribunale, anche se Tribunale non è. *Ultra vires*. Senza alcuna imputazione, o ricorso, o lamentela, o avvisi di reato. Il rifiuto invece dell'anticipazione merita solo una parola inglese: *discrimination*. Come

si può negare un prestito così garantito (versamento mensile da parte dello Ior dell'intera pensione che diventa per l'ufficio anche un piccolo investimento?). E lo si nega a un sacerdote con quarant'anni di servizio, durante i quali – anche in tempi difficili come quelli del caso Calvi – si è prodigato per assicurare miliardi a centinaia di depositi, senza alcun *activity's bonus*. Dante nel Paradiso mette sulla bocca di san Pietro queste parole rivolte a un angelo: «Se devi sbagliare, sbaglia per bontade». Io ripeto le stesse parole a un angelo con la «A» maiuscola. E quando leggerà questa mia al Consiglio dica pure che spero tanto nella lettura di «Avvocato», da parte del grande vicepresidente. Grazie, Donato.

Caloia non cade nel tranello. E il 28 luglio 1994 risponde senza arretrare:

Sarebbe poco saggio e lacerante se questa mia entrasse nel merito di quanto da tempo lei non si stanca di rappresentare. Valga allo stato ciò che ho già in diverse occasioni e nei confronti delle diverse persone da lei contattate fatto presente. Non è in mio potere derogare da quanto il Consiglio ha stabilito con riguardo a fondazioni e/o conti per i quali deve compiersi un chiarimento tuttora pendente. Né è qui pervenuta alcuna superiore istanza in senso difforme. Lei però con finezza a me ben nota mi invita a «buttar il cuore al di là della siepe» specie con riferimento a opere di bene che attendono urgenti ristori. Voglia allora segnalare qualcuna di tali situazioni. Faremo di tutto per venire incontro agli urgenti bisogni dei titolari di tali iniziative non senza renderli edotti che ciò che eventualmente si farà è dovuto alla sua sempre vigile sensibilità. Le auguro serene vacanze estive e ben distintamente ossequio.

De Bonis è stizzito ma ormai sempre più lontano dalle leve del potere della banca. Il 2 agosto manda un'ultima missiva al vicedirettore Scaletti per commentare lo scritto di Caloia, missiva che suona come un commiato definitivo:

Una vera carezza di Dio in questa mia amara estate romana, avvilita dal mortificante atteggiamento dell'ufficio nei miei riguardi. Ti ho sempre detto che il presidente è un vero «signore», la sua lettera è gentile, premurosa, di grande classe. Ritengo molto giusta e prudente la decisione del «chiarimento» riguardo a fondazioni e conti: proprio per questo avevo pensato – su suggerimento del cardinale Castillo Lara – di inviare dichiarazione sotto giuramento. Il Consiglio non l'ha accettata proprio nella linea del «chiarimento»? E va bene! Aspetterò. Forse il Consiglio ne avrà rimorso. Il Consiglio decise di lasciare fuori «embargo» i conti personali che sono in tutto tre:

- Conto lire dove è depositata la pensione n. 001.2.99765E. Attualmente dovrebbe esserci un saldo di 15 milioni.
- Conto dollari 051.3.10054W dove il saldo è di circa 9000 dollari.
- DV 21012 con titoli di basso taglio acquistati da Ciocci c/o Credito Italiano con 120 milioni (dei quali 60 della mia famiglia).

Domanda: perché la decisione del Consiglio vale per *a* e *b* e non per *c*?

Quando dicevo al professore di «sbagliare per bontade» mi riferivo all'interpretazione della decisione del Consiglio, non volevo che «buttasse il cuore al di là della siepe», perché conosco la sua massima correttezza professionale e morale e non avrei mai forzato il suo stile. Ultima cosa: nella seconda parte della lettera il professore si dichiara disponibile ad aiutarmi in qualcuna delle mie opere buone. Ti prego di ringraziarlo sinceramente. Ho molti amici che credono nella mia coraggiosa carità e mi danno tutto. Ogni trapianto di midollo costa oltre 100 milioni. Li ho sempre trovati. Al mio vecchio ufficio non chiederò soldi. Ma accolgo con umile e commossa soddisfazione la promessa del presidente, pregandolo di includere nelle prossime selezioni del personale il sig. Mauro Lorenzini, già assunto da me come «pulitore» un mese prima dell'arrivo del Consiglio e poi bloccato da Bodio. E una vittima del comunismo vietnamita, una bambina scappata dal Vietnam e da me affidata alle Suore Calasanziane, pagando annualmente retta, libri, spese ecc. La superiora suor Saveria e suor Filomena, che l'hanno cresciuta, mi dicono che è un angelo. Quest'anno si è laureata «ragioniera» e non può lavorare in Italia perché non è cittadina italiana. Ricordatevene alla prossima selezione. Grazie. Lelio, prenditi il giusto riposo, cura un po' di più la tua salute. Tra qualche anno come è successo a me, nessuno più ricorderà i tuoi meriti (ricordi l'epoca delle «manette»?) Con affetto e rispetto, don Donato.

Verità e messaggi si confondono nelle parole del prelato dell'Ordine di Malta. Che pure a ragione reclama la titolarità di certe somme e rivendica opere di bene, che nella sua contraddittoria esistenza l'hanno distinto presso chi di lui conosceva solo la parte meritoria.

Negli anni successivi de Bonis si occupa solo dei Cavalieri di Malta e dal 1999 anche di via Condotti a Roma, come cappellano della strada della moda e del lusso. Passando quindi indenne, tra cene di gala e festeggiamenti per la visita dei Grimaldi a Roma, tra ulteriori scandali e veleni, come quelli che nel 1998 arrivano da due cognati lucani, Filippo D'Agostino, che accusa senza successo il cardinale Michele Giordano, amico e co-seminarista di de Bonis, e Antonio d'Andrea, che a Palermo punta l'indice contro il prelato ritenendolo protagonista di un «Ordine di Malta parallelo», in grado di controllare la vita politica italiana degli anni Settanta. I magistrati Antonio Ingroia e Roberto Scarpinato inseriscono la vicenda nel megafascicolo nominato «Nuovi sistemi criminali», che giace negli armadi della giustizia siciliana.

Cade invece nel vuoto la richiesta dei difensori del boss Salvatore Riina di chiamare a deporre il prelato dell'Ordine di Malta come testimone al processo Scopelliti che si celebrava a Reggio Calabria. Nell'autunno del 2000 il monsignore banchiere riesce comunque ancora a sorprendere i detrattori con la visita di Giovanni Paolo II ai Cavalieri di Malta, i suoi parrocchiani fedeli: «Il mio affettuoso pensiero – esordisce Wojtyla – va al signor cardinale Pio Laghi, patrono di codesto Sovrano Ordine di Malta, che ha voluto partecipare all'odierno appuntamento. Con lui saluto il caro fratello, monsignor Donato de Bonis, vostro prelato». Un'attenzione di protocollo che fa piacere a chi sente il peso degli anni e della malattia, lasciandosi ormai alle spalle le sfrontatezze degli aggressivi anni Novanta.

De Bonis se ne va senza clamore. Dopo i funerali segreti in una cappella del Verano, il cimitero di Roma, sui quotidiani italiani del 25 aprile 2001 compaiono nove necrologi per «la morte di sua eccellenza monsignor Donato de Bonis». Uno è firmato, insieme, da Paul Marcinkus e monsignor Pasquale Macchi, un altro dalle stiliste Laura e Lavinia Biagiotti Cigna. L'unico politico a dargli pubblicamente l'ultimo saluto è invece Gianni Letta. Di Donato de Bonis oggi rimane nella chiesa di Sant'Antonio abate della natia Pietragalla un bassorilievo in sua memoria. È collocato a destra dell'ingresso. È realizzato in bronzo. Peccato, magari lo avrebbe preferito in oro.

Castillo Lara, il venezuelano amico di Wojtyla

La bonifica dello Ior parallelo, la gestione omissiva della vicenda Enimont e la morbida fuoriuscita di de Bonis non rispondono comunque agli interrogativi su garanzie, coperture e complicità che pesantemente hanno condizionato le scelte delle gerarchie in Vaticano. Già si è detto della storia e dell'abilità mimetica del prelato, delle relazioni e dei suoi influenti clienti, e anche del particolare periodo storico. Ma ritenere che possa esser stato lui solitario manovratore, artefice di tutto, persino come erede dei segreti di Marcinkus e imboccato dalla vecchia guardia, appare riduttivo.[3]

Il più potente in quegli anni non è il cardinale Angelini, plenipotenziario ministro della Sanità del Vaticano, non è nemmeno Macchi, potente segretario di papa Paolo VI, non è l'americano O'Connor, nemmeno Andreotti & C. De Bonis conta sulla benevolenza del suo diretto controllore, del presidente della Commissione di vigilanza dello Ior, il cardinale José Rosalio Castillo Lara, personaggio decisivo nello scacchiere del potere entro le mura. Uno dei pochissimi che si confronta direttamente con Giovanni Paolo II, non solo sulle dotte riforme di diritto canonico delle quali è attento studioso e raffinato promotore. Per dirla con la battuta che ancora circola nei sacri palazzi, «la targa del Vaticano SCV è l'acronimo di "Se Castillo Vuole"».[4]

Castillo Lara nasce in Venezuela, regione di Aragua, una tra le più arretrate del paese, il 4 settembre 1922. Il paese natio è san Casimiro (santo protettore, coincidenza vuole, proprio della Polonia), borgo rurale di duemila anime contadine e oggi cittadina con quasi 30mila abitanti. Nipote dell'arcivescovo di Caracas e primate del Venezuela Lucas Guillermo Castillo, Rosalio entra da ragazzo nel noviziato dei salesiani di Don Bosco a Bogotà, in Colombia, e a ventisette anni viene ordinato sacerdote per poi laurearsi in diritto canonico all'Ateneo salesiano di Torino, dove insegnerà fino al 1957. Rientra quindi in America Latina, fino a quando, nel 1975, la nomina a vescovo voluta da Paolo VI lo spinge a trasferirsi a Roma. Il papa gli chiede di adoperarsi per la stesura del Codice di diritto canonico. Un'opera monumentale che richiede la consulenza di un centinaio di professori universitari fino a quando, nel 1983, si concludono finalmente i lavori. Giunto in Vaticano, Castillo Lara presiede diverse Commissioni, da quella disciplinare a quella per la revisione e l'interpretazione autentica del Codice di diritto canonico.

Figura d'indiscusso carisma, il venezuelano raccoglie la fiducia del papa e diventa autorevole punto di riferimento per le tavole del diritto. Si rivolgono a lui vescovi e porporati, rimanendo affascinati dalle dotte analisi di questo sudamericano dai modi bruschi ma di cultura sterminata. Creato cardinale nel Concistoro del 25 maggio 1985, deve soprattutto a Wojtyla i radicali cambiamenti della sua vita. È infatti nel dicembre del 1989 che il pontefice lo indica come plenipotenziario ministro del Tesoro della Santa Sede per seguire le finanze e bilanciare la nomina del laico Angelo Caloia alla presidenza dello Ior. In pochi mesi sul cardinale convergono incarichi di assoluto prestigio che ne allargano l'influenza.

È uno dei pochissimi porporati nella storia della Santa Sede, se non l'unico, a presiedere sia l'Apsa, l'Amministrazione del patrimonio della sede apostolica (la banca centrale), sia il Governatorato della Città Stato del Vaticano, in pratica l'Ente che amministra lo Stato, sia, appunto, la Commissione cardinalizia di vigilanza sullo Ior. In pratica una figura che unisce il ministro del Tesoro, quello dei Lavori pubblici e il governatore dello Stato. A lui si devono le opere edilizie più significative del Vaticano per il Giubileo del 2000, quando ai piani nobili della Pro Fide di piazza di Spagna ritroveremo il brillante architetto de Bonis a presiedere le riunioni per i lavori dell'Impregilo (all'epoca gruppo Fiat) con discussioni ben protette dalle doppie porte imbottite degli uffici più discreti. Capelli corvini, battuta tagliente, l'architetto de Bonis sosteneva d'essere nipote proprio del prelato Donato de Bonis.

Oltretevere, a Castillo Lara si devono opere imponenti come la Casa di Santa Maria che dal 1996 ospita i cardinali in Conclave, l'ampliamento degli ingressi dei 'musei e il parcheggio sotto la piazza della vecchia stazione delle ferrovie vaticane.

In questi anni Castillo Lara consolida gli interessi e valorizza amicizie. A iniziare da quella con discussi costruttori come Domenico Bonifaci, abruzzese partito da Tagliacozzo e oggi a capo di un impero tra editoria, costruzioni e finanziarie. Proprio l'immobiliarista che nella vicenda Enimont fornisce a Gardini i fondi neri in Cct per il pagamento delle bustarelle. Proprietario del quotidiano «Il Tempo», arrestato più volte negli anni Novanta per corruzione, nella capitale Bonifaci era il re del mattone. Di quella generazione cresciuta negli anni Settanta alla velocità degli alveari che soffocano l'Urbe. E opera direttamente in Vaticano, anche lui introdotto dal solito monsignor de Bonis, grazie a diversi conti aperti nel comparto parallelo dello Ior. Peccato che per statuto e finalità la banca vaticana dovrebbe annoverare nella sua clientela soprattutto enti, istituzioni religiose, dipendenti della Santa Sede. Ma Castillo Lara ha sempre minimizzato, anzi escluso con una certa sfrontatezza che imprenditori potessero essere clienti dello Ior.[5]

I conti dell'immobiliarista Bonifaci

Invece, nel 1991, con Caloia presidente e Castillo Lara appunto a capo della Commissione di vigilanza, Bonifaci inizia a operare con la banca del papa utilizzando il proprio nome e cognome. L'*escamotage* è evidente. L'articolo 2 dello statuto bancario prevede che lo Ior possa accettare anche «beni con destinazione almeno parziale o futura per opere di religione». O si allega un testamento nel quale si indicano disposizioni per opere per la Chiesa oppure viene fissata una percentuale sugli interessi che è sempre vantaggiosa visto che lo Stato li tassa al 30 per cento. Per Bonifaci si arriva al 10 per cento sui conti e al 7 per cento sui titoli con un risparmio netto significativo. Bonifaci ottiene così l'apertura di un deposito valori e vi immette titoli italiani per 10 miliardi. A siglare le operazioni è direttamente l'allora direttore Bodio, che fa finta di nulla. Approva anche se Bonifaci non ha alcun titolo per operare in quella banca. In pochi mesi l'immobiliarista deposita Cct per altri 10,5 miliardi e ottiene l'apertura di diverse pertinenze che intesta anche alla moglie, Clorinda Checchia.[6] Come qualsiasi sacerdote correntista dello Ior, il costruttore consegna le sue volontà testamentarie in busta chiusa alla banca. «Dispongo che tutti i valori che risulteranno al tempo della mia morte a mio credito passino di proprietà a mia moglie Clorinda, e alle mie figlie Diletta, Federica e Flaminia».

A Bonifaci vengono garantiti interessi davvero inconsueti: l'11,75 per cento annuo sui fondi vincolati. Una corsia preferenziale che obbliga i pii bancari ad aprire un ulteriore conto corrente, ex novo. Si tratta di interessi superiori di quasi 4 punti rispetto a quelli già generosi riservati dallo Ior a monache e frati, enti religiosi e chiese (in genere l'8 per cento) per le loro meritorie opere di bene. L'effetto è immediato: i 20,5 miliardi che deposita lievitano a 24 miliardi in pochissimo tempo. Come mai questo trattamento così favorevole? Dagli atti dell'archivio Dardozzi emerge che Bonifaci avrebbe utilizzato questi conti per operazioni non sempre limpide. Sul deposito 001-3-17624 vengono accreditati 35,6 miliardi. Metà arrivano dai Cct della provvista Enimont. Di questi ben 4 miliardi non compaiono negli elenchi della Procura. Il saldo dell'altro conto 001-6-02660-Y del costruttore ammonta invece a 24 miliardi.

Quando, nell'ottobre del 1993, la rogatoria Enimont chiama in causa il Vaticano, l'immobiliarista non ci pensa un attimo. Si precipita alla Santa Sede. Ripete quanto ha appena rivelato ai magistrati, allertando così i porporati; avrebbe inoltre avanzato una singolare proposta che finisce in un appunto allegato alla relazione sulle movimentazioni del costruttore firmata dal vicedirettore generale Scaletti per Caloia e Dardozzi:

Bonifaci ha fornito due elenchi di titoli, il primo per un nominale di circa 110 miliardi e il secondo per un nominale di circa 60 miliardi, che comprendono i titoli utilizzati per la nota operazione, tangente Enimont, che ha precisato è stata di 140 miliardi. Il primo elenco è già in possesso degli inquirenti italiani. Esso contiene parecchi titoli riscontrabili in alcune posizioni note (Serafino, Louis, Bonifaci). La Guardia di finanza sulla base di tale elenco e delle segnalazioni bancarie avrebbe già ricondotto a noi titoli per circa 30/40 miliardi. Il secondo elenco verrà consegnato dal Bonifaci agli inquirenti milanesi martedì 12 ottobre. Bonifaci sarebbe disposto a togliere alcuni titoli eventualmente transitati dall'Istituto ma noi non gli abbiamo fornito alcuna indicazione. Quest'ultimo elenco conferma comunque le tracce Serafino e Louis, includendo Spellman. Bonifaci asserisce che il suo ruolo nell'operazione immobiliare con Milano non lo espone a conseguenze penali. Avrebbe venduto immobili per circa 1000 miliardi, retrocedendo in nero 140 miliardi e utilizzando fondi personali senza quindi esporsi a reati societari. Nel turbinio di certificati obbligazionari ammette di avere fatto qualche commistione tra certificati propri e quelli relativi all'operazione. Assicura comunque di avere consegnato alla controparte tutti i 140 miliardi dovuti, senza appropriarsi di nulla. Dieci certificati per un nominale di 10 miliardi, segnati come appartenenti all'operazione milanese sono stati da lui depositati sul suo fondo. Questo particolare non è ancora noto agli inquirenti milanesi e lui tenterà fino all'ultimo di tenerlo riservato... È apparso teso e impaurito. Ci farà sapere eventuali notizie che possano riguardarci di cui dovesse venire a conoscenza.

C'è anche il rischio che in qualche modo trapeli il saldo dei suoi conti. In questo caso Bonifaci ha già previsto la linea difensiva da adottare:

Nel caso la sua posizione creditoria verso l'Istituto (circa 24 miliardi) – prosegue il documento elaborato probabilmente da Clapis – divenisse nota, tenterà la tesi difensiva della fondazione attuata per captare la benevolenza del cardinale con cui stava trattando l'operazione immobiliare romana (Acquafredda).

L'alibi proposto ci porta a un altro intreccio nelle fitte trame di quegli anni. Tra Bonifaci e proprio Castillo Lara, che abbiamo visto ai più alti piani della Santa Sede. Subito dopo la vicenda Enimont, in piena Mani pulite, l'immobiliarista sta per chiudere insieme al Vaticano un'enorme operazione immobiliare nella capitale. Il patrimonio della Chiesa ha sempre ingolosito Bonifaci, a iniziare dai terreni alle porte dell'Urbe sui quali possono concentrarsi piani di lottizzazione e speculazioni edilizie. Il passaggio è semplice. Prima monsignor de Bonis introduce il costruttore in banca, poi assicura la giusta valorizzazione di Bonifaci agli occhi di Castillo Lara che, essendo a capo dell'Apsa, controlla i beni della Romana Chiesa e apprezza il facoltoso cliente. Bonifaci inizia così a valutare alcune acquisizioni con Castillo Lara. In particolare vuole mettere le mani su una proprietà storica, quella Tenuta di Acquafredda che si estende per 140 ettari nell'Agro romano tra via Aurelia e il raccordo anulare.

A giugno del 1992 Bonifaci offre al venezuelano preliminarmente ben 120 miliardi, parte in contanti, parte in case in costruzione. Castillo Lara è allettato. La valutazione, secondo le voci dell'epoca, è doppia rispetto ai prezzi correnti. Il porporato chiede una proposta formale e il 18 giugno 1992 l'affare sembra chiuso: l'immobiliarista manda una lettera d'intenti al cardinale per definire le modalità dei versamenti. «10 alla sottoscrizione dell'impegno, 10 al perfezionamento dell'atto di conferimento, 80 miliardi in due rate semestrali, gli ultimi 20 girando trentadue appartamenti che stanno per essere realizzati in Roma, località Valcannuta. Le preciso al riguardo che sarà mia cura rappresentare la proposta alternativa in occasione del prossimo incontro che dovrà stabilire la procedura per l'intera operazione per la quale, peraltro, i nostri collaboratori hanno già iniziato a incontrarsi sulla base dei suggerimenti forniti dal vostro prof. Tremonti.»

Per far capire che fa sul serio, Bonifaci stacca e allega un assegno da 10 miliardi dell'allora Banco di Santo Spirito, intestato direttamente al presidente dell'Apsa. «Mi permetto di precisarle – conclude prudente – che nella malaugurata ipotesi di non positivo esito l'allegato assegno dovrà essermi restituito… precisazione dettata soltanto da esigenze di prassi contrattuale e non da sfiducia.» In realtà, in Vaticano non tutti sono d'accordo. Si mette di traverso il segretario di Stato. Castillo Lara insiste ma non riesce a chiudere l'operazione che sfuma.[7] E l'assegno? Bonifaci chiede indietro i soldi. Il Vaticano nicchia, nega. Dell'assegno nessuno sa più nulla. Dove è finito? Bonifaci citerà in giudizio la Chiesa affidandosi ai tempi della giustizia italiana.

Come tutti i clienti di de Bonis, anche Bonifaci non piace affatto a Caloia. Il presidente ha messo in allerta i suoi dipendenti dalle strane operazioni dell'ingegnere. E già a maggio del '92, quando Bonifaci si presenta allo sportello con titoli per ben 13 miliardi nominali, Caloia viene subito avvisato. Le cifre sono troppo importanti per far finta di niente. E così i Cct vengono respinti e restituiti. Bonifaci però non si perde d'animo. Chiede udienza a de Bonis lamentandosi, ma il prelato non ha più i poteri di prima. Il monsignore cerca di aiutarlo senza riuscirci e il costruttore continua a forzare con sue operazioni. Nell'agosto del 1992, in concomitanza con la svalutazione della lira italiana, chiede allo Ior di vendere tutti i titoli in lire per 20,5 miliardi e convertire il ricavato in dollari o marchi. Peccato che non sia legittimato ad avere piena operatività sui conti. Così il cambio viene fermato. La presenza di Bonifaci tra i clienti dello Ior inizia a creare qualche imbarazzo.

Partono i controlli interni, come scrivono Scaletti e Mario Clapis in una relazione riservata del 29 ottobre 1993:

> Essendo un rapporto intestato a una persona fisica senza alcun legame con la Santa Sede ci chiedemmo chi fosse il titolare e per quale motivazione avesse potuto accedere all'Istituto. Dai documenti di apertura si poteva rilevare il riferimento «Fondazione Marchese Gerini», un'entità che proprio in quel periodo ci stava preoccupando a causa dell'esistenza di un finanziamento di circa 8 miliardi erogato dallo Ior e dell'apparizione sulla stampa di notizie di un'azione legale intentata dagli eredi del marchese. Poiché l'operazione era stata seguita da S.E. mons. de Bonis, chiedemmo a quest'ultimo se conoscesse il signor Bonifaci. Monsignor de Bonis ci riferì che era stato lui a portarlo allo Ior in quanto persona facoltosa che con i suoi depositi avrebbe potuto costituire un cuscinetto di garanzia in caso di problemi causati dall'operazione Gerini.

Nel giugno del 1991, l'arrivo di Angelo Sodano alla segreteria di Stato al posto di Agostino Casaroli, l'inchiesta Enimont sulle tangenti dei Ferruzzi, la vicenda Bonifaci, i guai giudiziari di alcuni consiglieri della «Fondazione Centesimus Annus» vicinissimi a Castillo Lara incrinano il potere del cardinale venezuelano che era stato il porporato più potente della città leonina. A indicarlo come sodale di de Bonis e influenzabile da Marcinkus, dubitando quindi del suo operato in una guerra senza frontiere, è soprattutto Caloia. Quasi ogni giorno il presidente dello Ior esprime critiche al vetriolo nella consueta corrispondenza con il segretario di Stato Sodano. Basta rileggere alcuni passaggi delle missiva del 27 luglio 1993, dove Caloia ancora indica de Bonis con il nome in codice «Roma»:

> Mi si consenta di riferire la mia impressione di una sostanziale ancor-ché strumentale benevolenza circa tale stato di cose da parte del car-dinale Castillo Lara. Fa specie rilevare le pressioni che il porporato ha esercitato per «recuperare» (su indicazione di mons. Marcinkus e il tramite di mons. «Roma» per il quale il tutto si doveva non a ragio-ni di giustizia ma... a ragioni di carità!) la signorina Margonda (già pensionata dallo Ior e con decorosa sistemazione in locali ad affitto calmierato dello Ior). Fa anche più specie leggere gli strani intrecci fra il già conosciuto Pioselli, il dottor Gibellini e il cardinale Castil-lo Lara. Essi hanno condotto in Vaticano persino la Sai e soprattut-to il suo titolare l'ingegner Ligresti!!! Ancora una volta si conferma la pericolosità di un'iniziativa che, in sé buona, può trasformarsi in boomerang se mantenuta all'interno del Vaticano e se alimentata tra-mite persone facenti capo allo Ior.

Il primo irrigidimento è causato da un protetto del cardinale, il direttore generale dello Ior Gibellini, arrivato a gennaio e subito «captive» di de Bonis. Il dirigente punta a ottenere un appartamento da trecentottanta metri quadrati di proprietà del Vaticano nella vicinissima via della Conciliazione, appena fuori le mura. Prima di entrarci sono necessari lavori per ben 600 milioni affinché sia reso lussuoso e confortevole. Somma che dovrebbe gravare sulle casse della Santa Sede. Il Consiglio dello Ior presieduto da Caloia blocca la pratica ritenendo una follia concedere a prezzi calmierati una casa di rappresentanza a un funzionario. Meglio «accomodare alte personalità della Santa Sede, Ambasciate», come osserva Caloia nel carteggio con Sodano. Così Gibellini corre a lamentarsi dal ministro del Tesoro della Santa Sede. Che cerca di soddisfare il pupillo accorgendosi però di non godere di significativi spazi di mano-vra. E tentenna.

I dubbi di Caloia si fanno più insistenti quando agli inizi dell'ottobre 1993 la situazione precipita con l'ormai pubblico coinvolgimento del Vaticano nella vicenda Enimont. Il 14 ottobre 1993 si tiene infatti una riunione strategica tra i membri del Consiglio di sovrintendenza, presieduto da Caloia, e i cardinali O'Connor, l'ex segretario Casaroli, il ministro «dell'Interno» dello Stato vaticano Martínez Somalo e, appunto, Castillo Lara. Di fronte a una situazione che rischia di finire fuori controllo, tutti i partecipanti rimangono colpiti dall'atteggiamento di Castillo Lara: «Un misto di sufficienza e di insofferenza – denuncia Caloia a Sodano – un tentativo di divagare e di continuamente interrompere, la volontà di precludere una approfondita conoscenza da parte degli eminenti Colleghi, la fretta di chiudere e lasciare la riunione».

L'incontro è decisivo, si parla delle «fondazioni maggiormente esposte rispetto agli interrogativi di questi giorni... Forte è emersa la preoccupazione per il clamore che interverrà. Solo il cardinale Castillo Lara è parso minimizzare e divagare, al limite di mettere a prova la pazienza dei convenuti». Caloia non si spiega questo atteggiamento, se non con l'ambiguo rapporto che lo lega a Bonifaci e alle loro trattative immobiliari. È il 19 ottobre 1993 quando chiede l'intervento della «suprema autorità» di Sodano:

Poiché «a pensare male si fa peccato ma spesso si indovina» aggiungerò una mia interpretazione, almeno parziale, delle cose. Il cardinale presidente sembra unicamente preoccupato di seguire le tracce del sig. Bonifaci, l'immobiliarista da lui ben conosciuto e con il quale egli ha intrecciato rapporti non andati a buon fine e probabilmente più estesi di quanto non lasci supporre la pur enorme vicenda dell'Acquafredda. È pertanto ansioso di conoscere e sistemare quanto prima possibile ogni partita che riguardi il nominato «personaggio». Di più ancora: l'atteggiamento di sufficienza dell'esposizione mia agli Eminenti Cardinali e il tentativo di spiegare lui gli eventi (anche con nuove interviste e anche con l'invio di incauti esploratori, alla Gibellini, presso sedi esterne) rivelano un pericoloso tentativo di appropriarsi di una vicenda che invece richiede ben altre doti; equilibrio e saggezza.

Il portafoglio del pontefice

Ma il rapporto tra Castillo Lara e il santo padre frena il segretario di Stato, che passa sopra gli incidenti segnalati da Caloia. Persino l'iperbolica rivalutazione dell'affitto che l'Apsa di Castillo Lara sollecita alla banca non viene osteggiata, seppure esploda dalle simboliche 65mila lire, pagate dal lontano 1943[8] sino l'ultima volta nel febbraio del 1994, a ben due miliardi annui.

La questione è però un'altra. Castillo Lara raccoglie in prima persona le volontà papali ed esegue le disposizioni finanziarie di Giovanni Paolo II. È in pratica l'amministratore personale del papa, gestisce il suo portafoglio, tutela e rivendica i suoi diritti. È il caso, per esempio, della Fondazione elvetica Surava, un ente di beneficenza che agli inizi del 1990 è arrivato a possedere un patrimonio stimato in 52 milioni di franchi svizzeri. La fondazione è del marchese romano Alessandro Gerini, che alla morte lascia tutti i suoi beni a un'opera benefica. Qui preme anticipare invece come Castillo Lara si sia attivato subito dopo la scomparsa del marchese affinché i beni della Surava rimanessero fuori dall'asse ereditario per confluire nella disponibilità del papa. Aperto il testamento, il venezuelano vola a Zurigo, incontra gli amministratori della fondazione e il gestore, il signor Wiederkehr. Si spende affinché il patrimonio della fondazione finisca nel portafoglio del sommo pontefice. Castillo Lara fa presente di aver visionato proprio in Svizzera «un documento manoscritto del defunto marchese Gerini che in data 21 dicembre 1988 confermava pienamente la sua volontà di lasciare il sommo pontefice come secondo beneficiario della "Fondazione Surava", al quale doveva quindi passare il patrimonio della medesima dopo la sua morte».[9] Insomma, anche da alcuni colloqui con Gerini, Castillo Lara ricorda a tutti che «risulta chiaramente esser stata volontà del defunto marchese che il patrimonio della Surava rimanente ancora in Svizzera fosse di libera disposizione del

sommo pontefice», figura che il venezuelano tutela e rappresenta. Una «inequivoca volontà» che di certo non si può dis-
attendere.

Sempre su indicazione del papa, Castillo Lara accompagna
direttamente in banca anche arcivescovi e cardinali per disporre finanziamenti e bonifici. Come il 15 febbraio 1994, quando arriva in Vaticano l'arcivescovo metropolita di Riga Janis
Pujats, oggi cardinale. Castillo Lara lo introduce allo Ior su
indicazione di Wojtyla per compiere una rilevante operazione
bancaria. Consegna al manager Perrone «le indicazioni del
caso», inviando l'indomani a Caloia «copia della lettera della
segreteria di Stato in proposito», con un biglietto di ringraziamento «per la prontezza ed efficienza con cui si è data esecuzione a questa disposizione del santo padre».[10]

È l'effetto della visita apostolica del papa in Lettonia e negli
altri due paesi baltici, Lituania ed Estonia, compiuta qualche
mese prima. È il frutto delle preghiere al Santuario di Aglona,
cuore mariano della Lettonia. Prosegue infatti l'azione incisiva
del santo padre nei paesi dell'ex blocco comunista per far crescere una Chiesa colpita dalle persecuzioni. Sul papa ha avuto
effetto l'incredibile storia personale di Pujats, obbligato nel
1984 ad abbandonare la Curia perché il regime di Mosca lo ha
dichiarato «persona non grata». Costringendolo quindi alla
fuga e a tornare a lavorare in parrocchia come semplice cura-
to. Quando poi nel 1991 la Lettonia si stacca dall'Unione
Sovietica, Pujats viene indicato dal papa come arcivescovo. Da
Giovanni Paolo II, Pujats è creato e riservato *in pectore* nel
Concistoro del 21 febbraio 1998. Quanto abbia incassato
l'arcivescovo per la sua missione non è noto, né qui è particolarmente rilevante. È eloquente invece di un rapporto alle più
alte sfere che giustifica la cautela dei cardinali. L'autonomia di
Castillo Lara è indiscussa.

Caloia prova a forzare la segreteria di Stato affinché assuma
una posizione. Ma Sodano si muove con prudenza, come
quando riesce a far cambiare idea al cardinale che vuole chie-

dere a Giovanni Paolo II «autorizzazione per la stesura di una pubblicazione sullo Ior intesa a dare risposte alle maldicenze circolanti. Tale pubblicazione andrebbe ad abbracciare un vasto periodo e riferirsi anche alle penose vicende del passato»[11]. L'edizione rischia di aprire, ancora, nuovi fronti. Non verrà mai pubblicata. Nello stesso periodo Castillo Lara scarica definitivamente de Bonis sollecitando proprio Caloia a «tirarsi via di dosso – sono le parole del cardinale – in modo definitivo»[12] il personaggio in questione.

Secondo il Codice di diritto canonico, con il raggiungimento dei settantacinque anni di età gli incarichi cessano. L'età «canonica» comporta quindi le dimissioni che in genere scattano dopo un periodo di proroga. Castillo Lara viene invece subito sostituito al Governatorato dal cardinale Edmund Szoka, polacco di Detroit, vicino al papa e al suo segretario monsignor Stanislao Dziwisz. Nel 1997 lascia quindi ogni responsabilità in Vaticano e dopo cinquant'anni di assenza rientra in Venezuela. Qui si scontra con il presidente Hugo Chávez in una battaglia quotidiana: «È un dittatore paranoico – dichiara ai giornali –. La paranoia gli fa perdere il senso della realtà».[13] Il 16 ottobre 2007 alle 7.40 una crisi respiratoria gli toglie la vita nel centro medico di Caracas, dove era ricoverato dal 19 settembre.

Benedetto XVI, in un telegramma di cordoglio spedito all'Arcivescovo di Caracas, il cardinale Jorge Liberato Urosa Savino, si dice rattristato della morte, giunta dopo «una malattia vissuta con grande serenità», di questo «zelante pastore che ha servito la Chiesa con tanta carità. Testimoniando una grande dedizione alla causa del Vangelo, dando prova del suo profondo amore per la Chiesa». Fiori bianchi sull'altare per il trigesimo della morte. È l'attuale segretario di Stato Tarcisio Bertone, anche lui salesiano, a scegliere parole di stima incondizionata: «La vita terrena del cardinale Castillo Lara – afferma nell'omelia – ha avuto il timbro della saggezza e, grazie ai suoi studi giuridici, ma anche alla sua personale coerenza di vita, egli ha indotto molti a praticare la giustizia con la lucida consapevolezza dell'inscindibile binomio cristiano: giustizia e carità, "perché l'uomo – dice anche Benedetto XVI –, al di là della giustizia, ha e avrà sempre bisogno dell'amore"».[14]

I soldi di Fiorani a Castillo Lara

Ma negli anni Novanta la situazione è assai più compromessa di quanto oggi traspare dai ricordi che la gerarchia vaticana esprime sui personaggi di un tempo. Non solo lo Ior parallelo, le tangenti Enimont e le contabilità segrete dei cardinali che la segreteria di Stato e di riflesso Dardozzi sono impegnati a gestire di continuo in situazioni di emergenza, ma anche dubbi e compravendite di quote bancarie come quelle che segnala il banchiere cattolico Gianpiero Fiorani sempre ai magistrati milanesi nell'estate del 2007, pochi mesi prima che Castillo Lara muoia. «I primi soldi neri li ho dati al cardinale Castillo Lara, l'uomo della finanza, quando ho comprato la Cassa Lombarda. Mi ha chiesto di potergli dare 30 miliardi delle vecchie lire possibilmente su un conto estero, non sul conto del Vaticano.» Siamo a metà degli anni Novanta, all'apice della carriera ecclesiastica del venezuelano. Alla Popolare di Lodi comanda Angelo Mazza,[15] un banchiere pragmatico dai metodi spicci. Fiorani cresce all'ombra, ereditando poi una banca segnata da una grave tensione finanziaria e patrimoniale. Segue in prima persona l'operazione per acquisire il 30 per cento della Cassa Lombarda. L'Istituto della famiglia Trabaldo Togna è un obiettivo allettante per la Popolare di Lodi che così inizia la sua rapida espansione in Lombardia. «Quando abbiamo comprato la Cassa Lombarda – ricorda Fiorani –, una quota era del Vaticano, dell'Apsa», ovvero la banca centrale della Romana Chiesa. Per evitare passaggi diretti si filtra l'operazione con acquisti intermedi: «La quota l'hanno intestata a una società della Banca della Svizzera italiana (Bsi) di Lugano, Bsi poi ha venduto e le chiese han venduto a Trabaldo Togna e poi

Trabaldo Togna ha venduto a noi». In parallelo i soldi si muovono e rimbalzano tra Svizzera e Italia. In parte finiscono su un conto estero della Bsi. «Noi abbiamo dichiarato un valore troppo basso – diceva il cardinale Castillo Lara secondo la ricostruzione di Fiorani –, paghiamo troppe plusvalenze, allora facciamo un'operazione estero su estero.» Fiorani riporta a Mazza, il quale dà l'autorizzazione al pagamento. E si utilizzano canali non tradizionali per soddisfare le esigenze della Chiesa. Parte un bonifico bancario su un conto della Bsi. «Perché in quella banca – ricorda Fiorani – ci sono tre conti del Vaticano che erano, penso, non esagero dai 2 ai 3 miliardi di euro».

---

[1] Alle esequie del 6 settembre 1979 Giovanni Paolo II, nell'omelia, attribuì particolari virtù al porporato: «Tutto l'arco della sua lunga vita è stato posto al servizio del Signore e della Chiesa. In modo particolare, egli ha dato gran parte di sé a questa Sede Apostolica, per la quale ha speso le sue migliori energie. Abbiamo pertanto nei suoi confronti un dovere di riconoscenza, al quale assolviamo ancora una volta oggi, qui, pubblicamente, davanti al Signore. Tutta la sua esistenza terrena si può sintetizzare attorno a queste tre caratteristiche: egli fu buon sacerdote, solerte amministratore, generoso benefattore. Della prima è indice la molteplice attività di sacro ministero, esercitata fin dai primi anni di presbiterato; la seconda è provata da vari decenni di servizio sia al vicariato di Roma che alla Santa Sede; della terza sono documenti eloquenti varie iniziative di promozione sociale, culturale ed ecclesiale. Si tratta di buone qualità e di buone opere che il Signore certamente apprezza, così come lodò, sia pur in termini di parabola, quel servo buono e fedele che aveva fatto ampiamente fruttificare i talenti ricevuti, non tenendoli per sé, ma rendendoli moltiplicati al suo padrone. Ebbene, la ricompensa per un servizio così diuturno, fedele e fecondo non può che venirgli dal Signore stesso, e noi siamo qui proprio per implorargliela, grande e beatificante».

[2] Dal «Promemoria per il Consiglio di sovrintendenza» del 18 febbraio 1994 a firma «V.P.» che corrisponde alle iniziali di Vincenzo Perrone, consulente dello Ior e uomo di fiducia di Caloia. Il documento così prosegue: «È di fatto molto difficile muoversi tra tutte queste carte, note,

volontà e indicazioni, ma è anche vero che il cardinale intendeva chiaramente che il primo testamento datato 12.08.1953 fosse il suo unico e basilare testamento. La circostanza viene evidenziata dal fatto che ogni qualvolta venga fatto un riferimento a un testamento, è a quello del 1953. Tali riferimenti si possono trovare anche negli ultimi documenti (31.07.1973) citati sopra. Circa il supposto potere conferito al «Consiglio» degli esecutori testamentari di cambiare le indicazioni fornite, si deve notare che: secondo i principi del Codice civile italiano la condizione deve essere considerata nulla, e lo stesso trattamento le sarebbe riservato da qualsiasi principio di *common law*; in ogni caso, si deve notare che il reale potere conferito dal defunto cardinale ai suoi esecutori testamentari è decisamente meno forte di quanto possa apparire, dal momento che le sue parole si riferiscono allo «spirito di liberalità e lealtà» nell'adottare – insieme – decisioni faccia a faccia sui lasciti. Lo Ior non è mai entrato in possesso dell'eredità né per quanto concerne la valuta, né i bond, né le obbligazioni, né i beni immobili; gli esecutori testamentari – per quanto ne sappiamo – non hanno mai agito unitamente. Possiamo affermare che fino a ora solo uno degli esecutori testamentari designati (monsignor de Bonis) ha agito e dato disposizioni sull'eredità; secondo i principi della *common law* e gli articoli del Codice Civile italiano (sez. 709.1) l'esecutore (i) deve (devono) fornire il resoconto finale della sua (loro) gestione, almeno alla fine di ogni anno, quando la gestione duri per un periodo superiore a un anno».

[3] Sarebbe bastata la risoluzione adottata già il 1° aprile del 1992 dal Consiglio di sovrintendenza dello Ior, presieduto da Caloia, per metterlo in un angolo e smantellare «la banca nella banca». Con quella risoluzione passa infatti il principio secondo il quale «nessun individuo connesso allo Ior in qualsiasi modo, che si tratti di un impiegato in attività o in pensione, un dirigente, un revisore contabile, un prelato, un membro del Consiglio, è autorizzato a gestire conti e fondi le cui risorse non gli appartengano personalmente». Sarebbe bastata l'inquietante relazione della Commissione segreta, inviata al papa nell'estate del 1992, per decapitare un sistema che sfugge ai controlli e che avrebbe conosciuto la crisi solo nell'ottobre del 1993 con l'arrivo della magistratura italiana. In realtà, de Bonis conta molti santi in paradiso.

[4] Marco Politi, «Roma al papa? No grazie», in «la Repubblica», 22 agosto 1993, e Riccardo Orizio, «Nella dealing room vaticana», in «Corriere della Sera», 20 luglio 1998.

[5] Il 25 gennaio 1994, in un'intervista a «Epoca», il cardinale Castillo Lara alla domanda se «imprenditori come Agnelli, Berlusconi, De Benedetti avessero mai depositato denaro allo Ior?», serafico rispose: «No, non mi risulta».

[6] In particolare allo Ior Bonifaci apre tre linee: l'11 luglio 1991 il deposito valori n. 91003 con autorizzazione dei dirigenti Carlini e Bodio. Gli stessi che il 21 novembre consentono all'apertura del conto corrente (001-3-17624). Infine il 12 agosto 1992 viene aperto un altro fondo (001-6-02660-Y) «per permettere l'applicazione di tassi particolari», come si legge nella scheda dell'archivio.

[7] Nel 1997 la regione blocca ogni colata di cemento e decreta la nascita della zona protetta per 249 ettari tra Aurelia, Boccea e raccordo.

[8] Dal verbale del Consiglio di sovrintendenza dello Ior del 20 gennaio 1994.

[9] Lettera del cardinale Castillo Lara all'avvocato di Roma Alberto Gallo del 9 ottobre 1990.

[10] Lettera autografa di ringraziamento di Castillo Lara del 16 febbraio 1994 su carta della Pontificia commissione per lo Stato della Città del Vaticano a Caloia.

[11] Lettera di Caloia a Sodano del 17 febbraio 1994.

[12] Lettera di Caloia a Sodano del 21 giugno 1994.

[13] Intervista di Gianfranca Giansoldati a Castillo Lara, in «Il Messaggero», 29 luglio 2007.

[14] Bertone cita le parole di Benedetto XVI dell'enciclica *Deus caritas est* n. 29 e rivendica di essere un discepolo di Castillo Lara: «Il suo ricordo ci induce a pensare alla sua tempra forte e appassionata nell'affrontare le questioni della giustizia, specie quando si trattava di difendere la Chiesa, ma non di meno – come dicevo prima – deve condurci a riflettere sul suo profilo di uomo di fede, di spiritualità, di preghiera, di amore filiale per la Beata Vergine venerata, secondo il suo cuore salesiano, come Ausiliatrice. Continuiamo dunque la nostra preghiera con la stessa fede e con la stessa passione per Cristo e per la Chiesa, dei testimoni che ci hanno preceduto, fra i quali annoveriamo senza dubbio il nostro fratello cardinale Rosalio Castillo Lara. Il tratto, la semplicità, il modo di impostare le relazioni con le persone, lo zelo pastorale erano una manifestazione della serenità interiore. È ancora vivissimo nel mio ricordo quel cerchio di professori e discepoli che si era formato intorno a lui, del quale anch'io facevo parte. Un cenacolo che si riuniva periodicamente e, tra preghiera e conversazione, attingeva alla memoria ecclesiale motivi di ringraziamento a Dio, di fedeltà rinnovata alla vocazione salesiana, di speranza e di impegno mai affievolito per l'edificazione della Chiesa».

[15] Dalla morte di Mazza, avvenuta nel 1997, Fiorani viene nominato condirettore generale, per essere scelto nel 1999 come amministratore delegato sino al settembre del 2005.

Truffe e ricatti nei sacri palazzi

«Il costruttore di Dio» e il ricatto siriano

Negli anni Novanta l'unità di crisi coordinata da monsignor Dardozzi tra la banca e la segreteria di Stato non si occupa soltanto di monitorare le attività clandestine dello Ior parallelo e di gestire le delicate relazioni con la magistratura italiana. Dall'archivio non emergono solo fascicoli sulle numerose vicende che tra gli Usa, la Svizzera e l'Italia hanno portato magistrati di paesi diversi a bussare al Portone di Bronzo. L'unità di crisi doveva occuparsi anche dei fantasmi del passato, ovvero di quelle situazioni che andavano periodicamente a riproporsi e generarsi sulle ceneri dello scandalo dell'Ambrosiano. Studiando le migliaia di pagine di questo archivio, si capisce infatti che sebbene siano passati quasi venticinque anni la storia del crac di Roberto Calvi non è alle spalle. Certo, la giustizia ha ormai definito ruoli e responsabilità ma troppe ombre, troppi misteri sono rimasti irrisolti. Anzi, è persino possibile che parte dei soldi trafugati dalle casse dell'Ambrosiano siano ancora custoditi in Sudamerica su conti correnti che in molti hanno cercato di individuare senza successo. Di fronte a questi rischi l'unità di crisi di Dardozzi monitora ogni fronte, interpreta ogni segnale minaccioso che poteva superare le mura leonine. Come quando un misterioso siriano si fa avanti preoccupando i porporati della Santa Sede. In un incredibile gioco di bluff e attese, a sangue freddo, Dardozzi riesce a sventare quello che sembra un vero e proprio ricatto. Tutto inizia in una mattinata di fine 1995.

L'appuntamento è fissato alle 9 nell'elegante palazzo della Cariplo (oggi Banca Intesa Sanpaolo), al 161 di via Quattro Fontane a Roma, dietro piazza della Repubblica. Come sempre monsignor Dardozzi è puntuale. Si è alzato prestissimo, preghiere, leggera colazione, lettura di quotidiani italiani e inglesi. Infila il portone, sale le scale e raggiunge la sala riunioni al secondo piano. L'incontro si preannuncia teso e delicatissimo. È il 28 novembre 1995. Al tavolo Lelio Scaletti, neodirettore generale dello Ior sponsorizzato prima dal cardinale Casaroli e poi da Caloia; il professor Felice Martinelli, discreto commercialista della finanza cattolica meneghina, consigliere del banchiere Giovanni Bazoli e soprattutto uno dei tre liquidatori dell'Ambrosiano di Roberto Calvi.[1] I tre si conoscono da sempre. Si apprezzano e stimano. Nutrono invece qualche diffidenza verso l'ospite.

Si tratta di Alberto Pappalardo, avvocato ligure che arriva poco dopo. L'uomo si fa annunciare, attraversa spedito la sala dai lucidi listelli di rovere a spina di pesce, si siede e senza preamboli inizia a parlare. Il monologo durerà quasi due ore. Pappalardo presenta le sue credenziali. È un civilista nativo di Loano, vicino a Savona, con studio a Genova, in via Ippolito d'Aste, e a Rotterdam. Cresciuto politicamente nel partito liberale, amico e consulente di personaggi di quel partito, non è tuttavia lì per discettare di politica. Deve svelare un'intricata storia di testamenti e quattrini, vicenda che in Vaticano vivranno sempre più come raffinato ricatto.

Dal gennaio del 1994 Pappalardo difende i salesiani di Don Bosco nel braccio di ferro sull'eredità da 1500 miliardi di lire del marchese Alessandro Gerini che li contrappone ai nipoti del nobile. Soprannominato «il costruttore di Dio» per la sua capacità di mescolare affari e beneficenza, Gerini ha coltivato da sempre rapporti con la comunità di Don Bosco. Sin dagli anni Cinquanta, quando regalando una chiesa ai

salesiani, si è fatto urbanizzare gratis dal comune la zona della Tuscolana, realizzando un imponente complesso residen-
ziale a costi contenuti. Ebbene, scomparso nel 1990, celibe e
senza figli, il marchese ha nominato erede universale la Fondazione ecclesiale «Istituto Marchesi Teresa, Gerino e Lippo
Gerini», nata nel 1963 per l'assistenza a giovani e bambini e
controllata proprio dai salesiani. L'ultima volontà di Gerini
aveva provocato le ire e la dura reazione giudiziaria dei parenti diseredati. I quattro nipoti si sono mostrati infatti assai
determinati. Prima hanno denunciato il vertice della fondazione, Alberto Gallo e Alberto d'Orazio, per circonvenzione
d'incapace, ma il tribunale ha archiviato la pratica. Quindi
hanno consegnato ai magistrati un diario segreto dello zio
con segnate tutte le dazioni di denaro pagate a politici e
boiardi per vendere le sue proprietà e costruire nell'Urbe.[2] Il
manoscritto coinvolge anche il vertice della fondazione e
determina l'inchiesta sui cosiddetti «palazzi d'oro» delle vendite pilotate allo Stato.

I nipoti del marchese impugnano quindi ogni carta, ogni
volontà pur di bloccare l'assegnazione dei beni alla fondazione
gestita dalla Congregazione salesiana. Si tratta infatti di
un'eredità sterminata: 750 ettari di terreni intorno all'Urbe,
aree in gran parte a solo una firma dall'edificabilità, appartamenti, negozi e persino affascinanti casali alle porte di Roma.
Ancora: depositi bancari, arredi, quadri e preziosi già valutati
almeno in 201 miliardi.[3] In tutto, beni per 1500 miliardi di
lire, anche se sulla reale consistenza del patrimonio nessuno è
mai riuscito a indicare cifre esatte soprattutto perché «il
costruttore di Dio» ha lasciato parte del patrimonio intestato a
fiduciari e prestanome, nascosto e protetto da una ragnatela di
società fantasma.[4]

In questo scenario l'avvocato Pappalardo presenta ai suoi
interlocutori tale Silvera, misterioso personaggio straniero. Chi
è e cosa vuole lo si capisce in fretta da un dettagliato appunto
sull'incontro scritto da Dardozzi e conservato nell'archivio:

Il signor Silvera, faccendiere di origine siriana, ha acquistato dai quattro eredi Gerini i diritti dell'eredità. [...] L'avvocato Pappalardo conclude che è necessario fare al più presto un compromesso con gli eredi perché al momento della registrazione dell'eredità saranno «aperte» molte informazioni pericolose e anche compromettenti per le Autorità religiose. L'avvocato Pappalardo ha presentato un appunto al card. Castillo Lara. Al corrente di tutta la situazione è mons. Giovanni Lajolo.

Pappalardo indica nomi di sicuro effetto: Castillo Lara è il plenipotenziario ministro in Vaticano appena un gradino sotto il segretario di Stato Sodano. Lajolo all'epoca è uno dei più stretti e dinamici collaboratori di Castillo Lara, come segretario dell'Apsa, presieduta proprio dal cardinale venezuelano, e aumenterà di potere negli anni successivi con Benedetto XVI che lo crea cardinale nel 2007.[5] Ma Dardozzi e Scaletti non si scompongono. La diffidenza cresce. Restano o quantomeno si mostrano imperturbabili. Vogliono capire soprattutto se Pappalardo o questo fantomatico Silvera stiano bleffando e quali intenzioni nascondano. Purtroppo, dagli accenni di Pappalardo si capisce che il faccendiere siriano sembra conoscere le segrete cose della Santa Sede e le tracce per risalire ai tesori nascosti dell'eredità Gerini ai quali tutti danno la caccia. Su questo punto le conclusioni della relazione lasciano poco spazio alle interpretazioni:

Il signor Silvera è al corrente e ha i documenti di molte cose, titoli di proprietà immobiliari in Argentina, Brasile, a Montevideo, Canada e Africa che non appaiono registrate. La banca di Montevideo ha dei fondi di un imprecisato quantitativo in dollari e titoli. L'avvocato Pappalardo insiste perché si prenda contatto (e fa capire che solo lui sa e può prenderlo) con Giannina Gerini in quel di Montevideo perché Giannina è tra i quattro eredi la più intelligente, disponibile e informata anche di ciò che non è palese del patrimonio Gerini. Qualora si potesse addivenire a un compromesso con gli eredi Gerini verrebbero fuori molti dei pericoli che incombono sulla fondazione e quindi sulla Congregazione salesiana a motivo del «contenzioso» possibile fra la fondazione e gli eredi (ne ha acquistato i diritti dai quattro eredi il faccendiere siriano Silvera ottenendo attenuanti).

Con cautela Dardozzi e Scaletti spingono Pappalardo a svelare le presunte «informazioni pericolose» che potrebbero danneggiare la Congregazione e quindi la Chiesa. L'avvocato non si tira indietro. Rilancia. Con un'anticipazione che apre nuovi scenari:

> La fondazione, che per dieci anni non ha operato sugli impegni di statuto, è stata strumento per transito di capitali dall'Italia all'estero (analogia con lo Ior ai tempi di Sindona e Calvi?). Si ha la sensazione che siano esistiti (esistono tutt'ora?) raccordi con lo Ior e con le cosiddette società patrocinate dallo stesso Ior. Lo Ior (e la Santa Sede purtroppo) ha pagato molto.[6]

La sola ipotesi che la «Fondazione Gerini» sia stato strumento per attività finanziarie occulte, per trasferire capitali fuori dall'Italia sotto l'ombrello della beneficenza, disorienta e preoccupa. Bisogna capirne di più. Scaletti, Dardozzi e Martinelli congedano Pappalardo e prendono tempo. I tre iniziano a compiere delle verifiche. Devono anticipare le mosse dei nipoti del marchese Gerini, comprendere il ruolo di Pappalardo, quali beni si nascondano a Montevideo e il piano architettato da Silvera. La discrezione deve però essere assoluta. Dardozzi fa un giro di telefonate.

Quell'italoamericano legato alla Casa Bianca

Dardozzi è in fibrillazione. Dispone dei controlli anche sull'avvocato Pappalardo, a iniziare dai numeri di telefono lasciati come recapito. L'esito è sorprendente. Si tratta di numeri della Camera dei deputati. La storia sembra destinata a complicarsi. Sarà poi vero che questo civilista indica e utilizza un'utenza del Parlamento? «Non esiste tra i dipendenti della

Camera – si legge in un'altra nota dell'archivio del monsignore –. Non esiste tra i nominativi di quelli che lavorano nelle segreterie politiche né stipendiati dagli onorevoli né stipendiati in tutto o in parte dalla Camera.» Quindi? «Mah, andava spesso alla Camera – ricorda oggi la moglie Marina, vedova dell'avvocato deceduto nel 2002 – collaborava con alcuni parlamentari ma non mi diceva nulla del suo lavoro.» Tra l'altro, almeno in quel periodo,[7] il numero d'interno al quale Pappalardo risponde direttamente non corrisponde a un telefono qualsiasi: «Il numero telefonico 06.67602147 – si legge in un altro appunto – è intestato alla signora Giovanna Marinelli che fa parte dell'ufficio Presidenza (Pivetti)».

Che si tratta di un ricatto lo si capisce agli inizi di dicembre, quando, in un appunto, Dardozzi scrive: «Carnevale avvicina Caloia e si parla di "Fondazione Gerini" e di Silvera. Il Silvera dice che con 100 miliardi si chiuderebbe tutto. Un ricatto!». Il 6 dicembre 1995 Scaletti e Dardozzi rincontrano Pappalardo. Visti i temi da trattare, preferiscono non esporsi facendosi vedere in Vaticano o in qualche ufficio Oltretevere. Questa volta l'appuntamento è fissato alle 10.30 al bar dell'hotel Plaza di via del Corso a Roma. In abiti borghesi per confondersi meglio tra manager e clienti dell'hotel. La riunione non dura molto. Pappalardo conferma quanto già ipotizzato sui tesori sudamericani. E accenna a un interesse personale, lamentandosi della parcella di alcune decine di miliardi mai pagata dai salesiani sebbene avessero ottenuto il nulla osta del ministero degli Interni affinché l'eredità potesse essere accettata dalla fondazione.[8]

Dardozzi rientra in Vaticano. Alle 16 con Scaletti raggiunge il cardinale Achille Silvestrini, prefetto della Congregazione delle Chiese orientali, per confrontarsi sulla vicenda. L'incontro top secret dura appena mezz'ora. Subito dopo Dardozzi telefona al penalista di fiducia, l'avvocato Franzo Grande Stevens, per trovare la via d'uscita evitando un pericoloso stallo. L'ombra dell'Ambrosiano incombe. La vicenda mette in allarme la Santa Sede. Dardozzi si consulta con le più alte cariche. Informa il segretario di Stato Sodano, che tra l'altro nel passato era stato destinato alla nunziatura apostolica in Uruguay. Coinvolge chiunque possa dare un contributo a iniziare dall'avvocato Spreafico, l'altro liquidatore dell'Ambrosiano, per ottenere lumi su possibili somme ancora custodite a Montevideo e finora sfuggite alle ricerche. In quelle settimane in molti, politici e porporati, sollecitano la gerarchia vaticana e dello Ior affinché sia data massima considerazione alle ambasciate di Pappalardo. È per esempio il caso di Pio Laghi, creato cardinale da Wojtyla nel 1991 e dal 1993 patrono dell'Ordine di Malta. In un appunto conservato da Dardozzi, Laghi sembra ritagliarsi un ruolo nella vicenda. Segnala Pappalardo e accredita anche altri soggetti[9] da contattare dimostrando, al tempo stesso e ancora una volta, come sia sempre Dardozzi a coordinare la raccolta di informazioni per gestire le vicende più delicate.

Dopo settimane di riflessioni, consultazioni e raccolta informazioni, il monsignore matura la convinzione che si tratta di una trappola. Non bisogna inseguire tesori. Se saltassero fuori somme riferibili al capitolo Ior/Ambrosiano, si rischierebbe infatti di dover ridiscutere finanziariamente l'accordo siglato nel 1984 con lo Stato italiano per chiudere la vicenda della banca di Calvi, dissotterrando storie che è meglio per tutti tenere sepolte.

Del resto, non è la prima volta che si parla di un tesoro custodito in una banca di Montevideo. Già negli anni della Commissione bilaterale sul crac della banca di Calvi e ancora nel 1992, Dardozzi è stato avvicinato dall'avvocato italoamericano Fred M. Dellorfano di Boston che avrebbe a che fare con tale «Luigi Gelli», figlio del faccendiere capo della loggia P2 Licio Gelli. Questo stando ai ricordi del monsignore confidati in una lettera a Sodano: «Dellorfano aveva ricevuto l'incarico da Luigi Gelli di ritirare in Vaticano un passaporto diplomatico per lo stesso avvocato; passaporto che era stato assicurato a Luigi Gelli».[10] Dellorfano ha anche indicato a Dardozzi le persone che a suo dire dovrebbe contattare per recuperare la somma. È necessario innanzitutto sentire, negli Usa, Frank Onorati, amico di Sindona a New York, e a Washington William Rogers, segretario di Stato della presidenza Nixon negli anni Settanta: «*Onorati gave papers* – scriveva Dellorfano in un equivoco appunto consegnato a Dardozzi – *to Rogers after Sindona died (1986). Letters from Roger to Onorati, Aug. 1 1986 - May 6, 1988*». Dellorfano sostiene quindi che per individuare la somma in Uruguay esisterebbero addirittura, rivelandosi utili, delle lettere tra Onorati e Rogers. Bisognava quindi avvicinare tale Nicholas Senn dell'Union Bank of Switzerland per conoscere i dettagli bancari.[11] Ma di certo non basta. All'epoca il monsignore preferisce non assumere posizione su quella che può rivelarsi una pista preziosa o un ennesimo tentativo per sollevare polveroni, avanzare ricatti o inquinare la ricerca. Consegna quindi l'appunto all'allora segretario di Stato Casaroli e non ne sa più nulla.

Dardozzi ritiene comunque che solo Sodano e il suo unico superiore, il papa, possano decidere cosa fare. Così, il 19 febbraio 1996, spedisce al segretario di Stato una dettagliata relazione sulla vicenda con la sua proposta: «Il ripetuto riferimento a Montevideo porta a pensare che vi sia nella "vicenda" qualcosa di vero ma – a mio modesto avviso – non conviene avere a che fare. Si correrebbe il rischio di ridiscutere l'accordo Ior/Italia [...]».[12]

Caloia è sostanzialmente d'accordo. Meglio non avventurarsi in una situazione che appare obiettivamente scivolosa. Così i contatti con Pappalardo si diradano, anzi i salesiani di Don Bosco rispediscono al mittente la parcella da 35 miliardi. Il civilista cerca altri canali ma tutte le strade sembrano sbarrate. Di quei soldi nemmeno un centesimo. Il legale non si perde d'animo e nell'inverno del 1997 fa intervenire l'Ordine di Savona. Da una parte le Opere di Don Bosco, i salesiani, difesi da un altro avvocato, l'allora senatore dell'Ulivo Nanni Russo, fratello dell'ex ministro democristiano Carlo, dall'altra

Pappalardo. I colleghi dell'Ordine danno ragione a quest'ultimo ridimensionando l'onorario a «soli» 26 miliardi.

Dell'esistenza della «pista Montevideo» ovviamente nulla trapela sui media. Si parla solo dell'eredità da assegnare alla fondazione o ai nipoti del marchese. La storia del tesoro in Uruguay, degli ultimi forzieri di Calvi, viene come dimenticata. Almeno fino a oggi.

Se la scelta di Dardozzi e Caloia si rivela azzeccata è perché i due, in realtà, da tempo hanno monitorato la complessa «questione Gerini» e i rapporti dello Ior con la fondazione. Il primo campanello d'allarme è rappresentato infatti da un prestito di 16,3 miliardi erogato alla fondazione agli inizi degli anni Novanta dalla banca del papa. Alla fondazione è stato sufficiente indicare genericamente a garanzia i beni che avrebbe ricevuto, chissà quando, dal lascito Gerini. Senza quindi alcun altro documento, né verbale assembleare a sostegno della richiesta. Sul conto 90970 della «Fondazione Gerini» il 31 luglio 1990 vengono accreditati 2,3 miliardi di prestito al 14 per cento d'interesse, poi a dicembre altri 14 miliardi al 12 per cento. Che si tratti di un «prestito» e anche «dubbio», mancando tutta la documentazione, lo si capisce da quanto accade poco dopo. Essendo questo erogato senza le consuete garanzie, lo Ior incontra enormi difficoltà per recuperarne la somma. La banca vaticana studia un piano di rientro che sottopone al Consiglio di sovrintendenza.[13]

I miliardi di Lumen Christi

Come in qualsiasi altra banca, anche allo Ior si possono presentare clienti quantomeno equivoci. Con un'unica eccezione rispetto agli istituti di credito italiani: quasi tutti indossano l'abito talare. Rimane esemplare e dai toni quasi surreali la storia completamente inedita del reverendo Domenico Izzi, sacerdote italiano naturalizzato argentino, fondatore del movimento ecclesiale

Lumen Christi che s'ispira ai principi del Concilio Vaticano II. Forse per la prima volta nella storia della banca del papa, un semplice sacerdote riesce a ottenere prestiti per ben 6,1 milioni di dollari per finanziare stravaganti progetti e poi sparire nel nulla.

Classe 1943, nativo di Terranova di Pollino, paesino in provincia di Potenza, ordinato presbitero nel 1974, trasferitosi poi in Argentina, Izzi si presenta nel 1991 allo Ior esibendo documenti ecclesiali che lo indicano come «fondatore e superiore del movimento Lumen Christi» in America Latina. Ancora oggi in Vaticano Izzi è considerato un sacerdote brillante, capace di ammaliare con i suoi discorsi. Sa convincere. E così batte cassa. Chiede tutti quei soldi «per svolgere un'attività di esportazione di prodotti zootecnici dall'Argentina, nonché un servizio di trasporti a mezzo elicotteri dall'aeroporto di Buenos Aires e l'organizzazione di una lotteria nazionale».[14]

Che non siano attività per opere di bene né proprie di un sacerdote è magari superfluo sottolinearlo, ma Izzi insiste. Indica i proventi dell'improbabile lotteria nazionale sudamericana e del noleggio di elicotteri civili per «provvedere alle necessità conseguenti le attività del movimento Lumen Christi nel settore della propagazione della Fede» in Argentina, Uruguay e anche Italia. Insomma, per diffondere la parola di Dio. Tanto che il movimento ha già ricevuto il 17 ottobre 1990 la condizione *nihil obstat* dalla Congregazione per gli istituti di Vita Consacrata. I prestiti vengono concessi dall'allora direttore Andrea Gibellini. Erogati in ventiquattro ore. Per rientrare con scadenza dodici e ventiquattro mesi, ovvero giugno 1992 e 1993. Alle scadenze Izzi non rimborsa nemmeno un centesimo. Partono i primi solleciti. Niente. Lumen Christi per prendere tempo costituisce in pegno il 76 per cento dell'immobiliare Orprela Fin Srl, proprietaria di due appartamenti a Roma. In Vaticano si tranquillizzano. Ma solo per poche ore. Le case risultano gravate da ipoteche con rate arretrate da pagare. Insomma, non se ne esce.

In quella che assomiglia sempre di più a una caccia all'uomo, anzi al debito, Caloia coinvolge la Nunziatura apostolica in Argentina, contatta monsignor Ubaldo Calabresi, «senza però ottenere notizie o informazioni utili e confortanti». Così il debito lievita con gli interessi a 8 milioni e 242mila dollari al 30 giugno 1995. Allo Ior sono pessimisti e prevedono di veder sfumare una fortuna.[15]

Caloia non si dà per vinto. Nel settembre del 1995 chiama lui stesso padre Izzi e lo sollecita a saldare il dovuto. Il sacerdote cortese, gentile «assicura la sua ferma volontà di onorare il debito immediatamente»,[16] ma è un bluff. A fine novembre 1995 Caloia informa ufficialmente della vicenda il presidente della Conferenza episcopale argentina, il cardinale Antonio Quarracino, arcivescovo di Buenos Aires, al quale sottopone l'entità del debito di padre Izzi. Ma la risposta del vertice della Conferenza episcopale è desolante. Nella lettera del segretario generale del 18 dicembre 1995 si legge:

> In particolare, sia il cardinale sia i signori vescovi della Commissione permanente dell'episcopato argentino si chiedono come sia stato possibile prestare una somma così tanto grande di denaro a un sacerdote senza garanzie o almeno la conoscenza della sua missione. Il cardinale suggerisce di realizzare un'opportuna investigazione su altri beni che il sacerdote potrebbe possedere.

Di fronte a questa risposta Caloia non esita più. Informa la Commissione cardinalizia presieduta da Castillo Lara, lo stesso Izzi, Calabresi e il cardinale Quarracino di dover «promuovere le necessarie azioni giudiziarie e legali presso il Tribunale vaticano onde ottenere il recupero di somme che la Chiesa universale non può permettersi di perdere a fronte delle sue pressanti e vaste esigenze». Anche questo segnale non viene raccolto. Silenzio assoluto.[17]

Così, a fine marzo del 1996, l'avvocato Carlo Tricerri, «promotore di giustizia» della Santa Sede, una sorta di pubblico ministero, avvia l'inchiesta.

L'istruttoria di Tricerri non è facile: «Coinvolsi anche la gendarmeria pontificia – ricorda oggi l'avvocato, andato in pensione dopo la strage del 6 maggio 1998[18] – che andò nella sua abitazione romana per cercare qualche traccia, qualche indizio più preciso circa queste fantomatiche operazioni in Sudamerica. A un certo punto si propose una transazione con una banca argentina ma non credo che l'offerta sia stata accettata dallo Ior. La banca, da quanto mi risulta, non ottenne indietro la somma. Né Izzi mi ha mai liquidato l'onorario come invece avrebbe dovuto». Il debito era così lievitato a oltre 8 milioni e 700mila dollari.

Per qualche anno di Izzi si perde ogni traccia. Sparito. Alcuni dicono che sia rientrato in Argentina. Altri che preferisce non farsi rintracciare. In realtà, abbandonati elicotteri e lotterie, nel 2000, ancora con il Lumen Christi lavora per il Giubileo secondo la dottrina del suo movimento e avvia un centro di studi filosofici e teologici per studenti sudamericani a Roma. Agli inizi del nuovo millennio si trasferisce nell'originaria Basilicata creando una comunità autogestita a Casa del Conte. Una sorta di agriturismo con alcuni diaconi in una fattoria vicino al Santuario di Anglona e Tursi. Qui, nel marzo del 2003, nella cattedrale dell'Annunziata il vescovo di Tursi-Lagonegro, Francescantonio Nolé, ordina presbiteri tre giovani dell'Università gregoriana di Roma, ragazzi che Izzi aveva conosciuto e coinvolto nei suoi progetti. L'anno dopo si aggiudica il premio «Italia nel mondo». Lo scontro e il debito con lo Ior? Ormai sono alle spalle.

San Francesco e la truffa del secolo

Non solo prestiti senza garanzie, eredità contese e tangenti, ma anche autentiche truffe chiamano in causa esponenti del Vaticano che utilizzano impropriamente vere o apparenti «fondazioni». È sicuramente il caso dello scandalo esploso nel 1999 quando lo spregiudicato finanziere Martin Frankel, classe 1954, fugge a Roma dopo aver trafugato, secondo l'autorità statunitense, circa 450 miliardi di lire (pari a 215 milioni di dollari) dalle casse di sette società di assicurazioni. Aziende prima acquistate e poi depredate sino a una bancarotta da quasi 1500 miliardi di lire. Per anni Frankel si sottrae alla giustizia americana. Quando la vicenda finisce in prima pagina, sbarca a Ciampino con un volo privato. In stiva un bagaglio di tutto rispetto: solo due valigette zeppe di banconote, nove passaporti e 547 diamanti. Fino agli inizi del 2001 di Frankel non si sa più nulla, inseguito dalla polizia di mezzo pianeta. Poi all'improvviso in Germania, grazie anche alle informazioni dell'Interpol e del Bundesamt für Verfassungsschutz, i servizi segreti tedeschi, il faccendiere viene arrestato ed estradato negli Usa. Il crac assume presto dimensioni senza precedenti. I media americani parlano subito del Vaticano, anche se le prime informative che giungono alla Santa Sede sulla vicenda rimangono abbastanza generiche.

Secondo quanto ricostruito dagli inquirenti Frankel, con la complicità di un monsignore, ha millantato legami con la Romana Chiesa, indispensabili per portare a termine la truffa del secolo. Innanzitutto ha creato la «St. Francis of Assisi Foundation», che giocherà un ruolo centrale nel crac. L'ente infatti nasce formalmente per aiutare i poveri, quando in realtà è solo lo strumento finanziario per arrivare al controllo delle imprese assicurative senza comparire in prima persona. Proprio in questa fase di acquisizioni entra in scena un sacerdote assai conosciuto nei sacri palazzi. Si tratta di monsignor Emilio Colagiovanni che offre a Frankel quella credibilità indispensabile per mettere le mani sulle aziende senza incontrare eccessive difficoltà.

Tra larghi sorrisi e modi convincenti, Colagiovanni sostiene che i capitali che finanziano la «St. Francis of Assisi Foundation» provengono dai forzieri del Vaticano e da solide associazioni cattoliche in cerca di dividendi da redistribuire ai poveri.

Assicura che le disponibilità del fondo sono considerevoli, oltre 2000 miliardi del vecchio conio. Fatti risultati poi tutti falsi, ma che si traducono in un ottimo biglietto da visita per un'operazione finanziaria che ostenta un'apparente regia della Santa Sede e del mondo cattolico.

La credibilità di Colagiovanni è fuori discussione. Molisano di Baranello, classe 1920, ordinato presbitero nel 1944, Colagiovanni fino al 1994 è membro della Sacra Rota, ricoprendo prestigiosi incarichi a Roma. È il classico monsignore al di sopra di ogni sospetto. Direttore della prestigiosa rivista di diritto della Santa Sede, la «Monitor ecclesiasticus», è da tutti considerato uno stimato giurista pontificio con amicizie influenti tra le gerarchie vaticane. Questo almeno fino a quando, nell'agosto 2001, a ottantun anni viene arrestato a Cleveland, incriminato per truffa e riciclaggio nel caso Frankel.

Nei primi giorni da detenuto si professa innocente. Nega di aver commesso alcun reato. Anzi sostiene di essere a sua volta vittima delle truffe del faccendiere americano. Poi, dietro le sbarre del carcere a Hartford nel Connecticut, ci ripensa. Senza protestare paga la cauzione fissata in un miliardo di lire e torna in libertà condizionale. Non può viaggiare. Non può fuggire perché è il primo monsignore obbligato a infilarsi il braccialetto elettronico al polso per segnalare la propria presenza. E rischia una pena massima di vent'anni per il riciclaggio e di altri cinque anni per la truffa.

Le truffe alla Frankel risalgono agli anni Novanta quando le attività finanziarie del Vaticano sono assai «allegre» tra i blitz finanziari dello Ior occulto di de Bonis e i finanziamenti senza garanzie elargiti con sorprendente facilità dalla banca del papa. Negli Usa, Frankel acquista una lussuosa villa con parco a Greenwich, trasformandola nel suo quartier generale. Sceglie l'ostentazione e il lusso con auto fuoriserie, guardie del corpo e segretarie reclutate su siti porno. Tra antenne paraboliche e telefoni satellitari dalla casa nei boschi nel Connecticut punta a scalare alcune società quotate a Wall Street. Da quanto ricostruito dagli investigatori, riesce a controllare rapidamente sette compagnie assicurative sparse per gli Usa, sfruttandone i fondi e usando altrettanti alias diversi. Pur privo di una licenza per l'intermediazione finanziaria, Frankel ha infatti convinto sette compagnie di assicurazione – tre nel Mississippi, una in Arkansas, una nel Tennessee, una nell'Oklahoma e una del Missouri – ad affidare i capitali raccolti alla Liberty national security, la sua società di investimenti. Alcune somme le investiva a Wall Street, senza mostrare particolare fiuto o fortuna, ma la gran parte dei capitali veniva semplicemente sottratta, nascosta o bruciata tra donne e lusso.

La scusa della beneficenza

Con la scusa di voler versare qualche miliardo a istituti di beneficenza cattolica, Frankel stabilisce un contatto con Thomas Bolan, già consigliere di Ronald Reagan e uno degli avvocati che negli anni Ottanta ha assistito Michele Sindona. Bolan conta da sempre su ottime entrature alla Santa Sede e aiuta il faccendiere a creare nel paradiso fiscale delle British Virgin Islands la «St. Francis of Assisi Foundation». Il piano è preciso: entrare in contatto con i due prelati che ha individuato, monsignor Emilio Colagiovanni e padre Peter Jacobs, sacerdote liberal newyorkese, per affidare loro l'ente con il compito occulto di mettere al sicuro il denaro truffato fingendo di compiere opere di carità.

Secondo una dettagliata ricostruzione de «L'espresso», nell'ottobre 2002 Frankel, attraverso Bolan e Jacobs, entra in contatto con Colagiovanni. Il monsignore, di fronte a 40mila dollari *cash* e alla promessa di donare altri 5 milioni alla «Monitor ecclesiasticus» in cambio di una collaborazione, accetta l'accordo: dei 55 milioni di dollari promessi da Frankel, 5 li può tenere la Santa Sede e gli altri 50 li gestirà lui per comprare le assicurazioni. Colagiovanni va a Roma insieme a Bolan e propone la cosa all'arcivescovo Francesco Salerno, al tempo segretario della prefettura Affari economici, il principale organo di controllo sulle finanze pontificie. Salerno in un primo momento approva, ma dopo un incontro con Sodano, assai dubbioso sull'operazione, fa un passo indietro. Bolan e Colagiovanni ci riprovano quindi con monsignor Gianfranco Piovano, responsabile dell'Obolo di san Pietro, già presente nella vicenda Enimont come papabile sostituto di de Bonis allo Ior. Piovano però ribadisce le perplessità di gran parte degli inquilini dei sacri palazzi. A questo punto Colagiovanni mette a disposizione la propria fondazione, la «Monitor ecclesiasticus», informando Piovano, Salerno e il cardinale Giovanni Battista Re, allora sostituto per gli Affari generali della segreteria di Stato. Jacobs avvisa e coinvolge anche Pio Laghi, ex nunzio apostolico negli Usa.[19] Infine lo Ior consegna a Frankel una missiva firmata dal direttore Scaletti, che conferma i buoni rapporti fra l'Istituto e la «Monitor ecclesiasticus».

Di sicuro Colagiovanni si presta alle attività spregiudicate di Frankel: il monsignore fornisce infatti le garanzie necessarie per il trasferimento ai Caraibi di ingenti somme di denaro. Mentre rimane ancora incerto l'utilizzo di conti dello Ior per portare fuori dagli Stati Uniti i soldi della truffa. Secondo il «New York Times»,[20] la «"St. Francis of Assisi Foundation" era riuscita ad avere accesso a un conto dello Ior, di solito *off-limits* per gli stranieri», lasciando così dedurre che il legame con i banchieri del papa era diretto. Colagiovanni firma degli *affidavit*, garanzie in cui sostiene che la fondazione di Frankel è coperta finanziariamente dallo Ior. Così Frankel ottiene il credito per frodare le autorità statunitensi. Non solo. Il faccendiere avrebbe ricevuto da Colagiovanni alcune attestazioni in cui si conferma che la fondazione opera con il sostegno del Vaticano.

In realtà, per gli affari di Frankel non sono individuabili responsabilità dei sacri palazzi se non quelle, magari, di un mancato controllo sull'insolito iperattivismo finanziario di alcuni monsignori. Attivismo che sta provocando incalcolabili danni d'immagine alla Chiesa negli Stati Uniti. Nel luglio del 1999, per ridimensionare la vicenda e prendere le distanze, Sodano decide di reagire. Il portavoce Navarro-Valls precisa che né la «Fondazione Monitor ecclesiasticus» né la «St. Francis of Assisi Foundation» «hanno personalità giuridica vaticana e non sono iscritte nei registri delle persone giuridiche vaticane». La dichiarazione riletta oggi suscita una riflessione: questi «enti» assomigliano molto a quelli utilizzati nello stesso periodo dallo Ior parallelo per movimentare le tangenti Enimont. Sia perché la «St. Francis of Assisi Foundation» è una fondazione fittizia, sia perché indica pompose opere di bene come obiettivo, sia perché in realtà viene utilizzata come strumento per movimentare fondi riservati.

Navarro-Valls è comunque categorico. Prende le distanze sia da Colagiovanni sia dal reverendo Jacobs.[21]

Colagiovanni agirebbe quindi in totale autonomia. Mente quando spiega ai rappresentanti dello Stato del Connecticut che la «Monitor ecclesiasticus» ha ricevuto ben un miliardo di dollari dal Vaticano. Soldi che il monsignore avrebbe poi girato sul conto della «St. Francis of Assisi Foundation» di Frankel. Il faccendiere avrebbe quindi usato la fondazione per comprare le assicurazioni, promettendo, come se non bastasse, che i profitti sarebbero stati destinati a opere di beneficenza.

L'epilogo risale al maggio 2002, quando Frankel si dichiara colpevole di ventiquattro capi d'accusa che gli vengono contestati dalla giustizia federale, tra cui truffa e frode. Rischia 150 anni di carcere e una multa di 6,5 milioni di dollari. Confida in uno sconto. L'accusa, infatti, punta soprattutto a recuperare una parte dei 200 milioni di dollari sottratti alle casse di cinque Stati. Monsignor Colagiovanni si dichiara invece colpevole di frode e riciclaggio e ammette di aver aiutato Frankel davanti alla corte federale di New Haven, Connecticut. Riconosce di aver dichiarato il falso, affermando che il denaro della fondazione di Frankel proveniva dalla propria fondazione.

Nel settembre 2004 il monsignore viene condannato a pagare una multa di 15mila dollari e a cinque anni di libertà condizionata. Tre mesi dopo tocca a Frankel: sedici anni e sei mesi di carcere.

Processo Usa al Vaticano

La Santa Sede, nel documento d'accusa del maggio 2002 della corte di Jackson, viene invece citata per aver condotto a fini di frode «attività commerciali private, non sovrane e secolari, non religiose».[22] La corte americana chiede al Vaticano di risarcire i danni, la cifra ipotizzata dall'accusa non è inferiore ai 208 milioni di dollari.

Nel 2002 cinque Stati americani avviano quindi una causa per risarcimento danni contro il Vaticano, sostenendo che quest'ultimo è coinvolto nella truffa assicurativa costata loro 200 milioni di dollari. In sintesi, secondo le commissioni Frankel ha usato la Chiesa cattolica come paravento per la sua truffa, organizzando il versamento di 55 milioni di dollari al Vaticano come iniziativa di carità attraverso la «St. Francis of Assisi Foundation». Tra il '90 e il '99 il finanziere avrebbe organizzato varie frodi agli Stati, compresa la creazione di false compagnie assicurative, con l'aiuto di Colagiovanni che lo ha introdotto in Vaticano.

Stando alle accuse del Mississippi, riportate dal «Wall Street Journal», la Santa Sede, nell'appoggiare Frankel nelle sue operazioni di acquisto, avrebbe dato vita ad attività commerciali negli Usa non legate alla sua presenza religiosa. Nel maggio 2002 il Vaticano si difende, smentendo tutta l'accusa. Le due fondazioni sono esterne al Vaticano. All'epoca dei fatti Colagiovanni è un sacerdote pensionato, non esercita più alcun incarico presso la Santa Sede e ha agito come privato cittadino italiano, mentre il reverendo Jacobs è sospeso *a divinis* fin dal 1983. Infine, il Vaticano non ha avuto né dato soldi alle due fondazioni, anzi fornisce subito tutte le informazioni di cui dispone alla corte del Mississippi. Ma nel 1999, all'epoca dei fatti, secondo quanto ricostruito in diversi approfondimenti,[23] Colagiovanni è ancora un prelato della Curia romana, membro del Collegio dei prelati uditori del Tribunale della Sacra Rota, consultore di due Congregazioni vaticane e membro della Commissione speciale per la Trattazione delle cause di nullità della sacra ordinazione e di dispensa dagli obblighi del diaconato e del presbiterio, infine, anche docente di deontologia giudiziaria presso lo Studio rotale. I processi, già nel marzo del 2006, danno comunque ragione alla Santa Sede: non ha responsabilità per l'agire del singolo monsignore. Cade l'iniziativa pilota di George Dale, all'epoca commissario assicurativo del Mississippi che accusa la Santa Sede di complicità. I risarcimenti che arrivano all'inizio del 2008 sono tutti provenienti dal tesoro del faccendiere Frankel che vede finire all'asta su eBay persino la sua collezione di diamanti. La Chiesa è salva ma è evidente che per la prima volta il Vaticano rischia di essere chiamato a processo per responsabilità dei suoi ministri.

---

[1] Gli altri due erano Lanfranco Gerini e Franco Spreafico. Tra l'altro, Martinelli, docente associato e membro del Consiglio d'amministrazione dell'Università Cattolica di Milano, insieme a Caloia nei Cda dell'Opera Don Gnocchi e della Cattolica Assicurazioni, è stato una delle ultime persone ad aver visto l'avvocato Giorgio Ambrosoli in vita. Qualche anno prima Martinelli aveva avuto invece un incarico di consulenza dal giudice che indagava sull'operato della banca di Sindona. La Banca d'Italia aveva già nominato come commissario liquidatore della Bpi l'avvocato Giorgio Ambrosoli, ucciso da un killer una notte del luglio 1979. «La sera del suo omicidio avevo avuto un incontro con Ambrosoli per mettere a confronto quello che stava emergendo sulla vicenda – dice Martinelli –. Abbiamo lavorato insieme fino all'ora di cena. Poi la tragica fine. Questa storia mi ha fatto venire i capelli bianchi.» Fabio Sottocornola, «Il professore commercialista tra Bach e bilanci», in «Il Mondo», 26 maggio 2006.

2   Il diario costituì la miccia dell'inchiesta sui cosiddetti «palazzi d'oro», condotta dalla Procura di Roma e dall'allora colonnello della Guardia di finanza Niccolò Pollari. L'indagine decapitò la giunta Carraro. Tra gli indagati c'era anche Claudio Merolli, sottosegretario alle Finanze nel settimo governo Andreotti, fedelissimo di Giulio e coinvolto per un appunto del 13 febbraio 1990, nel quale il marchese lo indicava come destinatario di tangenti in cambio della vendita al ministero delle Finanze di palazzi di Gerini all'Eur per 171 miliardi. Merolli chiedeva il 9 per cento e venne accontentato ricevendo il saldo della mazzetta dopo la morte del marchese dalla «Fondazione Gerini» con l'ultima tranche nel luglio del 1991.

3   Il decreto del ministro dell'Interno del 10 maggio 1994 autorizza la fondazione ad accettare l'eredità: «Secondo l'inventario del notaio Pietro La Monica aperto in data 23 luglio 1990 e chiuso in data 8 novembre 1990 formano oggetto dell'eredità beni mobili (mobilia, arredi, quadri e oggetti vari, oggetti d'arte, titoli, depositi bancari, macchine agricole e di scorte e partecipazioni in società) per un valore di complessive lire 201.660.324.568 nonché i seguenti immobili siti nei sotto elencati Comuni: in comune di Roma: terreni e fabbricati nelle località Caffarella, Roma Vecchia, Acquasanta, Olivetaccio, Torre Spaccata, Cecchignola, Falcognane, Pietralata, Quartaccio di Ponte Galeria, Fiumicino, Vannina (Ponte Mammolo), Monte Olivario (o Monte Tondo); due appartamenti e due negozi in via Gregorio VII; un appartamento in via Ciro Menotti; un casale in via Portuense; due campi da tennis in via Ciamarra. In comune di Velletri (Roma): terreno in località Faiola. In comune di Umbertide (Perugia): terreni in località Collemari. I suddetti immobili sono descritti nella perizia giurata 3 ottobre 1990 [...] e valutati complessivamente lire 220.036.650.000». Ma non si trattava certo di una valutazione di mercato che per taluni andava riferita persino a duemila miliardi. In realtà la stima assai prudenziale sui soli beni immobiliari effettuata dall'Ute (Ufficio tecnico edile) nel 1993 indicava in 800 miliardi il valore del cespite.

4   Sulla figura di Gerini vale l'affresco di Pierangelo Maurizio nel suo «L'ultima beffa del costruttore di Dio, muore e lascia 1500 miliardi», pubblicato da «la Repubblica» il 24 giugno 1990: «Don Alessandro Gerini, uno degli uomini più ricchi d'Italia, senatore democristiano per due legislature, morto pochi giorni prima di compiere novantatré anni, lascia un immenso patrimonio. Immenso quanto? Difficile dirlo, con precisione. Secondo alcune stime ammonterebbe a un cifra oscillante tra i 1300 e i 1500 miliardi. Una somma per difetto, naturalmente. Un'indagine del Cnr lo scorso anno ha attribuito alla proprietà Gerini 927 ettari, concentrati soprattutto a Roma. Ma l'impero messo in piedi

da don Alessandro comprendeva partecipazioni in finanziarie, come la Brioschi, decine di società, una rete di prestanome. Senza contare i terreni che valgono quattro milioni di metri cubi del futuro Servizio direzionale orientale e le aree che al termine di estenuanti battaglie legali sono diventate o stanno per diventare edificabili, con un aumento di valore impressionante. Di certo, ci vorranno anni per avere l'inventario completo dei beni. [...] Basso di statura, sul metro e sessanta, magro, pizzetto bianco, aveva incrementato il patrimonio con una serie di operazioni azzeccate. Acquistò, negli anni Cinquanta, 170 ettari di campagna che di lì a poco avrebbe lasciato spazio ai quartieri intensivi di Cinecittà, il Quadraro, eccetera: pagati un miliardo e mezzo, l'anno dopo li aveva rivenduti a 27 miliardi. Ricco, ricchissimo, viaggiava su una vecchia Fiat 1500 che si decise a sostituire, quando ormai cadeva a pezzi, con una Citroën Visa. I polsini e i colletti delle sue camicie non di rado lisi, per lui radiotelefono e grosse cilindrate erano semplicemente un insulto. Ma alla Chiesa ha donato opere per decine di miliardi: ultime in ordine di tempo, le otto parrocchie che aveva finanziato in periferia».

5 Lajolo dopo qualche giorno verrà scelto e nominato nunzio apostolico in Germania e diventerà negli anni uno dei vescovi più vicini a Benedetto XVI: nel 2006 il papa lo scelse come presidente del Governatorato e della Pontificia commissione per la Città del Vaticano per poi eleggerlo cardinale nel Concistoro del 24 novembre 2007.

6 Il testo è tratto sempre dal riassunto della riunione custodito nell'archivio Dardozzi. Il documento non firmato è stato scritto con ogni probabilità dallo stesso o, forse, da Scaletti.

7 Oggi l'utenza interna risulta invece corrispondere all'ufficio che alla Camera segue gli ex parlamentari.

8 L'incarico gli era stato affidato il 15 gennaio 1994 direttamente dal Rettor maggiore Egidio Viganò, la più alta carica della Società salesiana, il successore diretto di Don Bosco. Quattro mesi dopo era scattato il semaforo verde del ministero.

9 Nell'appunto custodito in archivio si legge: «Da card. Laghi prof. Sergio Scotti Camuzzi (ordinario alla Cattolica e membro, tra l'altro, della Commissione Federconsorzi nel 1996, *nda*), avv. Pappalardo, (sig.ra Dini), Avv. Favino (consigliere del Vaticano nella vicenda Gerini, ndA), sig.ra Giovanna - Silvera». In un ulteriore appunto del 2 febbraio 1996 si desume che sempre sulla vicenda il cardinale indica ancora il prof. Scotti Camuzzi al dirigente dello Ior che riferisce a Dardozzi. Dopo un controverso periodo nell'Argentina dei generali come nunzio apostolico e che provocò polemiche per il sostegno e la sua amicizia con alcuni di loro, come l'ammiraglio Emilio Massera, il cardinale Laghi si avvicinò molto a Wojtyla. Venne promosso cardinale subito dopo aver svolto,

come delegato apostolico del papa a Washington, un ruolo rilevante nel coordinamento con le autorità americane per la gestione dei finanziamenti al movimento di dissidenza Solidarność in Polonia.

[10] Sul nome di battesimo del figlio di Gelli, Luigi, monsignor Dardozzi compie un errore, dovuto probabilmente al tempo trascorso: il capo della loggia massonica P2 ha infatti tre figli che si chiamano Maurizio, Raffaello e Maria Grazia.

[11] In effetti, dalle verifiche compiute risulta che all'epoca nella sede di Zurigo dell'Ubs lavorava un omonimo che gestiva patrimoni privati per poi trasferirsi anni dopo a Londra.

[12] Il documento prosegue: «La "Fondazione Gerini" faccia i passi che crede. L'eventuale possibile somma in banca a Montevideo conviene stia dove è in attesa di tempi migliori, quando cioè fosse possibile operare correttamente e recuperare parte di quella somma, dalla banca, a qualunque intestazione sia legata. Con qualche verosimiglianza possibile non è escluso – anzi quasi certo – che essa provenga da quegli importi che alla fine dei fini il Vaticano versò, attraverso la Banca d'Italia, alle banche creditrici alle quali lo Ior aveva inviato le (altrettanto famose) lettere di "patronage". Il tutto venne chiuso con l'accordo Italia/SCV e il versamento da parte del Vaticano dell'equivalente in dollari di lire 475 miliardi circa, cfr. Verbale dell'Udienza a Castelgandolfo del santo padre in data 29 agosto 1983, udienza durante la quale il santo padre diede il mandato al segretario di Stato. Di tale verbale ho dato copia riservata al prof. Caloia; su tali premesse ho sommessamente consigliato il prof. Caloia di "restare fuori" dalla vicenda attuale con la quale lo Ior non ha alcun collegamento né sostanziale né formale». Il documento è assai dettagliato. Riferisce di tutti gli incontri e le ricerche effettuate: «Da qualche settimana viene agitata intorno allo Ior una questione che ha relazione con la Fondazione ecclesiastica "Istituto Marchesi Teresa, Gerino e Lippo Gerini", erede universale del patrimonio del defunto marchese Gerini. Un avvocato sta tentando di indurre lo Ior a interporre i suoi buoni uffici a che una sua parcella non saldata dalla fondazione venga liquidata insieme a una somma per "accomodare le cose" con gli altri eredi (nipoti) del Gerini. Egli (l'avvocato) insinua anche che a Montevideo (in una banca) risulterebbe giacente una ingente (ma inespugnabile) somma che avrebbe relazione con i personaggi dell'ex Banco Ambrosiano e con Gerini. Tale è forse la ragione per cui l'avvocato si rivolge allo Ior. Anch'io, certamente su suggerimento di persone dell'ex Banco Ambrosiano, ho avuto recenti sollecitazioni dallo stesso avvocato per interporre i miei buoni uffici, per parlarne allo Ior. Naturalmente ho declinato. Ma ne ho informato il prof. Caloia, che peraltro da altra parte ha ricevuto analoghe pressioni. [...] Il riferimento a Montevideo non

è nuovo. E mi spiego. Ne ho sentito parlare negli anni della Commissione ('80/'82) e poi nel 1992 da un avvocato Usa. [...] Riferii al segretario di Stato (Casaroli). Non ne conobbi il seguito. Ma penso che il tutto cadde nel vuoto. [...] Il ripetuto riferimento a Montevideo porta a pensare che vi sia nella "vicenda" qualcosa di vero ma – a mio modesto avviso – non conviene avere a che fare. Si correrebbe il rischio di ridiscutere l'accordo Ior/Italia».

13 Nel verbale della riunione del 26 settembre 1995 si legge: «Pare che si possa trovare un accordo sulle seguenti proposte: pagamento entro la fine di ottobre di una somma pari a 6,5 miliardi di lire in contanti seguita dal pagamento di un'altra più piccola (2,5 miliardi) quando tutte le questioni che riguardano la fondazione saranno risolte».

14 Nota riservata della banca del 27 marzo 1996 indirizzata al Tribunale vaticano.

15 Emerge in un appunto dello Ior del 3 agosto 1995: «Per il vero il predetto nostro debitore non si nega alle nostre sollecitazioni di carattere prevalentemente telefonico e, a momenti alterni, ci fa invio di fax contenente anche altra documentazione che vorrebbe provare come si stia attivando per farci conseguire il recupero. A ogni modo non si è potuto ottenere alcunché di concreto e la nostra speranza di poter rientrare dell'ingente somma prestata – già affievolitasi da tempo – si è del tutto vanificata. In relazione allo stato ecclesiale del predetto, nonché dell'opera dallo stesso fondata e per la quale egli sembra aver ottenuto riconoscimenti di rito, ma della quale peraltro sappiamo molto poco, ci risulta non solo difficile immaginare una strategia di recupero morbida ma anche altamente improbabile un ricorso alle autorità giudiziarie competenti in materia».

16 Verbale della riunione del Consiglio di sovrintendenza dello Ior del 26 settembre 1995.

17 «Tutto tace sul fronte di padre Izzi. La cattiva volontà del religioso è però confermata da piccoli episodi, quali quello che ha portato il predetto a cercare di riscuotere un assegno di dieci milioni tratto su un conto della Bnl che noi sapevamo esser stato da tempo chiuso», recita la lettera di Caloia indirizzata a Sodano il 1° febbraio 1996.

18 Colloquio con l'autore del 3 gennaio 2009. Quella sera entro le mura leonine si consumò una tragedia. Vennero uccisi a colpi di arma da fuoco il comandante delle guardie svizzere Alois Estermann, la moglie Gladys Meza Romero e il vicecaporale Cedric Tornay. Secondo la versione ufficiale, quest'ultimo uccise la coppia per rivalità professionali per poi togliersi la vita. Tesi contestata in numerosi saggi e ricostruzioni a iniziare da John Follain in *City of secrets*, pubblicato dalla HarperCollins di New York nel 2003.

[19] Il cardinale è a favore dell'operazione e incassa una donazione di 100mila dollari per un ospedale. Laghi scrive a Frankel per ringraziarlo, ma Jacobs gli chiede di riscrivere la lettera rendendo merito alla neonata «St. Francis of Assisi Foundation», cosa che Laghi accetta senza problemi. Laghi non è l'unico a ricevere regali, ne riceve monsignor Giovanni d'Ercole per il suo ordine religioso, il Don Orione, ne riceve l'arcivescovo Alberto Tricarico, nunzio apostolico per le relazioni con l'ex Urss.

[20] Si tratta di diversi articoli usciti sul quotidiano americano nel giugno del 1999.

[21] Si legge nella nota diffusa dall'allora portavoce del Vaticano Joaquín Navarro-Valls del 1° luglio 1993: «La Santa Sede non ha rapporti con il reverendo Jacobs e non ha ricevuto né fornito fondi alla "Monitor ecclesiasticus" né dalla "St. Francis of Assisi Foundation" che non ha alcun conto allo Ior. Monsignor Colagiovanni è presidente della "Monitor ecclesiasticus", fondata dall'arcidiocesi di Napoli nel 1967, e tale fondazione ha sempre agito completamente al di fuori del contesto vaticano, al quale non appartiene».

[22] Le responsabilità vengono attribuite a Re, Laghi e Agostino Cacciavillan, già nunzio negli Stati Uniti e in quel momento capo dell'Apsa. Vengono tirati in ballo anche l'arcivescovo Salerno, monsignor d'Ercole e i dirigenti dello Ior Scaletti e Antonio Chiminello.

[23] Almeno secondo la ricostruzione sostenuta da Adista, sito e casa editrice di notizie sul mondo ecclesiastico.

I soldi del papa e lo Ior dopo de Bonis

Il fondo segreto del papa

Secondo la Legge fondamentale, introdotta da Giovanni Paolo II, «il sommo pontefice, sovrano dello Stato Città del Vaticano, ha la pienezza dei poteri legislativo, esecutivo e giudiziario».[1] Il papa è quindi il capo supremo della Chiesa con poteri illimitati su beni e parrocchie. Da San Pietro all'ultimo sperduto monastero sulla cima di una montagna, tutto rientra sotto il suo controllo. Il santo padre governa così un regno che si estende ben oltre i confini della Città del Vaticano. Conta oltre quattro milioni di fedelissimi con ruoli operativi tra vescovi (4500), preti (405mila), religiosi e religiose (865mila), diaconi permanenti (26.600), laici missionari (oltre 80mila) e 2 milioni e mezzo di catechisti.[2]

Si è sempre ritenuto questa teocrazia solo formalmente una monarchia assoluta di tipo elettivo, indicando nel papa, in realtà, non già il monarca ma la guida spirituale del miliardo di cattolici che vivono sul pianeta, più del 17 per cento della popolazione mondiale. Un sommo pontefice estraneo quindi all'umana gestione del denaro, alle terrene preoccupazioni finanziarie. In realtà, Giovanni Paolo II segue le più delicate vicende che agitano la segreteria di Stato, dicastero chiave nell'organigramma vaticano e braccio operativo del santo padre. S'interessa alle inchieste che turbano i segreti dello Ior, come si è visto grazie ai report inviati negli anni

Novanta da Caloia al segretario di Wojtyla, Stanislao Dziwisz, sulle vicende Enimont e sullo Ior parallelo, creatura di monsignor Donato de Bonis. Riceve quindi i dossier più riservati sui casi critici e indica le linee generali da seguire alla segreteria di Stato. Gestisce poi in prima persona un'enorme quantità di denaro sui finanziamenti alla Polonia di Solidarność. Denaro che costituisce il fondo personale del sommo pontefice e che proprio essendo di sua esclusiva competenza sfugge ai bilanci ufficiali che la Santa Sede diffonde ogni anno.

Il fondo personale e riservato del papa rappresenta uno dei tanti segreti sulle finanze della Chiesa cattolica. È noto che il papa disponga direttamente di somme per opere di bene e carità. Ma sulla provenienza e sulla capienza di questo fondo si è sempre favoleggiato. Non si è mai avuta conferma della sua operatività né sono trapelate indicazioni sull'origine degli importi e sulla contabilità. Questo per un motivo fondamentale che ritroviamo alla base di tante scelte della Chiesa. Esiste tuttora un imbarazzo profondo per il denaro o, meglio, non si vuole far sapere come lo si riceve e come lo si spende. Il Vaticano non ama pubblicizzare la rete di società che utilizza nei settori più disparati, dal turismo religioso all'assistenza a malati e anziani, non indica i propri conti, si guarda bene dal far sapere voce per voce, diocesi per diocesi, quanto incassa nel mondo per beneficenza attraverso offerte, eredità, lasciti o legati.

Per questo rende pubblici, in una tradizionale conferenza stampa di primavera, solo i bilanci di sette amministrazioni che fanno capo alla Santa Sede,[3] ma si astiene dal rendere pubblici altri documenti assai più interessanti. La Chiesa non ama i bilanci universali e frantuma i rendiconti delle proprie economie tra diocesi, conferenze episcopali e parziali risultati di alcune amministrazioni dello Stato pontificio.

Informa cioè a metà, offrendo dati a macchia di leopardo: zone note e buchi neri. Il Vaticano si dilunga e non tralascia una virgola sulle spese della propria tipografia, sugli incassi ottenuti dalla vendita dei biglietti dei musei ma nulla trapela, per esempio, sugli utili della propria banca. Si sofferma su quanto costa la carta dei francobolli per le celebrazioni, ma non fa sapere quanta carta filigranata possiede nei caveau dello Ior «che non fa capo alla pubblica amministrazione dello Stato pontificio ma direttamente al papa».[4] «Noi dipendiamo direttamente dal santo padre – spiega Caloia nel 1998 – al quale versiamo ogni anno gli utili.»[5]

Così all'appello mancano sempre tanti, troppi bilanci. I più importanti, come quello del Governatorato, ovvero dell'amministrazione della Città del Vaticano, quello dello Ior, quelli di tutte le società riconducibili al mondo della Romana Chiesa e utilizzate, per esempio, nel turismo religioso, nell'amministrazione immobiliare e nella gestione delle partecipazioni finanziarie. Se esistesse un immaginario libro contabile della Chiesa cattolica, avrebbe molte pagine bianche: quelle sul fondo personale del papa come quelle su attivi e passivi delle parrocchie e degli ordini.

Essendo il Vaticano l'unico Stato al mondo, insieme al Brunei, che ha un Parlamento nominato dal sovrano, non è possibile compiere analogie. Si può tuttavia immaginare cosa accadrebbe se il governo italiano non rendesse accessibile ai suoi cittadini il bilancio completo dello Stato, omettendo di dire quanto costano il Quirinale e i palazzi della politica, o celasse i bilanci dell'Eni, di Finmeccanica e delle altre importanti società partecipate dallo Stato. Invece, in Italia, si «pretende» dalla politica e si «spera» dalle autorità ecclesiastiche. Questo sebbene la Chiesa cattolica, secondo i calcoli più recenti compiuti dal matematico Piergiorgio Odifreddi, arrivi a costare agli italiani 9 miliardi di euro ogni anno.[6] Ma come mai alcuni bilanci vengono taciuti e quali? La risposta si trova ancora una volta nell'imponente archivio Dardozzi che conserva documenti che accendono un faro sulle contabilità più nascoste, consentendo di capirne di più sia sui bilanci sia sui silenzi che le circondano. Per averne un'idea, bisogna compiere un passo indietro e tornare al bilancio del 1993, presentato alla stampa internazionale a metà giugno del 1994.

L'incontro è quello delle grandi occasioni, i dati vengono diffusi in pompa magna. Un clima d'ottimismo e disponibilità assai diverso dai toni sommessi delle trame e degli intrighi finora descritti. In particolare, una novità proietta il bilancio della Santa Sede sui giornali e le televisioni di tutto il mondo: il Vaticano esce dal deficit dopo un lungo periodo di crisi. Insomma, per la prima volta dopo ventitré anni «il papa non è più in rosso», si è infatti compiuto un autentico «Miracolo, la Chiesa è in attivo», come titolano due grandi quotidiani italiani.[7] L'avanzo è di 2,4 miliardi di lire; i conti sono in salute: 263,4 miliardi di costi contro 265,8 miliardi di entrate per le sette amministrazioni che formano il bilancio. Spicca il settore immobiliare, con un attivo di 90,4 miliardi, e la gestione titoli, per altri 21,8 miliardi. Non bisogna poi dimenticare, ricordano le cronache, i 5,8 miliardi che arrivano dal Governatorato e l'Obolo di san Pietro, ovvero le offerte raccolte in tutte le chiese cattoliche del mondo il 29 giugno, festa di Pietro e Paolo, e che nel 1993 garantiscono altri 94,4 miliardi di lire. All'avanzo di 2,4 miliardi bisogna quindi aggiungere i 5,8 miliardi dal Governatorato.

È un successo dovuto alla gestione di cura dei conti imposta dai cardinali Castillo Lara ed Edmund Casimir Szoka, già arcivescovo di Detroit e ora presidente della prefettura per gli Affari economici, in pratica il ministero delle Finanze della Santa Sede. Aria nuova rispetto al passato quando, per esempio nel 1991, il bilancio si era chiuso con un disavanzo di 100,7 miliardi.

Tuttavia questi rendiconti presentano alcune lacune. Dei dati disaggregati del Governatorato non si trova traccia. Di quelli dello Ior neanche. Eppure Caloia ha rivoluzionato la gestione della banca, perché quindi non rendere pubblici anche quei bilanci? «Lo Ior non fa parte della Santa Sede –

risponde ai giornalisti curiosi un piccato cardinale Szoka –, è in Vaticano ma vi sono depositati soldi oltre che di ordini religiosi anche di proprietà non ecclesiastica e quindi ha bilanci propri.»[8] La frase è in evidente contraddizione con quanto sostenuto finora. Innanzitutto perché lo Ior è «parte» della Chiesa, infatti è stato fondato con un chirografo di papa Pio XII; inoltre chi ci lavora è un dipendente di un ente centrale dal Vaticano, condizione introdotta dal Concordato e che, anni prima, ha permesso a Marcinkus di evitare l'arresto per il crac Ambrosiano. Ma poi, che fine fanno gli utili della banca se non rimangono nei forzieri dei sacri palazzi? La verità è semplice: il bilancio dello Ior garantisce utili cospicui, un fondo che finisce nella disponibilità diretta del pontefice in persona. Quell'anno poi il risultato è significativo, anzi straordinario. Forse per questo deve rimanere segreto.

Nell'archivio Dardozzi è infatti custodito un documento prezioso, la lettera che tre mesi prima, il 16 marzo 1994, il presidente della banca Angelo Caloia scrive direttamente a Giovanni Paolo II per comunicargli l'enorme tesoro che lo Ior gli mette a disposizione:

Beatissimo Padre,
sento il dovere di mettere direttamente al corrente Vostra Santità dell'importo che l'Istituto per le opere di religione è in grado di mettere a disposizione della Santità Vostra. L'importo è pari a 72,5 miliardi di lire italiane, risultanti dopo l'accantonamento di oltre 170 miliardi a fronte di rischi di varia natura. La somma a disposizione di Vostra Santità rappresenta l'esatta differenza fra il totale di rendite e ricavi (pari a 496.902.373.094 lire italiane) ed il totale di spese e perdite (424.401.030.709 lire italiane). Tale risultato è il frutto di un ampio e trasparente lavoro di riordino procedurale e amministrativo condotto per quasi cinque anni di attività. A nome del Consiglio di sovrintendenza desidero presentare i più devoti e filiali ossequi, chiedendo la benedizione di Vostra Santità sul nostro lavoro, benedizione che oserei chiedere in un'udienza di cui Ella potrà stabilire i tempi e i momenti.

ISTITUTO
PER LE
OPERE DI RELIGIONE

IL PRESIDENTE

16 marzo 1994 CITTÀ DEL VATICANO

Beatissimo Padre,

sento il dovere di mettere Direttamente
al corrente Vostra Santità dell'importo
che l'Istituto per le Opere di Religione
è in grado di mettere a disposizione della
Santità Vostra. L'importo è pari a 72,5
miliardi di lire italiane, risultante dopo
l'accantonamento di oltre 170 miliardi
a fronte di rischi di varia natura. Sia
somma a disposizione di Vostra Santità
rappresenta l'esatta differenza fra il totale
di rendite e ricavi (pari a 496.902.373.094
lire italiane) ed il totale di spese e perdite
(pari a 424.401.030.709 lire italiane)

Tale risultato è il frutto di un
ampio e trasparente lavoro di riordino
procedurale ed amministrativo condotto
per quasi cinque anni di attività.

ISTITUTO
PER LE
OPERE DI RELIGIONE
—
IL PRESIDENTE   CITTÀ DEL VATICANO

A nome del Consiglio di Sovrintedenza desidero presentare i più devoti e filiale ossequi, chiedendo la benedizione di Vostra Santità sul nostro lavoro, benedizione che oserei chiedere in un'udienza di cui Ella potrà stabilire i tempi ed i momenti.

Suo dev. mo ed obbl. mo

(A. CALOIA)

S. S. Giovanni Paolo II
Città del Vaticano

Lettera di Angelo Caloia, presidente dello Ior, a Giovanni Paolo II sui 72,5 miliardi che lo Ior mette a disposizione del pontefice.

Se si sommano i 72,5 miliardi dello Ior ai 94,4 miliardi dell'Obolo di san Pietro, si scopre che Wojtyla nel 1994 può contare su una cassa personale per carità e opere di bene di 166,9 miliardi (121,3 milioni di euro). Ai quali andranno aggiunti negli anni i proventi della *Centesimus annus pro pontefice*, il fondo che raccoglie i frutti delle iniziative degli imprenditori cattolici. La somma quindi è assai considerevole, di gran lunga superiore alla cosiddetta «Carità del papa», ovvero a lasciti anonimi e assegni che responsabili di enti e di associazioni, personalità e privati cittadini, ricevuti in udienza, lasciano con discrezione al santo padre. E, forse, fra tutti gli utili, rimane al di sotto solo dell'Obolo di san Pietro.

Se tale somma fosse inserita nei bilanci complessivi del Vaticano, condizionerebbe tutte le voci facendo lievitare di molto l'attivo complessivo. Invece, resta un'informazione delicata, un dato che Caloia confida direttamente all'interessato, Giovanni Paolo II. Come poi questi soldi vengano spesi, sebbene siano frutto di una banca che raccoglie i conti delle comunità dei fedeli e siano nel portafoglio del pontefice, non è dato sapere al di là di una stretta cerchia di cardinali. Una parte dell'Obolo di san Pietro e degli utili dello Ior finisce in opere di carità nel mondo tramite il Consiglio pontificio *Cor Unum*, che gestisce ammirevoli progetti nei paesi in via di sviluppo con il contributo di fondazioni benefiche, e per circa un milione e mezzo di euro ogni anno tramite l'Elemosineria apostolica.[9]

La verità è quindi un'altra. I 72,5 miliardi sono «a disposizione di Santità Vostra», come verga il banchiere a Wojtyla, e rappresentano il risultato di una banca attiva in tutto il mondo, l'effetto della ristrutturazione finanziaria dello Ior iniziata con l'arrivo di Caloia in Vaticano nel 1989. Si tratta di bilanci sempre in crescita. In quell'anno il totale messo a disposizione ammonta a «solo» 20 miliardi.[10] Lo Ior quindi è una fonte di denaro certo per le attività del pontefice. Nel 1992, quando i conti sono in rosso, Giovanni Paolo II può contare su 60,7 miliardi.[11] Negli anni successivi la somma lievita ancora. Dall'archivio Dardozzi i documenti indicano utili netti per 75 miliardi nel 1994 e per 78,3 nel 1995. A febbraio del 1996, Caloia conferma così a Sodano di «mettere a disposizione della Commissione cardinalizia una somma pari a 78,3 miliardi a fronte di 231 miliardi di utile lordo».[12] A loro volta, i cardinali membri di quest'ultimo organo, incaricati di controllare l'attività della banca, sono destinatari della «riconóscenza dell'Istituto per l'opera degli eminenti cardinali – spiega Caloia in una missiva a Sodano – per le cui opere di bene fu disposta la somma individuale di 50 milioni».[13] In Parlamento lo chiamerebbero volgarmente «gettone di presenza».

Uno Ior da 5 miliardi di euro

Ma cosa è diventato lo Ior dopo Marcinkus e de Bonis? La banca ha ormai assunto dimensioni di tutto rispetto: un monitoraggio interno ufficiale e rimasto riservato, compiuto nella primavera del 1996,[14] fotografa per la prima volta i patrimoni che il misterioso Istituto gestisce. Ovvero ben 1388 portafogli sia in lire sia in valuta straniera. I primi sono costituiti da 729 clienti che hanno affidato allo Ior 957 miliardi, 659, invece, sono i portafogli con patrimoni in dollari per altri 1194 miliardi. In tutto: 2151 miliardi (1555 miliardi di euro). Si tratta di clienti facoltosi, visto che un terzo è titolare di depositi sopra il miliardo.[15] Clienti seguiti con tutte le attenzioni del caso da novantasette dipendenti della banca, a loro volta ben pagati come tutti i civili che lavorano alla Santa Sede: gli scatti automatici dello stipendio sono infati del 5 per cento annuo per i «bancari», mentre quelli degli altri uffici ricevono addirittura il 6 per cento visto che lo Ior «non è considerato parte dell'amministrazione vaticana».[16]

La cura di Caloia si fa quindi sentire. Al 31 dicembre 1995 l'Istituto conta un capitale di 948 miliardi e raccoglie dai propri clienti 4678 miliardi di lire, che corrispondono a 3 miliardi di euro. Si tratta di conti correnti di diocesi, istituti e ordini religiosi e persino di privati, a iniziare dalla Democrazia cristiana. Questo dato inedito e ufficiale avvalora la stima effettuata tredici anni dopo che ipotizza esser presenti allo Ior depositi per almeno 5 miliardi di euro.[17] Nei Consigli d'amministrazione i toni sono entusiasti, lo Ior assomiglia a una banca d'affari: «Il profitto derivante dalla compravendita di valute e titoli ha superato del 40 per cento i risultati previsti dal budget»;[18] ancora: «La crescita è principalmente dovuta al controvalore dei titoli (strumenti e bond monetari) venduti per 193,1 milioni di dollari nell'ultima settimana di novembre e temporaneamente investiti a breve termine, con interessi maturati il 1° e il 3 novembre 1993, giorni nei quali è stato effettuato un nuovo acquisto di bond dello stesso tipo per un controvalore di 191,8 milioni di dollari».[19]

Nel 1994 Caloia taglia i generosi rendimenti riducendoli dall'8 al 6,3 per cento per i conti correnti, e porta al 7 per cento quelli per i depositi vincolati. Ma la clientela non si lamenta. Non solo perché la totale discrezione è caratteristica senza prezzo, ma anche perché si è trattati con grandissimo riguardo. E poi si tratta di interessi comunque elevati. Bisogna infatti ricordare che in Vaticano i guadagni sono netti, visto che non si pagano le tasse.

L'11 marzo 1994 i revisori Marco H. Rochat e Jacqueline Consoli della Revisuisse Price Waterhouse consegnano ai membri del Consiglio di sovrintendenza le loro considerazioni sullo stato di salute finanziaria dello Ior: un documento di venticinque pagine rimasto top secret. La relazione si rivela una miniera d'informazioni. Fornisce dati inediti sulle dimensioni dell'istituto di credito meno conosciuto al mondo. La banca del papa distribuisce alla clientela interessi sui conti per 230 miliardi di lire. Un anno positivo anche perché «i tassi d'interesse si sono abbassati molto ed è cresciuto il valore del nostro portafoglio», come Caloia sottolinea a Sodano in una lettera del 15 marzo 1994. Tornando invece al documento dei revisori, si scopre che l'Istituto conta su un autentico «tesoro». Custodisce infatti in cassaforte lingotti d'oro per una tonnellata e 617 chili, bond per 2666 miliardi di lire (1,9 miliardi di euro) e azioni per 91 miliardi, sia conservati in Vaticano sia accreditati sui conti correnti aperti in 141 banche presenti in tutto il mondo. Lo Ior conta partecipazioni conosciute, come quelle nell'allora Ambroveneto (diventato poi Banca Intesa), e altre meno note, come la Gestioni finanziarie e patrimoniali S.p.A. e la statunitense Fiduciary Investment Company del New Jersey per 17,9 miliardi. Solida anche la quota in immobiliari per altri 30 miliardi di lire.

Contrariamente a quanto è stato sempre sbandierato da certa informazione di parte, lo Ior, come tutti gli istituti di credito, effettua prestiti e soffre anche di scoperti vantando crediti in ogni angolo del mondo. Come ogni banca, anche lo Ior insegue i debitori, contratta le esposizioni più rilevanti per rientrare e ridurre le sofferenze. Non solo clientela top e «amici degli amici» ma anche frati carmelitani e suore infermiere alle prese con toccanti crisi finanziarie, che bussano al Portone di Bronzo e chiedono aiuto. Seppur in modo contenuto, la banca del papa al 6 novembre 1995 ha erogato finanziamenti per 118,5 miliardi (78,3 milioni di euro) dei quali 27,7 classificati come «prestiti dubbi», ovvero di incerto incasso.

Quelli più considerevoli finiscono al vaglio del Consiglio di sovrintendenza. Sfogliando i verbali dell'organismo negli anni 1994, 1995 e 1996, emergono problemi finanziari di suore e monasteri lontani anni luce dagli affari spregiudicati di certi prelati. Ecco la pratica dei Carmelitani scalzi della Casa generalizia di Roma che chiedono 2 miliardi «con un tasso ricalcolabile dell'11,75 per cento».[20] Ecco la correzione da 10 miliardi sulla linea di credito aperta a favore della Congregazione delle Suore infermiere dell'Addolorata di Como. In questo caso il finanziamento non è in valuta italiana: si ricorre a un articolato «finanziamento in franchi svizzeri che trarrà vantaggio dei ricavi derivanti dalla gestione di attività in Svizzera, anche in presenza di alcuni rischi di cambio».[21] Ecco «l'ulteriore estensione del prestito a favore delle Suore domenicane di santa Rosa da Lima, Finalborgo (Savona), per 2 miliardi di lire su una linea di credito precedente di 4 miliardi. L'estensione a un tasso modificabile dell'11 per cento annuale sarà ripagata con versamenti annuali di non meno di 1,3 miliardi all'anno».[22]

Diversa la situazione invece delle americane Domenican Sisters of Divine Providence con monastero a Piscataway (New Jersey). Lo Ior accetta la liquidazione del loro debito di 420.481,76 dollari con «soli» 350mila dollari «non appena il monastero sarà in grado di vendere una delle sue proprietà immobiliari». Tutti da vagliare, invece, i vecchi debiti come quello da 3.373.005 dollari della Sociedade Campineira de Educação e Instrução di Campinas in Brasile. Risalente al 1981, dopo tredici anni, il credito è ancora in essere con l'azienda che vorrebbe liquidare il finanziamento avendo già rimborsato tutto il prestito, visto che paga oggi solo le rate di interessi. In altri casi il vertice dello Ior non eroga nemmeno un centesimo come è successo nel 1996 per l'estensione del credito sollecitato più volte, ma invano, dalla «Fondazione Ma.So.Gi.Ba», con sede in provincia di Macerata.

Ci sono poi anche sorelle che ricorrono ai mutui immobiliari,[23] come le Ancelle francescane del Buon pastore di Roma,[24] che ottengono 4 miliardi di lire per comprare un palazzo in via Gregorio VII «da utilizzare come foresteria per i pellegrini in vista del Giubileo del 2000».[25] Il finanziamento viene erogato al tasso dell'11,25 per cento annuo, solo perché le Ancelle sono assai benestanti.[26] Le Ancelle che si rifanno a san Francesco garantiscono un volume d'affari descritto nelle carte dello Ior pari a una solida azienda di provincia.

Come qualsiasi altra banca, lo Ior non solo concede linee di credito ma firma anche fideiussioni. Insomma, una consueta attività di sportello. Certo quest'ultima, vista la clientela, talvolta è un po' particolare. Può essere, per esempio, vincolata a progetti nei paesi in via di sviluppo, come per la fideiussione, seguita dall'allora direttore generale Andrea Gibellini, da un miliardo in favore del Cics,[27] il Centro internazionale di cooperazione allo Sviluppo, a garanzia di tre contratti della Comunità europea per interventi in Angola. In pratica, lo Ior garantisce gli affidamenti che il Centro ottiene dalla Banca nazionale del Lavoro e di contro si può rivalere sui suoi correntisti interessati come, in questo caso, la Provincia meridionale italiana della Congregazione dei sacerdoti del Sacro Cuore di Gesù di Napoli.[28]

Lo Ior possiede anche proprietà immobiliari[29] per 17 miliardi di lire ma si tratta di un valore virtuale dato che i beni sono caricati solo «al 75 per cento del valore di mercato del 1983». Con un retroscena che appare paradossale: il cespite immobiliare, infatti, non è poi certo, visto che nemmeno la banca è in grado di indicare ai revisori tutte le proprietà. Così gli esperti sono costretti a rivolgersi al Catasto di Roma per censire con precisione i beni. Ma anche qui i revisori incontrano delle difficoltà.[30]

Anche l'ufficio legale dello Ior è oberato di lavoro. Con una particolarità: a differenza delle altre banche nel mondo non gestisce solo cause e contenziosi sul credito, di diritto societario o del lavoro. Gli avvocati dello Ior sono esperti anche di diritto ereditario. La banca del papa deve infatti assicurare che tutti i beni indicati nei testamenti a favore degli enti della Chiesa finiscano nei forzieri vaticani. Sapendo compiere, se è il caso, anche un passo indietro come per l'eredità dei nobili Gutkowski e la «Fondazione Bonino» di Caltanissetta.[31] Nessun problema invece ad accettare le donazioni. Non solo in denaro, ovviamente, ma anche in opere d'arte e mobili antichi. Lo Ior spalanca il caveau. Come alla fedele Cristina Grosso che regala «tre opere d'arte del Rinascimento, un salotto stile Luigi XV composto da sofà e sei tra poltrone e sedie e un tappeto persiano di altissima qualità».[32] Si tratta di quadri di pregio: «Una Crocefissione, attribuita alla scuola di Anversa – l'artista potrebbe essere Frans Francken (1542-1616), fiammingo, secondo la valutazione del professor Giuliano Briganti;[33] un Cristo che porta la croce e un'immagine della Vergine Maria (Mater purissima o contemplazione). Le tre opere d'arte, il salotto e il tappeto sono in condizioni eccellenti e hanno un valore non inferiore ai 2 miliardi di lire».[34]

E se qualcuno volesse un giorno compiere una rapina o un abile e spettacolare furto allo Ior, infilandosi nel cuore del Vaticano? La domanda può far sorridere i più, ritenendo l'impresa pressoché impossibile, degna solo di un imprendibile Arsenio Lupin. Chi potrebbe osare tanto, cercando forse di bucare mura spesse nove metri? Eppure il rischio tormenta gli alti dirigenti della banca e gli inquilini dei sacri palazzi. Tanto che la paura finisce al centro di una discussione del Consiglio d'amministrazione degli anni Novanta:

> La dislocazione dell'Istituto all'interno del Vaticano, con un singolo accesso dal cortile Sisto V, lo rende sufficientemente sicuro. L'ingresso è inoltre sorvegliato ventiquattr'ore al giorno, inclusi i festivi, dal personale di sicurezza del Vaticano, che possiede una chiave per accedere, se necessario, all'Istituto. Quanto alla sorveglianza esterna, la presenza di guardie svizzere e di personale di sicurezza lungo le strade che portano al cortile Sisto V rende l'Istituto sufficientemente protetto contro i tentativi di furto e scasso. Al contrario le finestre degli impiegati di sportello sono aperte, si può calcolare che i dodici cassieri abbiano a portata di mano banconote per un ammontare approssimativo di un miliardo di lire. Il capocassiere controlla i turni dei cassieri e ha un caveau a disposizione per la custodia di banconote, assegni e cedole. È stato disposto che esso possa contenere un ammontare di beni nei limiti della somma massima coperta da assicurazione. Lo spazio limitato e i passaggi obbligati degli impiegati nei settori occupati dai cassieri accresce il rischio per gli ultimi. In tale situazione, mentre occorre fare appello all'onestà di ciascuno, l'Istituto ha il dovere di proteggere il proprio personale, specialmente i cassieri che sono responsabili dei valori in loro possesso.[35]

Nei sacri palazzi diventa legge il proverbio «Fidarsi è bene, non fidarsi è meglio». Così Caloia dispone un'imponente ristrutturazione di tutti gli uffici: la direzione generale dei servizi tecnici del Governatorato presenta un resoconto di quasi 10 miliardi di spese «esclusi i mobili, le forniture speciali, l'aria condizionata e le porte blindate».[36] L'ingresso dello Ior dal cortile di Sisto V viene riservato «a una certa categoria di persone cui sarà attribuito un servizio altamente qualificato mentre l'ingresso principale sarà al piano terreno, sul lato nordest della torre, direttamente di fronte agli alloggi delle guardie svizzere» per i comuni mortali.[37] Il filtro per la clientela è l'ultimo passo evidente della politica finanziaria che indirizza sempre più lo Ior verso il *private banking* su scala mondiale. E infatti, dal 1996, all'Istituto si studiano «le iniziative per estendere i servizi dello Ior alla Chiesa universale (diocesi e vescovi in tutto il mondo). [...] I membri del Consiglio forniscono alcune indicazioni che spaziano dall'invio del rapporto annuale alle diocesi in tutto il mondo alla possibilità di fornire ritorni migliori sui depositi e all'assicurazione di una più alta qualità del servizio».[38]

Il sogno di una banca mondiale

Il sogno è davvero quello di creare una banca mondiale dell'unica teocrazia presente sul pianeta. Caloia sprona i suoi fedelissimi a «preparare il terreno: organizzando una divisione particolare per seguire la messa in atto dell'attività; facendo un inventario di tutte le entità religiose potenzialmente interessate ai servizi dello Ior; preparando i documenti e i questionari da presentare alle varie conferenze episcopali e illustrando una lista di tutti i servizi dello Ior».[39]

Insomma, una banca così è unica, non ha pari e non teme rivali. E i clienti ne apprezzano la riservatezza, i generosi interessi, l'inacessibilità dei conti. E non solo i clienti civili, ma anche ordini e congregazioni religiose, monasteri, ancelle e frati dediti alla povertà, che per altri motivi sono ben gelosi dei loro soldi. Come in ogni famiglia che si rispetti non vogliono far sapere a nessuno i propri conti. Tanto meno alle parrocchie e congregazioni vicine.

Riprova di ciò è quanto accade il 17 gennaio 1996, durante un corso per 120 econome all'Usmi, la potente Unione superiore maggiori d'Italia, che raccoglie le oltre 600 Congregazioni femminili, suddivise in oltre 10mila comunità con 90mila suore presenti nel paese. Ebbene, dopo la lezione di Caloia e del direttore generale Scaletti, il microfono passa alle presenti. Che sono ben consapevoli di cos'è lo Ior e, assai preoccupate, tempestano il presidente di domande. Le sorelle chiedono precise garanzie. Vogliono che allo Ior «non si realizzi il temuto pericolo di ingerenza di persone provenienti da altre esperienze bancarie». Caloia cerca di rasserenarle e «riguardo alla temuta violazione del segreto bancario e alla conservazione dell'anonimato, il presidente rassicura gli Istituti religiosi». Ma alle suore non basta: «L'assemblea sottolinea ancora che essendo lo Ior un ufficio atipico molto particolare e unico abbisogna di elementi provenienti dall'interno e non da altre esperienze diverse. Pertanto viene ribadito l'auspicio che nel futuro dello Ior ci siano persone provenienti dallo stesso Istituto».[40] Più che una preghiera, un ordine. Il direttore Scaletti coglie i timori delle suore e li fa propri. Chiede una relazione della giornata e gira le sollecitazioni a monsignor Dziwisz, il segretario particolare di Giovanni Paolo II.

Insomma, lo Ior deve ambire a diventare una banca dalle sconfinate dimensioni internazionali senza perdere la sua natura. Pronto ad affrontare ogni situazione e ogni problema sempre nella massima discrezione. Come il 6 novembre 1995, quando durante il Consiglio di sovrintendenza nel Torrione della banca, dopo tre ore di discussioni si materializza addirittura il segretario di Stato Angelo Sodano con il fido collaboratore Timothy Broglio. I banchieri presenti (dal numero uno di Ubs Philippe de Weck a José Angel Sánchez Asiaín a Theodor Pietzker) salutano con deferenza e fanno uscire i manager presenti: «In seguito ha luogo – si legge nel verbale del Consiglio – una discussione su alcuni argomenti delicati» per un'ora con il braccio destro di Giovanni Paolo II.

In definitiva, le vicende di Marcinkus-Sindona-Calvi prima e, almeno parzialmente, lo scandalo Enimont poi, hanno segnato il Vaticano. La discrezione diventa un'ossessione, la paura di imprevedibili danni d'immagine un incubo, la stampa va tenuta lontano. Lo si capisce bene dalla documentazione interna dello Ior negli anni 1995-1996, quando le sollecitazioni a mantenere un basso profilo sono assai insistenti. Vengono bocciati dépliant e fascicoli illustrativi sulla banca, cassati libri ideati per riabilitare l'immagine della finanza del papa. Ogni iniziativa viene bollata come «inutile propaganda» o «ancor più inutile messa all'aperto di ciò che già essenzialmente e con meditazione è scritto nello statuto. Occorre ricordarsi che l'Istituto deve seguire l'antica politica di operare "dietro le tendine", senza provocare, anche indirettamente e involontariamente, l'intervento della stampa».[41] Il nodo è sempre quello: la banca lavora con «operazioni e procedure che, pur seguendo metodi bancari, "restano fuori" da circuiti pericolosi che in altri tempi, purtroppo, risultarono dannosi all'"immagine" e anche sul piano economico. Il danno all'"immagine" (giustamente e ampiamente a suo tempo criticato) è scongiurato».[42]

Ior, consorteria della Cariplo

In quegli anni, come testimonia l'archivio Dardozzi, Caloia sta studiando un piano per ampliare le partecipazioni e l'influenza dello Ior sul sistema bancario italiano. Già alla fine del 1992, il presidente della banca del papa vuole giocare la prima mossa: aumentare la partecipazione dello Ior in Ambroveneto con un investimento consistente per entrare nel patto di sindacato e salire sul ponte comando. A sbarrare il passo intervengono però «ambienti vicini» a monsignor Dardozzi, forse l'Opus Dei, e soprattutto il professor Giovanni Bazoli in persona portando una serie di argomentazioni granitiche. Con una tesi che il commercialista Felice Martinelli riprende e rilancia per spegnere le ambizioni di Caloia:[43]

Le motivazioni del professor B. teoricamente sono valide e accettabili. Lo Ior nell'operazione prospettata non sarebbe un socio bancario nel vero senso del termine e mal si troverebbe nel sindacato di controllo; non ha una «missione» per portare avanti una sua politica o strategia di gestione, subirebbe decisioni prese da altri o altrove. [...] Sarebbe un socio passivo ma importante per essere strumentalizzato. Alla stampa si offrirebbe l'occasione per riprendere vecchie critiche. [...] Ior non è una banca ma un Istituto finanziario fiduciario, può fare investimenti in Italia come nel resto del mondo; l'operazione proposta potrebbe essere interpretata in questo momento come una rivincita. Un domani, quando l'immagine dell'Istituto all'esterno è completamente cambiata, può darsi che una simile operazione possa essere fattibile se inserita però in un più ampio, preparato e meditato quadro strategico. Oggi può essere vista come un aiuto alla persona del banchiere prof. B. o come puntiglioso desiderio di rientrare. Nell'interesse dello Ior e degli ambienti a noi vicini oggi non consiglierei l'operazione; starei ad aspettare tempi migliori. [...]

Il riferimento è alle grandi manovre che porteranno nel 1997 alla fusione tra Cariplo e Ambroveneto per un riassetto degli equilibri nella finanza cattolica italiana. Ma sono anche anni di scontro per la guida delle Casse di risparmio, realtà per tradizione egemonizzata dagli ambienti cattolici che si riconoscevano in un'ormai disciolta Democrazia cristiana.[44] Un esempio arriva nel gennaio del 1996, quando il banchiere cattolico Roberto Mazzotta ufficializza prima all'allora direttore generale del Tesoro Mario Draghi e poi alla Commissione centrale della Cariplo le sue dimissioni dalla presidenza della «Fondazione della Ca' de Sass».

Mazzotta lascia l'incarico dopo la condanna per corruzione a quattro anni di reclusione al processo per le tangenti nelle compravendite immobiliari della Cariplo. È una sentenza solo di primo grado, ma il banchiere si dimette comunque e da innocente: la Cassazione, ma solo nel 2001, lo assolverà definitivamente per «non aver commesso il fatto». Il Vaticano e la Curia di Milano giocano la loro partita per influenzare la nomina di un candidato che sia «gradito» ai sacri palazzi, soprattutto ben consapevoli del riassetto con Ambroveneto e della privatizzazione della Cariplo con la quotazione attesa per fine anno. L'addio di Mazzotta libera una casella importante nell'organigramma della finanza cattolica, che monsignor Dardozzi ridisegna nei suoi appunti. Da assegnare il posto di Mazzotta; vacante anche la direzione generale della Cariplo con Angelo Roncareggi in uscita dal dicembre del '95. Parte quindi un «risiko» tutto cattolico che investe anche il Vaticano, seppur senza alcun formale titolo, per le nomine tra Mediocredito, Cariplo e Ambroveneto. Anche perché il monsignore, consigliere di Sodano, nota come Caloia stia già fremendo: «Ha appetito per ritornare alla fondazione; i consiglieri non lo vogliono».[45]

Dardozzi si muove su due livelli. Prima avvia delle consultazioni. In agenda, si segna di chiamare chi conta: Pontiggia, Bazoli, Testori, monsignor Erminio de Scalzi e Giovanni Battista Re. Ma soprattutto il riservatissimo Giuseppe Camadini, presidente della Cattolica assicurazioni e «fiduciario di mille istituti religiosi azionisti della Banca lombarda». Camadini, un banchiere da sempre in assoluto silenzio, persino contrapposto dalla stampa a Bazoli nel contendersi la regia della finanza bianca. Uno che Pietrangelo Buttafuoco descrisse così: «Non compare, non appare, forse non esiste più, quando cammina non proietta nemmeno l'ombra».[46]

Poi, per le attività più operative, Dardozzi dialoga con «don Luigi Testori», come si legge nei suoi appunti, che potrebbe corrispondere a monsignor Testore, all'epoca segretario del cardinale Carlo Maria Martini. A lui si rivolge, segnalando che «occorrono altre candidature», quando viene a sapere che si libera anche la direzione generale del Mediocredito, con Giovanni Malvezzi «in scadenza il 30 aprile 1996».[47] Da Milano arrivano risposte che lo tranquillizzano. Per sostituire Mazzotta e sostenere «la soluzione interna di Ottorino Beltrami», dal 1992 presidente e già numero uno di Assolombarda, il cardinale «Martini farà "interessare" don Luigi». Ed è la partita che interessa davvero a Dardozzi, visto che non sembra spendersi più di tanto per la poltrona di direttore generale della Cariplo; evita infatti di inserirsi nelle trattative tra le varie anime di ex Dc, l'allora sindaco Marco Formentini e gli interlocutori meneghini. A metà febbraio del 1996 la direzione generale di Cariplo finisce a Carlo Salvatori, amministratore delegato di Ambroveneto, operativo dal primo giorno dopo la fusione con la Banca cattolica del Veneto.

Dardozzi è acuto osservatore e applica la delega a seguire le mosse di Caloia. Comprende ben presto che questa partita può avere riflessi anche sullo Ior e così decide, come al solito, di informare il suo più autorevole riferimento, ovvero il segretario di Stato Angelo Sodano:

> Da informazioni riservate e autorevoli da Milano si è saputo che il dottor Angelo Roncareggi, direttore generale della Cariplo, preconizzato alla carica di direttore generale del Mediocredito Lombardo, non è risultato gradito a una parte dei consiglieri della Cariplo stessa e quindi la sua candidatura per il Mediocredito lombardo è bocciata. Egli andrà quindi in pensione nei prossimi giorni. La circostanza risulta molto gradita al prof. Caloia che da sempre aveva auspicato di chiamare un funzionario della Cariplo e suo personale amico alla direzione generale dello Ior al posto di Scaletti, al quale il presidente ha ribadito recentissimamente che dovrà lasciare l'incarico al più tardi da marzo 1997. L'insieme delle informazioni raccolte, da me non sollecitate, crea qualche sospetto perché si viene a capire che lo Ior diventa una specie di succursale di Cariplo, una consorteria... In tal modo la consorteria non potrà che operare non controllata e si spera in modo non arbitrario. [...] La realtà, l'importanza e l'obiettività delle informazioni sollecitano la tempestiva loro presa di conoscenza da parte dell'Em.mo segretario di Stato.[48]

Si tratta di mosse assai illuminanti che spiegano i giochi e le congiure che si consumano nei sacri palazzi e che si riflettono nei delicati e complessi rapporti con la realtà bancaria italiana. Mosse sia per influenzare impropriamente nomine in istituti di credito come appunto Cariplo, feudo della finanza bianca benché non veda tra gli azionisti il Vaticano, sia, al contrario, per stroncare ingerenze esterne nell'attività delle Santa Sede. È il caso di quelle laiche, seppure amiche, che Dardozzi illustra nella bozza di lettera a Sodano. Si tenta quindi di condizionare ma non si vuole essere condizionati. Si vuole influenzare le scelte su manager di banche italiane, e infatti Beltrami verrà puntualmente eletto presidente della «Fondazione Cariplo» nel marzo del 1996, ma scatta l'allarme rosso al solo rischio che Caloia chiami il direttore generale della «Ca' de Sass» Roncareggi allo Ior.

A fronte poi di un altro problema generale che Dardozzi ben tratteggia in ogni sede: «I clienti dello Ior, che nella totalità sono religiosi o istituzioni religiose, scelgono come referente lo Ior piuttosto che una banca qualunque se e nella misura in cui soltanto lo Ior può rispondere alle loro esigenze di riservatezza». È di sicuro questo un argomento vincente. Nessuno, nemmeno il potente Caloia, riesce a smuovere Scaletti. Che rimane al suo posto per altri undici anni, sino al giugno del 2007, quando, giunto alla veneranda età di ottant'anni, lascia il posto al vice Paolo Cipriani. La riservatezza sui conti dei religiosi dev'essere totale: è la prima regola aurea perché ai fedeli non giungano voci o semplici cattiverie sui movimenti finanziari che alimentano la premiata holding d'Oltretevere.

La premiata holding d'Oltretevere

C'è infatti da proteggere sia una galassia di attività finanziarie e imprenditoriali nei settori più diversi, dalla sanità al turismo, dall'immobiliare al bancario, sia un tesoro che negli anni si accresce sempre più. E di quanto il tesoro sia aumentato in dieci anni lo si capisce bene sfogliando il «Rendiconto finanziario consolidato della Santa Sede, anno 2007»[49] che dall'estate del 2008 la Santa Sede diffonde ai 194 cardinali, ai 4800 vescovi e conferenze episcopali in tutto il mondo. Una copia del documento finisce sulle colonne dell'inglese «The Tablet». Quali ricchezze possiede il Vaticano? Dal fascicolo emerge un autentico forziere di beni da 1,4 miliardi di euro, la solita tonnellata di lingotti d'oro da 19 milioni di euro, risalente agli anni Novanta, e ancora proprietà immobiliari e obbligazioni sino ai scivolosi bond. I dati sono contenuti nel rendiconto preparato dall'arcivescovo Velasio De Paolis, presidente della prefettura per gli Affari economici. Il bilancio del 2008, dopo tre anni floridi e attivi per 15,2 milioni di euro, chiude in rosso. Certo, si tratta di dati solo parziali della Vaticano S.p.A., creatura finanziaria dagli interessi che si spingono a ogni angolo del mondo: «I risultati del primo periodo di quest'anno – scrivono i prelati economi della prefettura – sono preoccupanti e non inducono all'ottimismo». Le riserve sono considerevoli, con 340,6 milioni di euro in contanti e quasi 520 milioni in titoli e azioni, oltre all'oro e ai miracoli di «san Mattone» sulle proprietà immobiliari. Ma c'è poco ottimismo. Secondo i dati del report la Chiesa cattolica possiede case e terreni in Inghilterra, Svizzera e Francia per un valore di 424 milioni, che potrebbe tranquillamente aumentare anche della metà se si considerano le valutazioni dei singoli mercati. Propaganda Fide (la Congregazione per l'evangelizzazione dei popoli, dicastero pontificio che presiede alle missioni orientali), per esempio, possiede proprietà del valore di circa 53 milioni di euro, quasi tutte in Italia. Questo cespite immobiliare nel 2007 ha prodotto circa 56 milioni di euro in canoni e locazioni e altri 950mila euro di utili da attività agricole».[50]

Superato il guado degli anni Novanta, le finanze vaticane veleggiano ormai sui mercati azionari fino al giugno 2005 quando, con la morte di Giovanni Paolo II, tutte le più alte cariche religiose decadono. Si va all'elezione di Benedetto

XVI dopo il funerale e un Conclave che pesano per 7 milioni
di euro sulle casse della Curia di Roma.[51] Per raggiunti limiti
d'età escono lentamente di scena personaggi di rilievo come
Sodano, che il 22 giugno 2006 viene sostituito da Tarcisio
Bertone. Quest'ultimo presiede oggi anche la Commissione
cardinalizia, una volta ponte di comando del venezuelano
Castillo Lara. Ratzinger avvia, mese dopo mese, un'opera di
ovattata epurazione dell'intero gruppo che ha deciso le finanze vaticane nell'era di Wojtyla. Segue quell'*Einführung in das
Christentum* (Introduzione al Cristianesimo) nel quale scriveva queste parole:

> I veri credenti non danno mai eccessivo peso alla lotta per la riorga-
> nizzazione delle forme ecclesiali. Essi vivono di ciò che la Chiesa è
> sempre. E se si vuole sapere cosa realmente sia la Chiesa, bisogna
> andare da loro. La Chiesa, infatti, non è per lo più là dove si orga-
> nizza, si riforma, si dirige, bensì è presente in coloro che credono con
> semplicità, ricevendo in essa il dono della fede che diviene per loro
> fonte di vita. [...] Ciò non vuol dire che bisogna lasciare tutto così
> com'è e sopportarlo così com'è. Il sopportare può esser anche un pro-
> cesso altamente attivo [...].[52]

Arrivano così i «Ratzi-banker»,[53] religiosi e laici che in silenzio
raccolgono il potere finanziario dopo la salita di Benedetto
XVI al soglio di Pietro. Il ricambio investe tutti e cinque gli
uffici che alla Santa Sede hanno competenze sulle attività economiche: l'Amministrazione del patrimonio della sede apostolica (Apsa), il Governatorato dello Stato Città del Vaticano, la
prefettura degli Affari economici, la Congregazione per
l'Evangelizzazione dei popoli, che tiene i cordoni di tutte le
missioni della Romana Chiesa nel mondo e, infine, lo Ior di
Caloia, che da ormai vent'anni resiste alla guida della banca del
papa. L'unico a non esser stato disarcionato dal comando nemmeno dopo i dossier con giudizi negativi lasciati da Sodano
sulla scrivania del santo padre,[54] prima di lasciare la segreteria
di Stato al successore Bertone.

Sodano però ha sparigliato i giochi reintroducendo la figura di prelato per la banca. Ha così consegnato lo Ior al fidatissimo segretario, il ligure monsignor Piero Pioppo, nominandolo appunto prelato dell'Istituto di credito. Era dal 1994, dai tempi di de Bonis, che l'incarico restava vacante. La mossa del Segretario pesa come un'eredità scomoda sia per Bertone sia per il presidente della banca che ne esce ridimensionato. Sodano lo indica come prelato a luglio del 2006 e poco dopo, a settembre, lascia l'incarico. Allo Ior si giocano nuove partite. Ovviamente segretissime.

---

[1] La nuova Legge fondamentale dello Stato Città del Vaticano appare il 26 novembre del 2000 nel supplemento degli *Acta Apostolicae Sedis*, dove vengono tradizionalmente pubblicate le leggi d'Oltretevere, ed entra in vigore dal 22 febbraio 2001. La stessa sostituisce la precedente, la prima, emanata nel 1929 da papa Pio XI.

[2] Paolo Forcellini, «San Pietro holding», in «L'espresso», 21 aprile 2005.

[3] In genere il bilancio consolidato che viene presentato riguarda sette amministrazioni: Apsa, Propaganda Fide, cioè il ministero delle missioni, Camera apostolica che entra in funzione in caso di sede vacante, Radio vaticana, «L'Osservatore Romano», Libreria editrice vaticana, Tipografia. Dal 1994 il Governatorato presenta un bilancio scorporato.

[4] Riccardo Orizio, «Nella dealing room .vaticana», in «Corriere della Sera», 20 luglio 1998.

[5] *Ibidem.*

[6] In particolare da *Perché non possiamo essere cristiani (e meno che mai cattolici)*, Longanesi, Milano 2007: «Al miliardo di euro dell'8 per mille dei contribuenti, va aggiunta ogni anno una cifra dello stesso ordine di grandezza sborsata dal solo Stato (senza contare regioni, province e comuni) nei modi più disparati: nel 2004, per esempio, sono stati elargiti:
- 478 milioni di euro per gli stipendi degli insegnanti di religione;
- 258 milioni per i finanziamenti alle scuole cattoliche;
- 44 milioni per le cinque università cattoliche;
- 25 milioni per la fornitura di servizi idrici alla Città del Vaticano;
- 20 milioni per l'Università Campus Biomedico dell'Opus Dei;

- 19 milioni per l'assunzione in ruolo degli insegnanti di religione;
- 18 milioni per i buoni scuola degli studenti delle scuole cattoliche;
- 9 milioni per il fondo di sicurezza sociale dei dipendenti vaticani e dei loro familiari;
- 9 milioni per la ristrutturazione di edifici religiosi;
- 8 milioni per gli stipendi dei cappellani militari;
- 7 milioni per il fondo di previdenza del clero;
- 5 milioni per l'Ospedale di Padre Pio a san Giovanni Rotondo;
- 2,5 milioni per il finanziamento degli oratori;
- 2 milioni per la costruzione di edifici di culto, e così via.

Aggiungendo una buona fetta del miliardo e mezzo di finanziamenti pubblici alla Sanità, parte della quale è gestita da istituzioni cattoliche, si arriva facilmente a una cifra complessiva annua di almeno 3 miliardi di euro. Ma non è finita perché a queste uscite vanno naturalmente aggiunte le mancate entrate per lo Stato dovute a esenzioni fiscali di ogni genere alla Chiesa, valutate attorno a oltre 6 miliardi di euro.»

[7] Titoli rispettivamente dell'articolo di Benny Lai su «Il Giornale» del 18 giugno 1994 e di Marco Politi su «la Repubblica» dello stesso giorno.

[8] Fabio Negro, «In attivo il bilancio del Vaticano», in «Il Tempo», 18 giugno 1994.

[9] Sull'attività dell'Elemosineria apostolica, l'arcivescovo Félix del Blanco Prieto, elemosiniere di sua santità, ha spiegato in un'intervista di Nicola Gori su «L'Osservatore Romano» del 29 dicembre 2007 come «tutti i giorni spediamo un centinaio di lettere allegando una somma in contanti o in assegno. Ogni anno doniamo circa 1.000.000 di euro ai singoli e altri 400.000 euro circa alle istituzioni assistenziali, a piccoli progetti di carità e ai monasteri di clausura bisognosi, per un totale di più di 10.000 interventi. In ufficio facciamo circa 122.000 pergamene all'anno, evadendo le richieste che ci giungono tramite lettera, fax e di persona, mentre altre 180.000 pergamene vengono diffuse da enti con noi convenzionati».

[10] Lettera del banchiere elvetico Philippe de Weck, membro del Consiglio di sovrintendenza dello Ior, ad Angelo Caloia del 23 maggio 1996.

[11] Importo indicato nella relazione dei revisori Marco H. Rochat e Jacqueline Consoli sul bilancio al 31 dicembre 1993.

[12] Verbale della riunione del Consiglio di sovrintendenza dello Ior del 24 gennaio 1996 e lettera di Angelo Caloia al segretario di Stato Angelo Sodano del 1° febbraio 1996.

[13] Lettera di Caloia a Sodano del 15 marzo 1994.

[14] Il rapporto dello Ior *Il servizio di gestione dei patrimoni*, conservato nell'archivio Dardozzi, reca la data del 4 giugno 1996.

[15] Nel rapporto si indicano 218 portafogli sopra il miliardo per 733 miliar-

di di lire complessive e un carico medio di 3,3 miliardi; sono invece 229 i portafogli in dollari sopra il miliardo con controvalore medio di 4,3 miliardi e un deposito complessivo di 984 miliardi.

16 Verbale della riunione del Consiglio di sovrintendenza dello Ior del 26 settembre 1995.

17 Curzio Maltese, *La questua. Quanto costa la Chiesa agli italiani*, Feltrinelli, Milano 2008.

18 Verbale della riunione del Consiglio di sovrintendenza dello Ior del 17 novembre 1993.

19 *Ibidem.*

20 Verbale della riunione del Consiglio di sovrintendenza dello Ior del 20 gennaio 1994.

21 *Ibidem.*

22 Verbale della riunione del Consiglio di sovrintendenza dello Ior del 25 luglio 1995.

23 Verbale della riunione del Consiglio di sovrintendenza dello Ior del 20 gennaio 1994.

24 Con sede in via di Vallelunga, 10.

25 Verbale della riunione del Consiglio di sovrintendenza dello Ior del 6 novembre 1995.

26 «La Congregazione possiede proprietà immobiliari per 45 miliardi di lire, ha un flusso finanziario di 14 miliardi l'anno e sebbene i costi operativi raggiungano più o meno la stessa cifra, il finanziamento verrà regolarmente ripagato dai maggiori guadagni derivati dalla ristrutturazione dell'Istituto geriatrico che il richiedente possiede in via Cornelia 8 a Roma», si legge sul verbale della riunione del Consiglio di sovrintendenza dello Ior del 6 novembre 1995.

27 Centro con sede a Roma in via Crescenzio, 82.

28 La pratica fu istruita dopo la richiesta presentata allo Ior da padre Giacomo Casolino, oggi parroco dell'Ascensione di Nostro Signore Gesù Cristo della diocesi di Roma e all'epoca superiore provinciale della Provincia meridionale italiana della Congregazione. Prima, nel maggio del 1994, Casolino offre allo Ior copertura scritta sino a mezzo miliardo «per emettere fideiussione di copertura a favore del Cics, relativamente alle operazioni dei progetti», ovvero del contratto della Cee-Angola-Cuando Cubango n. 92-7-5071/10; poi lo Ior il 16 giugno emette fideiussione alla Bnl, filiale di Roma centro, da un miliardo per tre progetti in Angola (Menongue, Moxico e, appunto, Cuando Cubango).

29 L'elenco comprende otto beni immobiliari a Roma in via delle Traspontine 21, via Casetta Mattei 439, via dei Massimi 91, via Boezio 21, via Roberto Bricchetti 5, via dell'Ara di Conso 9, via delle Medaglie d'Oro 285 e via Macchia dello Sterparo.

[30] «Non siamo stati in grado di ottenere estratti recenti del Registro di proprietà di Roma per confermare i possedimenti dell'Istituto poiché apparentemente non sono stati aggiornati i file del Registro», è quanto si legge nella loro relazione.

[31] «Concerneva il patrimonio immobiliare connesso all'Istituto in virtù del testamento di cui l'erede Gutkowski ha dimostrato, nel corso del procedimento, la non validità, essendo seguiti successivi testamenti redatti in suo favore. L'Istituto, valutando oggettivamente la situazione, ha rinunciato a ogni pretesa e la causa civile si è così chiusa», si legge nel verbale della riunione del Consiglio di sovrintendenza dello Ior del 17 novembre 1993.

[32] Verbale della riunione del Consiglio di sovrintendenza dello Ior del 20 gennaio 1994.

[33] All'epoca uno tra i più apprezzati esperti d'arte e ordinario di Storia dell'arte all'Università di Roma.

[34] Verbale della riunione del Consiglio di sovrintendenza dello Ior del 20 gennaio 1994.

[35] Verbale della riunione del Consiglio di sovrintendenza dello Ior del 17 novembre 1993.

[36] Verbale della riunione del Consiglio di sovrintendenza dello Ior del 26 settembre 1995.

[37] Verbale della riunione del Consiglio di sovrintendenza dello Ior del 17 novembre 1993.

[38] Verbale della riunione del Consiglio di sovrintendenza dello Ior del 6 novembre 1995.

[39] *Ibidem.*

[40] Relazione dell'Unione superiore maggiori d'Italia del 22 gennaio 1996.

[41] Note al fascicolo (ancora in bozza) intitolato *Istituto per le opere di religione*, giugno 1996.

[42] Nota *Istituto per le opere di religione*, maggio 1996.

[43] Fax del 15 ottobre 1992 spedito dal professor Martinelli a Dardozzi contenuto in una cartellina dal titolo «Ior/Bazoli Martinelli/15 X 92 Ior: Istituto fiduciario non Banca, "operazione non consigliabile"».

[44] Sergio Rizzo, «Bossi fa la prima mossa», in «Il Mondo», 7/14 febbraio 1994.

[45] È un riferimento alla «Fondazione Cariplo» contenuto in un appunto manoscritto da monsignor Dardozzi datato 31 gennaio 1996.

[46] Sergio Bocconi, «Camadini, banchiere tra Tovini e Paolo VI», in «Corriere della Sera», 13 novembre 2006.

[47] Indicazioni che emergono dagli appunti di monsignor Dardozzi sugli avvicendamenti in Cariplo.

[48] Lettera indirizza «A Sua eminenza Reverendissima, il Signor Cardinale

Angelo Sodano, segretario di Stato, Informazione riservata soltanto all'attenzione della Sua Persona».

49 Orazio La Rocca, «I conti della Vaticano S.p.A., un bilancio rosso cardinale», in «la Repubblica», 3 novembre 2008.

50 *Ibidem*. L'articolo poi prosegue evidenziando «un altro importante capitolo alla voce "entrate", i contributi annuali che le conferenze episcopali di tutto il mondo e gli ordini religiosi devono inviare per concorrere al mantenimento della Curia romana in ottemperanza al canone 1271 del Codice di diritto canonico: nel 2007 sono stati inviati circa 90 milioni di euro, poco di più rispetto al 2006. "Spese, personale, perdite": le spese più consistenti della Santa Sede, rivela il rendiconto consolidato 2007, sono quelle relative al personale che lavora in Vaticano, nelle nunziature apostoliche (ambasciate del papa) e nei mezzi di comunicazione (Radio vaticana, "L'Osservatore Romano", Centro televisivo vaticano). Fino a tutto il 2007, i dipendenti e pensionati (sia laici sia religiosi) stipendiati sono stati rispettivamente 2748 e 466. La forza lavoro risulta formata in gran parte da personale laico (1212 uomini e 425 donne), preti (778) e religiosi (243 frati e 90 suore), che sono costati complessivamente 77 milioni di euro in stipendi e oltre 100 milioni di euro tra pensioni, sanità e altri benefit. Per il mantenimento dei venti cardinali che lavorano nella Curia di Roma (stipendi, tasse, spese di segreteria) nel 2007 sono stati superati di poco i 3 milioni di euro. La gran parte dei dipendenti (1974 lavoratori fino a tutto il 2007) lavora negli uffici del "governo centrale" della Santa Sede, a partire dalla segreteria di Stato retta dal cardinale Tarcisio Bertone, nelle congregazioni vaticane (ministeri) e nei pontifici consigli. Solo a Propaganda Fide, che per tradizione gode di autonomia finanziaria e giuridica, lavorano circa 160 persone. Per questi enti, ai quali nel rapporto vengono aggiunti anche i dipendenti della diocesi di Roma e determinate istituzioni per la formazione del clero, lo scorso anno sono stati spesi 29,7 milioni di euro. Mentre le quattro istituzioni mediatiche (Radio vaticana, "L'Osservatore Romano", Centro televisivo vaticano, Libreria editrice vaticana) contano 600 dipendenti, 367 dei quali lavorano alla Radio vaticana per la quale nel 2007 sono stati spesi 24,3 milioni di euro, circa mezzo milione in più rispetto al 2006. Cifre tutte in "uscita" perché l'emittente pontificia non ha né pubblicità, né canone. In perdita anche "L'Osservatore Romano" che nel 2007 ha chiuso con 4,8 milioni di euro in "rosso". In controtendenza il Centro televisivo vaticano (Ctv) e la Libreria editrice vaticana che lo scorso anno hanno avuto bilanci in attivo. Per le centonovanta nunziature apostoliche e le diciassette rappresentanze pontificie accreditate presso organismi internazionali (Onu, Ue) nel 2007 sono stati investiti 20,1 milioni di euro. "Obolo di san

Pietro": un discorso a parte occorre fare, infine, per l'Obolo di san Pietro, l'offerta annuale che il 29 giugno (festività di san Pietro e Paolo) i fedeli di tutto il mondo inviano al papa per "opere di carità". È una "entrata" che non viene mai contabilizzata nei bilanci ufficiali della Santa Sede, essendo di esclusiva e personale competenza del pontefice. E, pertanto, non viene citata nemmeno nel rendiconto consolidato del 2007 pubblicato da "The Tablet". Stando, comunque, alle cifre diffuse dal Vaticano, nel 2007 all'Obolo papale sono stati offerti 79 milioni e 840mila dollari Usa, in calo rispetto ai 101 milioni e 900mila dollari Usa del 2006, finora l'anno boom dell'era Ratzinger».

[51] Bruno Bartoloni, «Sette milioni per funerale e Conclave. Chiude in attivo il bilancio del Vaticano», in «Corriere della Sera», 13 luglio 2006.

[52] Joseph Ratzinger, *Einführung in das Christentum*, edizione Queriniana-Vaticana, 2005.

[53] Brillante definizione coniata dal settimanale «Milano Finanza», ne «I segreti dei Ratzi-banker», 26 aprile 2008.

[54] Franco Bechis, «Scontro sulla banca santa», in «ItaliaOggi», 8 settembre 2006.

SECONDA PARTE

L'altra inchiesta.
Il «Grande Centro» e i soldi della mafia

La Chiesa sta divenendo per molti l'ostacolo principale alla fede. Non riescono più a vedere in essa altro che l'ambizione umana del potere.

Joseph Ratzinger, 1977

Sin qui le carte segrete di monsignor Dardozzi. Adesso un'altra inchiesta frutto di nuove e inedite testimonianze da cui emergono trame politiche e intrighi finanziari, con conti correnti intestati a politici e uomini della mafia. Soldi destinati a Totò Riina e Bernardo Provenzano. E per finanziare un nuovo partito di centro che potesse diventare punto di riferimento della Chiesa dopo la caduta della Democrazia cristiana.

Il golpe porpora

La Chiesa per tutti, tutti per la Chiesa

La vittoria di Romano Prodi alle elezioni politiche dell'aprile del 1996 e i contrasti interni nel Polo delle libertà, che penalizzano la leadership di Silvio Berlusconi, fanno del '97 e '98 gli anni dell'Ulivo. Ma il panorama rimane ancora confuso, la moneta unica e il vento nuovo della seconda Repubblica non accelerano la ripresa del paese. Le «prove tecniche» di bipolarismo si sviluppano a fatica, visto che sull'elettorato moderato si allineano e scontrano gli appetiti di molti. Sul «centro» si sovrappongono infatti frammentarie iniziative politiche con l'obiettivo dichiarato di ripristinare il protagonismo dei cattolici, riaggregando le forze dopo la fratricida diaspora democristiana.

Il grande mondo dei cattolici deve quindi tornare sulla scena della politica italiana dopo l'ammainabandiera del 1992-1993 con la rivoluzione giudiziaria e la stagione delle manette. Un'esigenza avvertita dall'elettorato e da chi arrivava dall'esperienza della Dc: «Nel 1994 con la discesa in campo di Silvio Berlusconi – ricorda oggi l'ex ministro Beppe Pisanu –, alcuni ex democristiani, come Pierferdinando Casini, Clemente Mastella e il sottoscritto fummo candidati nelle liste proporzionali di Forza Italia con l'impegno di confluire poi nello stesso gruppo parlamentare. I sorprendenti risultati elettorali misero noi cattolici in grado di costituire gruppi parlamentari autonomi avendo portato alla Camera più di venti deputati. Si aprì quindi una discussione: da una parte Francesco D'Onofrio, Mastella e Casini che puntavano al gruppo autonomo, mentre io sostenevo la necessità di restare in Forza Italia, l'unico partito che potesse diventare la maggiore forza di riferimento dei moderati italiani. Già all'epoca l'esperienza della Democrazia cristiana appariva storicamente conclusa. E inoltre si vedeva emergere la tendenza bipolare non solo nelle valutazioni politiche più mature, ma anche nell'atteggiamento degli elettori italiani. [...] Il voto cattolico si stava secolarizzando e ridistribuendo nell'uno e nell'altro schieramento».[1]

Non tutti però la pensano come Pisanu. La «discesa in campo» di Berlusconi non entusiasma quei cattolici che vedono nella Democrazia cristiana una bandiera non ammainabile, una garanzia di influenza e rappresentanza. Di valori soprattutto, ma talvolta anche di affari. «Nel gruppo cattolico prevalse un orientamento diverso – prosegue Pisanu – e si andò rapidamente verso la costituzione dell'Udc con l'idea di conquistare lo spazio politico ancora disponibile nel centro democratico. In realtà a me sembrava che il centro non costituisse più uno spazio politico circoscritto, ma soltanto un'area elettorale instabile, nella quale i due maggiori schieramenti si contendevano la vittoria elettorale. Quando anni dopo Marco Follini la definì "terra di mezzo", io sostenni che si trattava semmai di un campo di battaglia».

In quegli anni la fitta rete sociale e di potere di quello che per mezzo secolo è stato il primo incontrastato partito politico italiano si frammenta in un processo d'inevitabile depotenziamento e successiva riaggregazione sotto nuove bandiere, dal Ppi di Gerardo Bianco, guardando a sinistra, al Ccd e Cdu dei «cugini» Pierferdinando Casini e Rocco Buttiglione, sino all'Udr di Francesco Cossiga nel 1998. Così le sirene della vecchia Dc ammaliano, provocano smottamenti, fronde interne nel Polo e soprattutto in Forza Italia. I cantieri aperti da movimenti, correnti e partiti che sostengono di rifarsi a valori cattolici per raccogliere l'enorme eredità della Dc sono molti. A volte in contrasto tra loro, a volte alternativi, cercando di intuire e amplificare le difficoltà che le nuove forze politiche moderate, come appunto Forza Italia, incontrano dopo la sconfitta elettorale del 1996.

Roberto Formigoni è uno dei pochi democristiani doc a spostarsi, controcorrente, verso Forza Italia, ovvero un partito appena nato che raccoglie anime diverse, laiche, cattoliche, riformiste e liberali, con il leader e i suoi più stretti collaboratori, da Cesare Previti a Marcello Dell'Utri, sotto scacco giudiziario. In molti invece si prenotano per celebrare il funerale politico di Berlusconi. Dentro e fuori il centrodestra. L'imprenditore di Arcore viene visto come «intruso» dai «professionisti della politica», che sperano di chiudere questa fase di transizione tornando ai vecchi equilibri e giochi della casta.

Casini e Buttiglione vanno avanti lanciando la costituente di un unico partito che vada oltre l'esperienza del Polo.[2] Le posizioni appaiono sempre più nette, con Cossiga che detta la linea: «Il centro da costruire – afferma – dev'essere alternativo sia alla sinistra con l'Ulivo onnivoro, sia alla destra con il Polo amorfo».[3] Buttiglione: «Noi non saremo la quinta colonna della sinistra, tranquilli. Solo che abbiamo il timore che in Italia si stia strutturando un sistema a un polo e mezzo: quello di sinistra che si organizza e vince, quello di destra che si organizza e perde». Per finire con Casini che liquida il Cavaliere: «Non più sole ma satellite tra i satelliti». Insomma la stagione del Polo è conclusa, i leader hanno fallito, andate in pace. È venuto il tempo che sia dato spazio a chi offre radici «giuste», che non affondano nel terreno delle ideologie postcomuniste o postfasciste.

In sintesi il progetto, portato avanti e abbandonato tra il '94 e il '98 a più riprese in entrambi gli schieramenti, è quello di costituire un «Grande Centro», che raccolga i cattolici sotto un'unica bandiera e che sia soprattutto capace di garantire di elezione in elezione la maggioranza al polo di turno preferito, con una prospettiva di ritorno al proporzionale, a suggello dell'iniziativa. Il piano, a seconda del momento e del promotore, presenta poi delle varianti. Nel centrodestra, per esempio, c'è chi spinge il Cavaliere nell'abbraccio mortale con i cattolici virando il timone verso il centro, isolando così Alleanza nazionale. Nel centrosinistra, o meglio nel Ppi, non passa sotto silenzio l'idea di avvicinarsi a Forza Italia, staccandosi dagli alleati comunisti. Sulla linea opposta, in entrambi i poli, molti ritengono il progetto complementare e non alternativo agli alleati tradizionali.

Berlusconi intercetta queste trame, avverte dissensi e intravede congiure. Risponde a modo suo: «Dicono che sto male, che sto per lasciare questo mondo, ma non ho nessuna intenzione di fare l'astronauta. Mi avrete qui ancora per molto tempo e non ho intenzione di mollare la politica». Gli fa eco Gianfranco Fini che si scaglia contro «i becchini, le prefiche, tutti coloro che sono al capezzale del Polo pronti a dire che è morto». E incalza: «L'avversario più pericoloso? È il riformarsi della Dc ma prima di far saltare il Polo bisogna pensarci dieci volte».[4]

La Chiesa, come sempre più compatta nelle mirate iniziative internazionali, stavolta mostra difficoltà a esprimere una linea unitaria nella cosiddetta politica interna. Vuole cogliere l'occasione per allargare le sue già ampie capacità d'influenza, temi come scuola, legge 194 e procreazione assistita sono di emergente attualità, ma in quegli anni è difficile seguire mutamenti e sfumature, i due tradizionali blocchi elettorali sono spariti. Fra l'altro, le inchieste per corruzione hanno irrigidito l'ala intransigente del Vaticano che assume posizioni assai ferme contro la «vecchia» politica, incoerente rispetto ai principi della fede. La Dc non ha infatti seguito i valori etici cristiani, la sua opera è stata quindi di «contro testimonianza» come sintetizza già nel 1995 il cardinale Camillo Ruini, presidente della Cei, la Conferenza episcopale italiana. Ruini dà per finita l'unità politica dei cattolici, invitando sacerdoti e vescovi a non schierarsi per alcun partito. Fino a Giovanni Paolo II, che al convegno ecclesiale di Palermo del 1995 lancia a tutti un monito:

> La Chiesa non deve e non intende coinvolgersi con alcuna scelta di schieramento politico o di partito [...] ma ciò nulla ha a che fare con una diaspora culturale dei cattolici, con un loro ritenere ogni idea o visione del mondo compatibile con la fede o anche con una loro facile adesione a forze politiche e sociali che si oppongono o non prestino sufficiente attenzione ai principi della dottrina sociale della Chiesa.

In realtà l'appello è prematuro: Ruini in quegli anni sostiene che la «politica s'incontra inevitabilmente con la religione e specie con la fede cristiana», la Chiesa cioè non può disinteressarsi della politica e dei politici. In quegli anni Ruini lavora sottotraccia per dare una convergenza ai partiti d'ispirazione cristiana, e ai giornali dell'epoca[5] non è difficile delineare la mappatura delle simpatie del mondo cattolico. Con le dovute cautele, si possono collocare il segretario di Stato Angelo Sodano,[6] Giovanni Battista Re, il siciliano Salvatore Pappalardo[7] e Silvio Oddi nell'area vicina al centrodestra, così come l'Opus Dei e la Compagnia delle Opere del movimento di Comunione e Liberazione.

Per Prodi, o comunque sensibili ai richiami dei popolari, un altro gruppo di porporati tra i quali i cardinali Ruini, Carlo Maria Martini, arcivescovo di Milano e quello Emerito di Ravenna, Ersilio Tonini, il vescovo Luigi Bettazzi, figura di riferimento del pacifismo cristiano e movimenti come l'Azione cattolica, i gesuiti, le Acli e Pax Christi.

Gli entusiasmi ai pionieri del «Grande Centro» non mancano. In Molise, con il ribaltone del febbraio 1998, Ppi, Ccd, Cdu, Nuova Dc e Rinnovamento italiano rastrellano sedici voti su trenta e mandano a casa la vecchia giunta per la prima amministrazione democristiana della seconda Repubblica. I popolari «traditori» vengono espulsi dal partito perché precursori del «Grande Centro». Già in primavera si lavora infatti per un'assise del Ppi, una convention che benedica la nascita di un «Grande Centro»: «Ci sarà Maccanico, credo Dini. Marini spinge perché anche Di Pietro venga coinvolto – annuncia Enrico Letta, all'epoca vicesegretario – e credo che pure Mastella possa avere qualche interesse per quell'incontro».

Il segretario del partito Franco Marini cerca di raccordarsi con Cossiga per avviare dei laboratori elettorali, a iniziare dalle imminenti amministrative in Friuli: «prova tecnica» generale del «Grande Centro». Certo, nessuno dei due sogna la vecchia Dc, ma la voglia di Cosa Bianca, di Casa comune cristiana è dirompente. E contagiosa.

Proprio in quei mesi primaverili del 1998, un'inchiesta della Procura di Roma muove i primi passi su un'ipotesi investigativa che già si preannuncia sconvolgente. La nascita del «Grande Centro» starebbe per essere finanziata attraverso il riciclo di enormi somme di fondi neri custoditi all'estero. La cosa, nota ad alcuni esponenti del Vaticano, non risulterebbe sgradita. Il fascicolo dell'indagine viene assegnato a un magistrato di provata esperienza: il procuratore aggiunto della capitale Giancarlo Capaldo, che fino al 2005 porta avanti le indagini seguendo due semplici regole: prudenza e riservatezza. Capaldo rubrica il fascicolo come «atti relativi a», il cosiddetto «modello 45» che segna la fase embrionale degli accertamenti. Non iscrive quindi nessuno sul registro degli indagati. Non solo. Per evitare di incidere sulla scena politica nazionale, blinda le verifiche e intima ai collaboratori il massimo segreto. Non è difficile intuire le possibili ripercussioni. Per la prima volta la magistratura verifica se il Vaticano abbia partecipato se non addirittura diretto la regia della nascita di un partito con un'intromissione senza precedenti nella vita politica italiana. Non solo. Questo partito sarebbe alimentato da fondi frutto di riciclaggio.

Per ben sette anni, in silenzio, Capaldo scava cercando elementi a sostegno di questa teoria, un ipotetico anello di congiunzione tra soldi custoditi in cassette di sicurezza all'estero e la piattaforma della nuova Dc. Ma se il progetto di finanziare il «Grande Centro» è mai esistito, di sicuro è stato presto abbandonato. Non emerge nulla che abbia rilevanza penale, nulla di quanto necessario per formulare delle accuse. Così, nel 2005, Capaldo si convince ad abbandonare le verifiche e chiede l'archiviazione. Il fascicolo finisce in soffitta.

Di questa inchiesta per quasi tre anni nessuno saprà nulla, anche se nel 2000 i giornalisti individuano qualche impronta, seppur ancora parziale, con uno scoop firmato da Rita Pennarola su «La Voce della Campania», che rimane però senza seguito.[8] Eppure questa storia, sebbene priva di rilevanza penale, va raccontata. Per le contraddizioni, i collegamenti con il passato e le incongruità che l'hanno caratterizzata. Per i suoi primi e incerti passi, la miriade di accertamenti eseguiti, gli oscuri episodi centrali che l'hanno poi segnata tra impensabili coincidenze. Ma anche per le perplessità che proprio Capaldo solleva oggi dopo un lungo silenzio. L'*humus* informativo che l'inchiesta ha lasciato in eredità alimenta direttamente indagini, alcune delle quali tuttora in corso e di cui mai si è parlato.

Nome in codice, operazione «Sofia»

Va detto subito che l'operazione, con il nome in codice «Sofia», nasce dalle accuse di alcune informazioni, le cosiddette fonti confidenziali «gestite» dalla Guardia di finanza. La genesi quindi è simile a quella di molte altre inchieste che in quegli anni segnano il paese.

Le fonti confidenziali vengono agganciate nell'aprile del 1998 dagli uomini del centro occulto della Guardia di finanza di Genova, militari che fanno quindi parte della dorsale dei cosiddetti «centri I», dislocati in uffici e appartamenti di copertura in ogni capoluogo di regione.[9] Lontani dalle caserme e dipendenti direttamente dal reparto intelligence del comando generale, questi militari vivono in una sorta di clandestinità operativa. Nulla hanno a che vedere con i classici finanzieri, la polizia fiscale che controlla bilanci e scontrini fuori dai negozi. Si tratta di autentici 007 incaricati in questa vicenda di raccogliere e sviluppare notizie per poi raccordarsi dal 16 settembre 1998 con i superiori dell'ufficio centrale «Coordinamento informativo e sicurezza» all'epoca diretto dal colonnello Giancostabile Salato. Esso costituisce il cuore pulsante del II reparto della Guardia di finanza di corso XXI aprile a Roma. In pratica i servizi segreti delle Fiamme gialle.[10]

Dal 2 aprile 1998 ai primi di settembre, i finanzieri raccolgono le indiscrezioni delle fonti in incontri riservati lungo la riviera ligure. I militari ascoltano con interesse i racconti, che svelano un articolato sistema di riciclaggio a fini politici. Non conosciamo l'identità di queste «gole profonde» che per comodità chiameremo Alfa e Beta. I loro nomi sono coperti dal segreto dell'attività investigativa, ma da quanto ricostruito poi dalla Procura di Roma e da quella di Lagonegro, intervenuta in un primo tempo, la raccolta d'informazioni avveniva in modo relativamente semplice: Alfa, la fonte confidenziale principale, un soggetto straniero che tra Germania e Montecarlo lavora nel settore finanziario, riporta dati e notizie a un intermediario. Quest'ultimo, a sua volta, riversa le informazioni al «centro I» della Guardia di finanza di Genova. Il meccanismo tutela così la fonte principale. Per Beta invece, intervenuto in un secondo momento, avallando il primo informatore e fornendo ulteriori dettagli, il trasferimento d'informazioni avviene in modo diretto.

Se non sappiamo i loro nomi, è comunque noto il loro alto grado di affidabilità, espresso nelle informative degli investigatori.[11] Per mesi i militari lavorano su quanto raccolto. Tramite il comando generale chiedono aiuto all'Interpol, all'ambasciata spagnola, a quella britannica, verificano utenze telefoniche, scattano fotografie per stilare poi, il 30 settembre 1998, un'informativa dai toni inquietanti, una relazione classificata come «riservata» che descrive un'autentica *spy story*:

> Nel corso di autonoma attività informativa svolta con apporto di fonte confidenziale da retribuire, sono state acquisite notizie secondo le quali sarebbe in atto da parte di alcuni esponenti politici la costituzione di un «Grande Centro», avallata da alcuni esponenti ecclesiastici del Vaticano. Al finanziamento di tale «POLO» sarebbero tra gli altri interessati il Matarrese Antonio e il Bersani Pierluigi. In particolare il Matarrese disporrebbe della somma di lire 670 miliardi depositata in diverse banche sia all'estero sia in Italia. Il denaro proverrebbe da pagamenti «in nero» elargiti da varie ditte nel corso di lavori effettuati per la ristrutturazione degli impianti sportivi, finanziati dallo Stato, in occasione dei campionati del mondo di calcio svoltisi nel 1990 e/o da altre attività non meglio specificate.[12]

Mancando una denuncia precisa firmata, Capaldo non iscrive alcun nome nel registro degli indagati. Che c'entra poi il presidente della Federcalcio Matarrese, ex parlamentare della Dc, gran estimatore di Giulio Andreotti, con presunte oscure trame finanziarie ordite con l'allora esponente del Pds Bersani? Matarrese è stato sempre un punto di riferimento per il mondo del calcio italiano, un «big boss» del pallone. Presidente della Lega Calcio dall'82 all'87 e subito dopo della Federcalcio sino al 1996,[13] Matarrese siede come consigliere nel Comitato dei mondiali Italia '90 e parallelamente vive anche una lunga militanza nella Democrazia cristiana.

Deputato dal 1976 per cinque legislature, è diventato dal 1992 un pioniere, un alfiere della costituzione del «Grande Centro», oggetto proprio delle curiosità degli investigatori della Finanza. Questo sino al 2003, quando i desideri centristi più ridimensionati lo portano comunque a essere eletto segretario provinciale dell'Unione dei Democratici cristiani e di centro di Bari.[14] Ma è davvero troppo poco per attribuirgli alcunché.

E appare davvero improbabile il coinvolgimento dell'allora diessino Pierluigi Bersani, piacentino di Bettola, all'epoca ministro dell'Industria del governo Prodi dopo aver ricoperto la carica di presidente della regione Emilia Romagna dal luglio del 1993 al maggio del 1996. Che c'entra un esponente dei Ds con il «Grande Centro»? Ma non sono i soli due politici. Nell'informativa compare anche il nome dell'avvocato Raffaele Della Valle, primo capogruppo di Forza Italia alla Camera, che poi lascia la politica per tornare alla propria professione. Della Valle si chiama fuori confermando però la presenza delle sirene della Santa Sede: «Noi cosiddette "colombe" di Forza Italia – spiega oggi – venivamo avvicinati da presunti emissari del Vaticano che ci corteggiavano e bussavano alle nostre porte per presentarci vescovi e cardinali. Il presidente della Repubblica Oscar Luigi Scalfaro si dava un gran daffare».[15] Chi invece ridimensiona queste manovre è Pisanu: «Non c'erano ispiratori esterni – commenta l'ex ministro –, né nella Chiesa cattolica italiana né nella gerarchia vaticana che sollecitavano la costituzione del "Grande Centro". Era un sentire comune dei moderati italiani. Nella gerarchia cattolica c'è sempre stata una certa diversità di accenti dovuta a esperienze e posizioni culturali diverse».[16]

Ma che c'entrano Matarrese, Bersani e Della Valle? «Alcuni nomi – riflette Capaldo – sembrano buttati là apposta per creare fumo e rendere poco credibile la vicenda».[17] Il magistrato non vuole dire di più. Ma il riferimento è abbastanza chiaro: questi nomi altisonanti probabilmente sono messi lì apposta per incuriosire gli inquirenti, mentre è sugli attori di secondo piano che si apriranno scenari e collegamenti sorprendenti.

Nella seconda parte la relazione si fa più approfondita. Il sistema descritto per far rientrare i capitali sarebbe abbastanza semplice: utilizzare lo Ior e le banche straniere compiacenti per far tornare in Italia quelle somme da destinare in gran parte (il 75 per cento) al progetto del «Grande Centro», mentre il resto sarebbe diviso fra intermediari, banche e faccendieri. Sono quindi individuati coloro che «nell'organizzazione messa in piedi per riciclare denaro in franchi svizzeri e altre valute» giocherebbero un ruolo operativo di primo piano.

La storia del cardinale Giordano

In tutto, vengono citati otto nomi. In particolare, l'attenzione si sofferma su «monsignor Mario Fornasari collegato alla "Fondazione Populorum Progressio",[18] monsignor Giuseppe Monti collegato all'Associazione internazionale apostolato cattolico» e il cardinale Michele Giordano.

Dopo poche settimane, quest'ultimo ha già dei grattacapi giudiziari: nel febbraio del 1998, infatti, un commerciante e un assicuratore denunciano un giro d'usura nel Potentino chiamando in causa il fratello del porporato, Mario Lucio, e un funzionario di banca. Proprio effettuando degli accertamenti sui conti di Mario Lucio Giordano gli inquirenti s'imbattono nel fratello, ben più conosciuto, il cardinale Michele, arcivescovo di Napoli.[19] L'indagine per usura sul porporato apre uno scontro durissimo tra Vaticano e autorità giudiziaria. È la prima volta, infatti, che i magistrati entrano in maniera decisa dentro gli affari della Santa Sede. Una vicenda protrattasi fino al 2005, e conclusasi definitivamente con la completa assoluzione del cardinale. La Santa Sede lamenta di esser stata presa in contropiede quando nell'agosto 1998, in un Vaticano deserto, arriva la notizia dell'iscrizione di Giordano nel registro degli indagati con l'ipotesi di concorso esterno in associazione per delinquere. Il portavoce Navarro-Valls recrimina: «Non si può dimenticare l'avvenuta violazione del Concordato per la mancata comunicazione a suo tempo alla competente autorità ecclesiastica dell'emissione di un avviso di garanzia nei confronti del cardinale». Oggi l'ex procuratore di Lagonegro Michelangelo Russo[20] titolare dell'inchiesta conferma le difficoltà dell'epoca: «L'inchiesta ebbe grande difficoltà perché grande fu lo sforzo da entrambi i lati di evitare che le necessità investigative sfociassero in un conflitto di Stati. Quest'indagine si mosse al limite tra la diplomazia e l'inchiesta vera e propria. In più un dato rilevante: l'altro Stato non era uno qualsiasi ma il Vaticano verso il quale va un rispetto storicamente doveroso per ogni italiano».[21]

Tra quest'ultima vicenda e l'inchiesta «Sofia» la sovrapposizione di elementi comuni e le coincidenze fanno riflettere. Basti pensare che nel maggio del 1999, da un radiomessaggio della Guardia di finanza di Napoli si evince che tra le «persone implicate», all'epoca, nell'inchiesta campana viene indicato persino «tale dott. Scaletti non meglio identificato, direttore generale Istituto opere di religione (I.O.R.), Città del Vaticano, per reati cui artt. 646, 61 e 110 cp»,[22] ovvero appropriazione indebita. Quindi la banca vaticana e il nome del suo direttore emergono dagli atti d'indagine. Non solo. Sempre dalle carte della Procura di Napoli spunta un'operazione sospetta da 7 miliardi quando, stando almeno a quanto riportato nei report dell'inchiesta «Sofia», a Giordano viene attribuita la gestione della «prima compensazione telematica pilota da 5 miliardi di lire». In pratica, per far rimpatriare gran parte delle somme «l'organizzazione» avrebbe prima compiuto delle prove preventive al fine di verificare se i canali finanziari individuati fossero affidabili e se quindi si potesse procedere senza intoppi:

Nel mese di gennaio 1998, sarebbe stata effettuata una prima compensazione telematica da 5 miliardi di lire (lire italiane contro franchi svizzeri) tramite la Banca di Roma che avrebbe svolto la funzione di filtro tra l'Ubs di Ginevra e l'Ambroveneto. Più in dettaglio l'Ubs avrebbe chiesto alla Banca di Roma di garantire l'esistenza di fondi depositati presso l'Ambroveneto, evitando il contatto diretto fra i due istituti. Prima di procedere alla compensazione vi sarebbe stato il controllo incrociato dei capitali, avvenuto con la presenza di due rappresentanti delle parti in causa che successivamente avrebbero confermato l'esistenza degli stessi.

Proprio in seguito «a questa transazione pilota, monsignor Monti avrebbe assunto la direzione delle operazioni».[23]

Il nome di monsignor Monti nel report è direttamente collegato all'Associazione internazionale apostolato cattolico (Aiac), con sede a Roma, in via della Consulta, 52; un ente all'epoca presieduto da discussi sacerdoti e che riporta ai più torbidi scandali del passato.

Fantasmi del passato

L'operazione «Sofia» e la presenza dell'Aiac ripropongono scandali e trame degli anni Ottanta. L'Aiac infatti è un'associazione che compare spesso nelle inchieste degli ultimi trentacinque anni. Basta ricordarne il battesimo per capire i motivi. Viene infatti fondata nell'agosto del 1972 a Roma, davanti al notaio Franco Maria Gargiullo, dal neopresidente, il trentasettenne dottor Mario Foligni, nativo di Frascati, che firma l'atto costitutivo. All'epoca Foligni è ancora uno sconosciuto. Nel giro di qualche anno, grazie ai suoi contatti con Umberto Ortolani, Licio Gelli e alcuni presuli della Santa Sede, questo faccendiere finisce sulle prime pagine dei giornali. Anche lui, ecco la prima coincidenza con il fulcro dell'operazione «Sofia», vuole fondare una nuova Democrazia cristiana, ovvero il Nuovo partito popolare, in questo caso «alternativo» alla Dc.

Secondo il generale Gianadelio Meletti dei servizi segreti del Sid, il ministro della difesa Giulio Andreotti incarica gli 007 di spiare Foligni[24] per comprendere cosa stia tramando contro la Balena Bianca. L'attività viene quindi condensata in un dossier meglio conosciuto come «rapporto Mi.Fo.Biali» (iniziali che stanno per Miceli Foligni Libia) con intercettazioni compiute proprio nello studio di Foligni, che svelano ben altri intrighi. Per sintetizzare meglio la figura di Foligni è comunque utile recuperare la sentenza d'Appello del processo di Perugia per l'omicidio del giornalista Mino Pecorelli:

> Con il termine Mi.Fo.Biali si intende un dossier formato dal SID negli anni 1974/75 su Foligni, fondatore del Nuovo partito popolare, con cui questi voleva contrastare la Dc che, secondo quello che egli riteneva, era degenerata perdendo i suoi originari valori. L'indagine era stata ampliata alla Guardia di finanza ed erano state effettuate anche delle intercettazioni telefoniche ed ambientali illegali. [...] Il dossier era pervenuto nelle mani di Carmine Pecorelli, il quale ne aveva pubblicato ampi stralci, sottolineando che da tale dossier emergevano non solo l'attività politica di Mario Foligni e del Nuovo partito popolare, ma, soprattutto, episodi di corruzione ed esportazione illegale di valuta da parte di alti gradi della Guardia di finanza e un traffico di petrolio con la Libia a cui erano interessati non solo Foligni, ma anche il fratello del premier dello Stato di Malta, Don Mintoff, petrolieri italiani, alti prelati ed ancora il comandante Raffaele Giudice.[25]

Tra l'altro, proprio all'epoca l'Aiac era un club esclusivo frequentato da personaggi di primissimo piano, di lì a poco travolti dagli scandali: «Foligni con me e il generale Giudice – mette a verbale monsignor Annibale Ilari al processo per "lo scandalo petroli" – frequentava l'Associazione internazionale apostolato cattolico». All'epoca Foligni reagisce alle accuse lamentandosi di esser stato «strumentalizzato e poi stritolato»[26] ma conferma che si sta muovendo anche «tramite monsignor Fiorenzo Angelini, da sempre legato a doppio filo con Andreotti» per cercare fondi e appoggi per il Nuovo partito popolare, ovvero tramite colui che è diventato «Sua Sanità». Attività che si rivela più truffaldina che politica: Foligni emette assegni a vuoto per lanciare il partito mentre nell'81 viene condannato a dieci mesi[27] per essersi fatto consegnare 150 milioni da un ingenuo ragioniere di Matera al quale ha assicurato una brillante carriera politica nel Partito popolare. Il suo fascicolo penale comprende anche accuse di corruzione nello scandalo petroli e di aver spillato centinaia di milioni presentandosi proprio come presidente dell'Associazione internazionale apostolato cattolico.

Se arriviamo ai giorni nostri, il tempo passa senza che nulla cambi. Nel 1997 ad Ancona arriva alle battute finali il processo per il crac della Banca Vallesina sostenuto dal pubblico ministero Paolo Gubinelli della Procura marchigiana. In realtà l'Istituto non è mai nato. Tra il '93 e il '94 un comitato promotore raccoglie parecchi miliardi da seicento risparmiatori, sostenendo che la somma sia necessaria per avviare l'Istituto di credito. Mente della truffa è l'ex presidente della neonata banca Vallesina, Giuseppe Curzi, che può contare su due validi complici: Mario Foligni e don Giuseppe Aquilanti, classe 1936, marchigiano di Staffolo e, guarda caso, legale rappresentante della onnipresente Aiac, passata indenne con il suo fondatore alle tempeste giudiziarie degli anni Ottanta. Foligni non ascolterà la sentenza del dicembre del 1997, morendo pochi mesi prima della condanna di don Aquilanti a un anno e cinque mesi per appropriazione indebita. Infine, tornando proprio a «Sofia», il nome di don Aquilanti collegato all'Aiac compare nell'informativa della Guardia di finanza.

Il peggio però deve ancora arrivare: il carcere. Sempre don Aquilanti, all'epoca parroco a Trastevere, finisce infatti dietro le sbarre nel dicembre del 2003 con l'accusa di associazione a delinquere finalizzata allo smercio di titoli di Stato falsi. Per il pm Nicola Mezzina della Procura di Verbania, in Piemonte, la truffa ammonta a 15 milioni di euro. Nel 2001 i carabinieri iniziano a muoversi dopo aver scoperto tra Roma, Milano, Sondrio e Verbania i primi episodi di riciclaggio di buoni del tesoro pluriennali italiani e di buoni di risparmio del Crédit Agricole di Parigi. Tutti contraffatti. Una retata. In undici finiscono in carcere, vengono sequestrati seimila titoli francesi dal valore di 10 milioni di euro, 90 Btp per altri 450mila euro e

29 milioni di cruzeiros brasiliani. Il trucco è semplice: depositare i falsi per ottenere finanziamenti, fidi e denaro contante.
Per convincere la vittima di turno interviene il solerte don
Aquilanti che avvalora la bontà dei titoli, ovviamente su carta
intestata dell'Aiac: «Monsignor Aquilanti – si legge nelle carte
del pubblico ministero – sfrutta lo schermo dell'Associazione,
mai riconosciuta dalla Curia, per presentarsi come promotore
di iniziative umanitarie ma in realtà realizzando gli scopi asso-
ciativi del gruppo».

Si scopre presto che le iniziative di Aquilanti spaziano in tutto
il mondo visto che affida ad altri coindagati significativi progetti da sviluppare non solo con la fondazione italiana ma
anche con l'americana «De Christifidelium Apostolatu Ut
Omnes Unum Sint Foundation», con sede a Cheyenne, negli
Stati Uniti. Quando finisce in manette nella sua parrocchia, la
chiesa del XII secolo di san Crisogono a Roma, i fedeli cado-
no dalle nuvole e lo scaricano all'istante: «Non lo conosceva-
mo quasi per niente. Officiava la messa delle nove e se ne
andava». Nel 2006 arriva la condanna con rito abbreviato a tre
anni di reclusione.
   Oggi Aquilanti non disdegna certo l'impegno «etico» politico. A modo suo. Innanzitutto ricorda i suicidi di Tangentopoli mettendosi in mostra nella giornata dell'orgoglio socialista
nel 2000 ad Aulla, vicino a Massa Carrara.
   Quando viene innalzata una stele di marmo a memoria
delle vittime di Tangentopoli, di coloro che si sono suicidati
durante gli anni di Mani pulite, don Aquilanti non si trattiene, sale sul palco ed è un fiume in piena: «Andate e andiamo a riconquistare quella socialità che è stata sepolta. Sono
stati sepolti questi giusti puniti dal giudizio degli uomini ma
non da Dio». Poi torna alle più terrene questioni, visto che è
stato presidente proprio della Commissione etica del Nuovo
partito popolare, il clone di quello fondato da Mario Foligni
negli anni Ottanta. Quindi è cresciuto ancora come respon-

sabile nazionale della Consulta etico religiosa di Alleanza democratica.

Si tratta del micro partito con leader Giancarlo Travagin, catapultato da un altro atomo centrista, ovvero Rinascita della Democrazia cristiana. Tutti atolli di quel «Grande Centro» rimasto nel cuore degli ex Dc. Un'ultima coincidenza: compagno di strada nella dirigenza di Alleanza democratica ovvero nel «comitato pensante» di Ad spunta l'inossidabile Gianmario Ferramonti. È il protagonista dell'inchiesta «Phoney Money» condotta negli anni Novanta ad Aosta e poi trasferita e archiviata a Roma. L'oggetto delle indagini? Due filoni: una nuova presunta organizzazione segreta capace di influenzare le scelte politiche del '94 e la compravendita di titoli falsi. Una pura casualità, come sempre in Italia.[28]

La «Fondazione Populorum Progressio» viene istituita come persona giuridica canonica nella Stato della Città del Vaticano con chirografo di Giovanni Paolo II nel febbraio del 1992, in occasione del quinto centenario dall'inizio dell'evangelizzazione dell'America Latina. Il santo padre, ricordando la creazione di un fondo per i contadini poveri dell'America latina istituito nel 1969 a due anni dall'enciclica per volontà di Paolo VI, costituisce questa fondazione «finalizzata a promuovere lo sviluppo integrale delle comunità dei contadini più poveri d'America Latina. Questo vuole essere un gesto d'amore solidale della Chiesa verso quanti sono nell'abbandono e necessitano maggiormente di protezione, come lo sono le popolazioni indigene, meticce e afro-americane, dando anche continuità, in tal modo, all'iniziativa del mio augusto predecessore». Così ogni anno vengono approvati circa duecento finanziamenti per significativi progetti d'aiuto ai *campesinos*, i contadini più poveri, per complessivi 1,8 milioni di dollari.

Oggi Fornasari è invece a capo della «Fondazione Progressio et Pax», nata nel settembre del 1999, quindi un anno dopo i report dell'operazione «Sofia». Quest'altra fondazione si impegna «per una civiltà della solidarietà»[29] con progetti sociali e di cooperazione nel mondo, venendo presto riconosciuta come ente morale dal ministero dell'Interno. Avvia rapporti con diversi organismi non governativi e di cooperazione internazionale a iniziare dal Cins, Cooperazione italiana Nord Sud, diretto da Rocco Borgia. L'arrivo di Borgia come direttore generale fa decollare progetti in Sudan, Camerun e Somalia, su sanità, formazione e politiche sociali. «La fondazione – si legge nel sito – ha suddiviso le proprie attività in due ambiti: iniziative profit e iniziative non profit, con l'obiettivo di reinvestire i risultati economici del primo settore nel finanziamento di progetti di cooperazione». Nel 2002, invece, Borgia con l'Istituto Nuova Africa-America, altra creatura di monsignor Fornasari, vara il progetto d'aiuto a chi assiste gli anziani negli ospedali e nelle case di riposo in Argentina.

Solidarietà e affari percorrono ogni tanto gli stessi binari o strade parallele. E così collegata alla «Fondazione Progressio et Pax» con apposito protocollo si sviluppa una holding finanziaria, la Fin Social S.p.A. con sede in via Veneto a Roma e che a sua volta detiene partecipazioni nell'immobiliare Raf Srl e nella Link video. Proprio «dall'incontro tra la cultura laico-imprenditoriale di Borgia – si legge nel sito www.finsocial.com – e quella cattolica di monsignor Fornasari nasce nel 1999 la "Fondazione Progressio et Pax"».[30]

Il presidente Scalfaro deve sapere

In quelle settimane di indagini, alla fine dell'estate del 1998, queste informazioni ancora non si conoscono. Gli investigatori mettono insieme pezzi del mosaico cercando riscontri alle loro fonti confidenziali. Che tuttavia gli ufficiali della Guardia di finanza e anche alcuni magistrati credano pienamente alle parole delle loro gole profonde tanto da compiere passi istituzionali senza precedenti è fuor di dubbio.

La situazione precipita infatti subito dopo l'invio delle relazioni sull'operazione «Sofia» alla Procura di Roma. I magistrati di Lagonegro, venuti a conoscenza dell'attività informativa chiedono copia degli atti. È logico. Stanno indagando sul cardinale Giordano e magari possono trovare tra i documenti qualche spunto interessante. Ottenuto tutto il fascicolo in copia, a Napoli e Lagonegro rimangono di sale: le operazioni indicate portano a un movimento da 5 miliardi da parte del cardinale, quello su cui anche loro stanno indagando. Così, il 4 ottobre 1998, il procuratore capo di Lagonegro Michelangelo Russo incontra il comandante del nucleo regionale di polizia tributaria, l'allora colonnello Luigi Mamone, che coordina le indagini, e gli affida una missione delicatissima.

Quanto accadde è inedito, incredibile e ben riassunto in un promemoria riservato che l'allora comandante generale della Guardia di finanza Rolando Mosca Moschini, oggi consigliere militare del presidente della Repubblica Giorgio Napolitano, si fa preparare:

Il comandante del nucleo regionale della polizia tributaria di Napoli il 4 ottobre 1998 chiedeva direttamente via filo, tramite il centralino del comando generale, al comandante generale di poter conferire per assolvere un delicato e personale incarico ricevuto dal procuratore della Repubblica di Lagonegro dottor Russo che ne aveva segretato specie e contenuto. Il colloquio con il comandante generale avveniva nella serata del 4 ottobre 1998 presso l'abitazione del capo di Stato Maggiore.[32] In tale circostanza il col.T.st. Mamone faceva leggere l'appunto riguardante la presunta costituzione da parte di alcuni esponenti politici, di un «Grande Centro» con l'avallo di taluni ecclesiastici; al finanziamento di tale «polo» sarebbero interessati tra gli altri, Antonio Mattarese e Pierluigi Bersani. Al riguardo il col. Mamone rappresentava che il dottor Russo d'intesa con il dottor Franco Roberti della Procura nazionale antimafia,[33] lo aveva invitato a riferire direttamente al presidente della Repubblica per il tramite del comandante generale previa informazione del procuratore nazionale antimafia dottor Vigna.[31]

La gola profonda Alfa è ritenuta talmente credibile che i due magistrati chiedono di informare subito il presidente Oscar Luigi Scalfaro salendo al Quirinale. Per poter meglio valutare la situazione, conviene ricordare che in quegli anni tormentati Scalfaro viene contattato in un'altra particolare occasione da un procuratore capo e coinvolto in una delicata questione, ovvero quando, nel novembre del 1994, Francesco Saverio Borrelli lo informa dell'imminente avviso di garanzia per l'allora premier Silvio Berlusconi. All'epoca il procuratore capo alza la cornetta per comunicare un atto che contribuirà poi in modo determinante alla caduta del governo. Ora i magistrati chiedono udienza per riferire all'inquilino del Colle sulle possibili manovre tra faccendieri e personaggi del Vaticano per costituire un nuovo partito politico. Se non ci fossero i documenti a testimoniare quanto accaduto sarebbe effettivamente difficile a credersi.

Mosca Moschini, generale di norma assai prudente e fine conoscitore degli equilibri politici, e Giovanni Mariella, un generale dall'occhio veloce e la battuta fulminante, ascoltano con attenzione Mamone. Il comandante generale fa quindi un meditato passo indietro:

> In relazione a quanto asserito e chiesto da Mamone, il comandante generale invitava l'ufficiale a seguire le indicazioni del magistrato e a rappresentare al dottor Vigna l'esigenza di un eventuale colloquio con il presidente della Repubblica per il quale avrebbe potuto provvedere direttamente lo stesso Vigna. Il comandante generale informava telefonicamente della questione Vigna il quale assicurava che avrebbe ricevuto il giorno successivo il Mamone. Per quanto noto, il procuratore nazionale antimafia non ha ritenuto che vi fossero i presupposti per assumere contatti diretti con il Capo dello Stato.

In effetti, Vigna pone ai colleghi di Lagonegro un limite che appare invalicabile: gli atti sono stati trasmessi all'autorità giudiziaria di Roma che ha aperto un fascicolo facendo quindi scattare il segreto istruttorio su tutti i documenti. Non si può avvisare l'autorità politica. Eppure lo stesso Mosca Moschini pensa di trovarsi di fronte a una vicenda eccezionale, visto che l'indomani, il 5 ottobre 1998, lascia il comando generale e va a incontrarsi con l'allora ministro delle Finanze Vincenzo Visco proprio per raccontargli i retroscena dell'operazione «Sofia», come emerge dagli esecutivi del comando generale della Finanza. È un passo quantomeno azzardato visto che negli atti d'indagine compare anche il nome di Bersani, ministro proprio come Visco nel governo Prodi. Non è dato invece sapere se Visco abbia informato anche il premier.

In quei giorni per magistrati e investigatori è una lotta contro il tempo. Vogliono capire se il presunto progetto sta per entrare nella fase operativa facendo compiere di conseguenza un'accelerazione, un salto di qualità alle indagini. Il vertice decisivo è quello tra il capo di stato maggiore Mariella e il procuratore Russo. Giungono alla conclusione che i finanzieri che a Genova stanno «coltivando» la fonte confidenziale devono mettersi a disposizione della Procura di Lagonegro per sapere di più. E così accade: l'8 e il 9 ottobre 1998 vengono sentiti e confermano quanto scritto. Il loro informatore attendibile paventa il piano «Sofia». Non solo. La gola profonda viene risentita e conferma tutto. Con delle precisazioni che nel complesso appaiono quasi marginali: la prima operazione pilota sarebbe stata compiuta da «tale monsignor Giordani e non dal cardinale Giordano, come inizialmente indicato» sebbene rimanga confermato «l'interesse di quest'ultimo alto prelato a operazioni successive».

«Sofia», golpe bianco-porpora

Su questa trama, su questa possibile infiltrazione diretta, politica e finanziaria di esponenti del Vaticano nei meccanismi della Repubblica, mai sarà fatta abbastanza chiarezza. Pisanu, per esempio, in generale si mostra scettico su iniziative di questo tipo: «Spesso si parla con troppa leggerezza – afferma – di ingerenze politiche e di proselitismo preordinato da parte della gerarchia cattolica. Per i neofiti della politica a Roma è addirittura una questione di "status symbol" vantare frequentazioni e attenzioni in Vaticano: i casi di millantato credito non si contano. In realtà quando la Chiesa ha qualcosa da dire lo fa con chiarezza e nelle sedi appropriate».[34] Ma a dieci anni di distanza, il procuratore aggiunto di Roma Giancarlo Capaldo, uno dei protagonisti assoluti di questa storia avendo coordinato l'inchiesta, avanza ipotesi che aumentano l'inquietudine.

- Lei ritiene che trovassero qualche fondamento le notizie che arrivavano dalle fonti confidenziali?
Le notizie traevano origine da alcuni progetti, ideati da esponenti di gruppi politici diversi, accomunati dall'obiettivo di occupare quegli spazi di potere che, intuitivamente, erano ritenuti liberi dopo il crollo della prima Repubblica, in un contesto di difficile gestazione per la nascita della seconda. L'operazione «Sofia», vale a dire il tentativo di creare, in una sorta di laboratorio politico-economico-finanziario, il gruppo definibile come il «Grande Centro» che avrebbe preso il potere, non ha però avuto un sicuro riscontro giudiziario. Numerosi particolari provenienti dalle fonti confidenziali sono comunque sintomatici della possibile esistenza di quell'operazione e destano inquietudine per la loro potenziale idoneità a favorire una gestione non democratica del potere.

- A cosa si riferisce in particolare?
Faccio particolare riferimento a informazioni che riguardano la costituzione di fondi neri di entità tale da incidere sulla volontà di coloro che – in quel momento di disordine o, quantomeno, di movimentato assetto istituzionale – si fossero trovati nella posizione di quelli a cui spetta assumere decisioni politiche. Probabilmente la fuga di notizie sull'operazione ne ha poi determinato, o almeno favorito, il fallimento.

- Da quanto riferito dalle fonti, che interesse aveva il Vaticano sul progetto?
Il «Grande Centro» si sarebbe dovuto collocare al posto della Democrazia cristiana. Pertanto era logico che il Vaticano potesse coltivare un interesse diretto alla sua creazione. L'esigenza che aveva determinato il progetto è stata successivamente soddisfatta con altre soluzio-

ni politiche. Gli accordi iniziali hanno, comunque, dato vita a iniziative economiche di successo che vanno oltre il momento meramente politico dell'operazione «Sofia».
- *Quali indagini avete svolto?*
A questa domanda non posso rispondere. Posso solo dire che le notizie confidenziali, anche per evitare la riconoscibilità delle fonti, contenevano circostanze vere insieme a circostanze del tutto inventate. L'inserimento di alcuni soggetti tra i partecipanti all'operazione rispondeva a logiche diverse: c'è motivo di ritenere che nascondesse ulteriori obiettivi – che si riproponeva la fonte stessa con le sue confidenze – volti a danneggiare i personaggi miratamene coinvolti. E invero uno dei pericoli da evitare durante le indagini è stato quello del cosiddetto autoinquinamento delle prove determinato da quell'aggiustamento continuativo della realtà che è stimolato dall'attività degli inquirenti.
- *Le è rimasta qualche amarezza per aver chiesto l'archiviazione?*
No. La richiesta di archiviazione corrisponde correttamente all'esito delle indagini. Sicuramente resta il sapore amaro per non aver potuto comprendere appieno i meccanismi sottili e sofisticati dell'universo politico che attraversa la vita di ogni giorno e che ogni giorno può radicalmente cambiare la vita di un paese. Ancora oggi, a distanza di anni, due opposte sono le chiavi di lettura di quanto accaduto, tanto opposte da potersi persino integrare: l'indagine ha preso origine da iniziative politiche reali fatte filtrare solo per boicottarle in modo sofisticato oppure ha riguardato realmente personaggi della prima Repubblica che intendevano perpetuare il loro potere con quel nuovo strumento politico rappresentato dal «Grande Centro». In entrambi i casi l'indagine ha lambito delle forze che avrebbero potuto determinare un diverso evolversi degli eventi della politica italiana. Ed è questo, ritengo, l'interesse che ancora oggi ha questa vicenda.

---

[1] Intervista dell'autore del 6 febbraio 2009. Giuseppe Pisanu è stato per vent'anni deputato della Democrazia cristiana, dal 1972 al 1992, ricoprendo anche incarichi nei governi guidati da Bettino Craxi, Arnaldo Forlani, Giovanni Spadolini e Amintore Fanfani. Aderisce poi a Forza Italia e dal 1994 è eletto deputato nel partito guidato da Silvio Berlu-

sconi. Nel 2001 è ministro per la Verifica del programma e nel luglio del 2002 subentra a Claudio Scajola come ministro dell'Interno fino al 2006. Rieletto senatore alle politiche del 2008 come capolista in Sardegna, dall'11 novembre 2008 è presidente della Commissione antimafia.

2 La frattura avviene simbolicamente con la manifestazione di «ricostituzione del Centro» voluta dal Ccd, il Centro cristiano democratico, per il quarto anniversario della fondazione di questo partito cattolico nel gennaio 1998 al teatro Eliseo a Roma.

3 Cossiga proseguiva il ragionamento sostenendo che «un nuovo "Centro riformatore", come alternativa naturale alla sinistra democratica, nell'ambito di una democrazia compiuta non fa alleanze organiche con la destra. E tuttavia, con una destra democratica sono possibili le stesse alleanze elettorali e politiche che legano Ciampi e Rifondazione comunista».

4 Intervista al settimanale «Lo Stato», 21 gennaio 1998.

5 Marco Tosatti, «Vescovi e preti non schieratevi», in «La Stampa», 28 marzo 1995.

6 Sodano rimarrà segretario di Stato fino al 2 aprile 2005 quando muore Giovanni Paolo II per essere poi confermato già tre settimane dopo dal successore di Wojtyla Benedetto XVI, e contestualmente eletto decano dai cardinali del Collegio cardinalizio, sostituendo proprio Josef Ratzinger. Nel giugno del 2006 Benedetto XVI accetta la rinuncia di Sodano all'incarico per raggiunti limiti di età lasciando il posto il 15 settembre 2006 al cardinale Tarcisio Bertone.

7 Salvatore Pappalardo (1918-2006), arcivescovo metropolita di Palermo, creato cardinale da Paolo VI nel Concistoro del 5 marzo 1973 rinuncerà all'arcidiocesi della città siciliana il 4 aprile del 1996 per raggiunti limiti di età. Vicepresidente della Conferenza episcopale italiana, ha partecipato ai Conclavi per l'elezione di Giovanni Paolo I e Giovanni Paolo II. I funerali si sono svolti nella Cattedrale della città presieduti dall'inviato speciale di Benedetto XVI, il cardinale Sodano.

8 In quel periodo trapelano pochissime indiscrezioni. Solo a fine dicembre del 2000 «Il Giornale» ha pubblicato due articoli dell'autore sulla vicenda, inquadrando solo parzialmente l'inchiesta.

9 Negli anni successivi, con una mirata riforma nella Guardia di finanza e a seguito di alcuni incidenti operativi risalenti all'estate del 2001 e che hanno portato anche al trasferimento di ufficiali dal comando dell'unità lombarda, i «centri I» (Centri d'Informazione) sono stati di fatto ridimensionati. Innanzitutto al fine di un controllo più diretto sono stati eliminati gli uffici di copertura, facendo rientrare le unità periferiche nei comandi regionali dai quali ora dipendono. In pratica, questi 007 in scala gerarchica fanno riferimento direttamente al comandante regionale.

La riforma è stata decisa da un gruppo di lavoro presieduto dal generale Cosimo Sasso, all'epoca comandante dell'intelligence e oggi braccio destro del prefetto Gianni De Gennaro al Dis (Dipartimento delle informazioni per la sicurezza), l'organo di coordinamento dei nostri servizi segreti.

[10] All'epoca, il comandante del II reparto era l'allora colonnello e oggi generale di corpo d'Armata Emilio Spaziante. Dopo la vicenda passerà al Sisde, i servizi segreti civili.

[11] Nelle relazioni di servizio gli 007 devono infatti fornire dei dati per stilare omogenee valutazioni sull'affidabilità delle fonti secondo tre specifiche famiglie di requisiti: «informazione», «fonte» e «valutazione». Quest'ultima, ovvero la «valutazione», si compie sia sull'attendibilità dell'informatore sia sulla qualità di informazioni che fornisce. In questo caso il grado è ritenuto elevato, essendo fonti giudicate «spesso attendibili» ovvero classificabili nella cosiddetta classe «B». Per la «valutazione» dei confidenti si utilizza infatti una gerarchia di credibilità crescente a quattro livelli: dalla più bassa, ovvero la «D», per casi in cui la «valutazione non è possibile», passando per la «C», ritenuta «non attendibile», sino alla A, ovvero pienamente «attendibile». Ebbene, in questo caso entrambe le fonti vengono giudicate «spesso attendibili». L'importanza delle loro rivelazioni è confermata anche dalla qualità delle notizie. Si tratta di informazioni di classe 2, cioè direttamente «osservata dalla fonte» e quindi né la meno pregevole «sentita e confermata» né l'inaffidabile «sentita ma non confermata».

[12] La relazione di servizio prosegue sottolineando che: «tale somma composta da banconote da 100.000 lire sarebbe occultata in cassette di sicurezza delle seguenti banche:
- Credito Svizzero di Berna;
- Ubs (Union de Banques Suisses) e Credito Svizzero di Ginevra;
- Istituto di credito n.m.i. sito nella zona franca di Nyon, località nei pressi di Ginevra, sede della Fifa (vicino a Ginevra ha in realtà sede la Uefa, *nda*) ove sarebbe depositata la tranche maggiore;
- Credito Agrario Bresciano, filiale di Trieste, ove sarebbero depositati 40 miliardi di lire da cambiare in dollari Usa provenienti dai paesi dell'Est.
- Banca popolare di Milano, agenzia sita nei pressi dell'Hotel Executive
- Ca.ri.plo. di Milano
- Ambroveneto di Milano, ove sarebbero depositate somme di denaro superiori a 20 miliardi di lire in tre cassette di sicurezza. Da quest'ultima banca sarebbero stati prelevati n. 5 campioni di banconote – emissione prima serie a firma del Governatore della Banca d'Italia, Ciampi – da far visionare all'Ubs al fine di verificare se le stesse appar-

tenessero a quelle destinate al macero dalla Banca d'Italia, oppure fuori corso legale. Le stesse, pur non avendo corso legale, rientrerebbero nei termini per il cambio presso la Banca d'Italia».

[13] Ma anche della Fifa fino al 2002 e della Uefa per dieci anni.

[14] Certo, la storia di questa famiglia pugliese assume toni persino leggendari quando si ricorda la figura del padre, il padre padrone di Bari Salvatore Matarrese di Andria, nato muratore e salito a capo di un'azienda dai volumi notevoli. Cinque figli maschi tutti dalla carriera brillante, uno persino vescovo di Frascati, un tipo tosto Giuseppe Matarrese che accolse in quegli anni Wojtyla dicendogli «benvenuto a casa mia, santo padre». Il pontefice non deve averla presa bene. «Da lui mica mi confesso», confidò una volta il fratello Antonio «è troppo duro, mica mi assolve».

[15] Colloquio con l'autore del 19 gennaio 2009.

[16] Si veda nota n. 1.

[17] Intervista con l'autore del 14 gennaio 2009.

[18] Stesso nome di una delle più famose e dibattute encicliche, ovvero appunto la «Populorum Progressio» scritta da papa Paolo VI e pubblicata il 26 marzo 1967. Il tema centrale è quello della povertà e dello sviluppo dei popoli. L'enciclica sollecita «un umanesimo plenario» per tutta l'umanità anche con la creazione di un fondo mondiale da destinare agli aiuti per le popolazioni dei paesi in via di sviluppo.

[19] Per due volte vengono perquisiti gli uffici del palazzo vescovile di Napoli con una coda di polemiche che raggiunge persino i sacri palazzi.

[20] Dopo l'inchiesta sul cardinale, Russo, magistrato appartenente alla corrente di Magistratura democratica, va in Tribunale a Salerno come procuratore aggiunto, quindi alla Corte d'appello di Roma come giudice. Oggi lavora come consulente all'ufficio legislativo del ministero dell'Ambiente.

[21] Colloquio con l'autore del 30 gennaio 2009.

[22] Radiomessaggio prot. n. 24467 del 18 maggio 1999 con oggetto «Risultato di servizio in materia di associazione per delinquere, falso in bilancio, frode fiscale, appropriazione indebita e riciclaggio» inviato al comando generale della Guardia di finanza dal comandante del nucleo regionale della Guardia di finanza di Napoli, il colonnello Luigi Mamone.

[23] Il Monti starebbe organizzando una transazione finalizzata al cambio dei 270 miliardi di lire (depositati presso lo Ior) in valuta estera con l'Ubs. [...] Le trattative sarebbero nella fase iniziale e tutti i dettagli devono ancora essere stabiliti. L'intenzione sarebbe quella di trasferire il denaro in un'unica soluzione avvalendosi di un «portavalori». Non è stato possibile individuare le modalità di rientro del capitale riciclato, ma, vero-

similmente, potrebbero essere le seguenti: una fittizia donazione alle citate fondazioni benefiche che non hanno obblighi di rendicontazione, oppure l'effettuazione di operazioni commerciali di comodo alle quali sarebbero interessate società italiane ed estere all'uopo costituite.

[24] Le intercettazioni vengono eseguite dal maresciallo Augusto Ciferri morto poi in un misterioso incidente alla porte di Roma il 12 ottobre 1979, sette mesi dopo l'omicidio a marzo del 1979 del giornalista Mino Pecorelli, che per primo ha pubblicato stralci del dossier Mi.Fo.Biali sulla rivista «Op».

[25] La sentenza del novembre 2002 condanna, tra gli altri, Andreotti a ventiquattro anni di reclusione, ma nell'ottobre del 2003 la Cassazione a sezioni unite annulla la sentenza assolvendo il senatore a vita.

[26] Intervista a Mario Foligni, in «L'espresso», 21 giugno 1981.

[27] Pena condonata.

[28] A collegarci ancora una volta tra passato e presente è anche un altro scandalo che investe il solito Foligni, ricostruito dallo scrittore David Yallop nel suo brillante *In Nome di Dio. La morte di papa Luciani*. Nel 1971 gli investigatori americani William Lynch, capo della Organized Crime and Racketeering Section del dipartimento di Giustizia degli Stati Uniti, e William Aronwald, numero due della Strike Force del distretto sud di New York, indagano su una maxitruffa con azioni americane contraffatte preparate da affiliati alla mafia statunitense. Il piano è ingegnoso: il primo plico da 14,5 milioni di dollari deve anticiparne altri ben più consistenti per un totale, secondo gli inquirenti, di addirittura 950 milioni di dollari. Secondo Lynch, a ordinare tutti quei titoli falsi sarebbe proprio Marcinkus, interessato a disporre di quei capitali per aiutare l'amico Sindona a scalare la finanziaria Bastogi: ben 950 milioni di titoli falsi dietro il pagamento di 635 milioni di dollari veri. Per chiudere l'operazione e verificare la qualità dei titoli falsi, proprio come per valutare il canale dell'operazione «Sofia», viene organizzata un'iniziativa pilota, un deposito da 1,5 milioni di dollari presso la Handelsbank di Zurigo. All'epoca Foligni, scagionandosi, collabora con gli inquirenti. Svela che «Marcinkus – ricostruisce Yallop – voleva convincersi che le azioni sarebbero state considerate autentiche. Verso la fine del luglio 1971 Foligni fece debitamente il deposito di "prova" e nominò monsignor Mario Fornasari beneficiario del conto che aveva aperto». La prova pilota viene superata. A una prima verifica nessuno si accorge della falsità dei titoli azionari. Ma l'entusiamo dura poco. La truffa viene poi scoperta e neutralizzata poco dopo con numerosi arresti negli Usa. Già Fornasari, ovvero uno dei tre prelati che ritroviamo oggi nell'organizzazione descritta nell'inchiesta «Sofia». Uno di quelli che, sempre secondo la relazione, dovrebbe poi ricevere «il 10 per cento insieme alle fonda-

zioni e al Monti» degli utili. Così, sebbene non citato nell'informativa «Sofia», l'imprevedibile Foligni, anche lui negli anni Settanta costruttore di una nuova e alternativa Dc, diventa il sorprendente anello di congiunzione tra monsignor Monti dell'Aiac e Fornasari. Nativo di Salvaterra in provincia di Reggio Emilia, classe 1923, Fornasari, già vicerettore del seminario vescovile di Piacenza, è oggi avvocato presso la Sacra Rota, latinista, studia i testi antichi e firma numerose pubblicazioni specializzate. Dopo una laurea *magna cum laude* in *Utroque Jure* alla Pontificia università lateranense, viene scelto per dirigere il Centro di documentazione per lo studio e la pubblicazione delle fonti ecclesiastiche in Italia dopo essere stato per molti anni commissario della Sacra congregazione dei sacramenti della Santa Sede. La vicenda raccontata da Foligni sembra un episodio superato.

[29] Dal sito www.progressioetpax.org

[30] Senza trascurare le iniziative immobiliari a sfondo sociale. Come nel 2000, quando la fondazione ottiene dall'Istituto di santa Maria in Aquiro la gestione per trent'anni di un palazzo da trasformare in casa albergo per anziani in provincia di Ancona. Così Fornasari con i privati ha creato la società Bfb Srl per il ripristino dell'edificio e l'attività di accoglienza dei vecchietti non autosufficienti. Fin Social destina invece per statuto una percentuale degli utili a fini umanitari mentre tra i soci, oltre a un 10 per cento in mano proprio alla «Fondazione Progressio», la maggioranza del 55 per cento è di una finanziaria di diritto irlandese, la Finchlane Ltd. Stando a quanto pubblicato nel sito della Fin Social la «Finchlane Ltd è una holding attiva nei settori del real estate, media & communications e public affairs». Finchlane Ltd (registrata il 23 gennaio 2008 alla Camera di Commercio di Dublino, la società ha sede al civico 22 di Richmond Hill Rathmines di Dublino) coinvolge una serie di partner che in qualità di soci di minoranza condividono con essa strategie e obiettivi». Da parte sua Borgia detiene quote in tutte le aziende italiane, a iniziare dal 25 per cento della Fin Social S.p.A..

[31] Il documento consta di tre pagine e reca il numero di protocollo 17490 del 9 gennaio 2001 con timbro dell' «ufficio del comandante generale».

[32] Il capo di Stato maggiore della Guardia di finanza dell'epoca era il generale Giovanni Mariella.

[33] Dal 2009 Roberti è procuratore capo a Salerno.

[34] Intervista dell'autore a Pisanu del 14 gennaio 2009.

Lo Ior, quei soldi per Provenzano

Le accuse al curaro di Mannoia

«Avevo sentito dire da Stefano Bontate e da altri uomini d'onore della mia famiglia che Pippo Calò, Salvatore Riina, Francesco Madonia e altri dello stesso gruppo corleonese avevano investito somme di denaro a Roma attraverso Licio Gelli che ne curava gli investimenti e che parte del denaro veniva investita nella "banca del Vaticano". Di queste cose parlavo con Bontate e Salvatore Federico che erano i "manager" della nostra famiglia. In sostanza, Bontate e Inzerillo avevano Sindona, gli altri avevano Gelli...»[1] Questa pesante accusa del pentito Francesco Saverio Mannoia, detto «il chimico» per la sua capacità di raffinare enormi quantitativi di eroina, è rimasta fino a oggi lettera morta. Lanciata a metà degli anni Novanta in videoconferenza da New York, durante il processo per mafia al parlamentare azzurro Marcello Dell'Utri, non ha mai trovato riscontri tali da consentire ai magistrati siciliani di compiere qualche significativo passo avanti nella ricostruzione dei flussi finanziari della criminalità organizzata.

Eppure, vicinissimo prima al boss Bontate quindi ai corleonesi di Riina e pentitosi nel 1989, Mannoia ha contestualizzato i suoi ricordi con un altro colpo ad alzo zero: «Quando il papa venne in Sicilia e scomunicò i mafiosi – sibila riferendosi a Giovanni Paolo II –, i boss si risentirono soprattutto perché portavano i loro soldi in Vaticano. Da qui nacque la decisione di far esplodere due bombe davanti a due chiese di Roma».[2] In effetti, Giovanni Paolo II nel suo viaggio in Sicilia del maggio 1993 pronuncia parole forti contro la mafia, rilanciando temi decisivi sui fondamenti della morale che avrebbe approfondito solo qualche tempo dopo con l'enciclica *Veritatis splendor*.

Ancora oggi le parole di Mannoia rimangono come sospese in un limbo. Seppure il collaboratore sia tra i più credibili[3] nella tormentata genesi del pentitismo in Italia, pare difficile dimostrare che Cosa Nostra negli anni Ottanta sia potuta arrivare a intimidire la Chiesa, la persona del papa per i suoi messaggi contro la mafia. Come può apparire solo suggestivo sostenere che Gelli abbia veicolato «narcolire» nei forzieri dello Ior per speculazioni blindate. Questo a una prima superficiale e soprattutto comoda lettura. La storia, infatti, viene da lontano.

Già al giudice Paolo Borsellino, poco prima che morisse, il pentito trapanese Vincenzo Calcara di fatto anticipa i racconti di Mannoia, svelando alcuni episodi più specifici vissuti in prima persona e che sono riemersi solo di recente: «Al dottor Borsellino – afferma Calcara sentito dai pm di Roma Maria Monteleone e Luca Tescaroli – accennai della storia dei miliardi di Cosa Nostra consegnati al cardinale Marcinkus. Non gli parlai di Roberto Calvi perché avevo paura per me e per lui. Il dottor Borsellino mi disse che dovevamo verbalizzare quelle dichiarazioni ma non ci fu il tempo perché Cosa Nostra lo ammazzò. E, dopo quella strage, quando i magistrati m'interrogarono io non parlai di Calvi, avevo tanta paura, avevano appena ammazzato Falcone e Borsellino. Raccontai soltanto la vicenda dei 10 miliardi del capomafia Francesco Messina Denaro[4] che portai a Roma al cardinale». Calcara si rivolge poi pubblicamente al pentito Giovanni Brusca, assai vicino ai Denaro, affinché contribuisca a ricostruire la verità: «Perché Brusca non ha detto una parola su questo argomento? Con Ciccio e Matteo Messina Denaro era in strettissimi rapporti ed è certo che Brusca è a conoscenza di tanti segreti di cui non vuol parlare o non può parlare».[5] Ma Brusca non deve aver raccolto l'invito.

Le verifiche compiute nell'immediato sulle parole di Mannoia e Calcara non trovano conferme e gli investigatori presto abbandonano lo spunto, considerando anche altre priorità. In quegli anni infatti Palermo e l'Italia raccolgono l'eredità dei giudici Giovanni Falcone e Paolo Borsellino uccisi nelle stragi dell'estate del 1992. Il paese vive coraggio, incertezze e contraddizioni della cosiddetta stagione dei pentiti, dei «processi politici» con imputati eccellenti chiamati a rispondere di mafia, leader della prima Repubblica come Giulio Andreotti e Calogero Mannino. Incardinati dal Pool di magistrati coordinati da Giancarlo Caselli, le indagini e i dibattimenti hanno diviso il paese e sortito un duplice e contraddittorio effetto. Da una parte si è imposta una rilettura dei rapporti clientelari, dei compromessi e delle indubbie affinità tra politica e criminalità nel sud dell'Italia, con un rilevante e anche discutibile effetto mediatico a livello internazionale. La storia del bacio tra Andreotti e il boss Totò Riina è ormai icona di una stagione che ha diviso l'Italia. Dall'altra ha sortito modestissimi risultati giudiziari, i processi si sono quasi sempre conclusi con sentenze di assoluzione tali da imporre una rivalutazione delle inchieste e una riforma dell'uso talvolta improprio dei collaboratori di giustizia. Come puntualmente avvenuto con il giro di vite della nuova legge sui pentiti studiata da Giovanni Maria Flick e da Giorgio Napolitano e introdotta nel 2001.

Ecco perché anche nel Sud, come abbiamo visto già a Milano con il Pool di Mani pulite, tra magistrati e investigatori le piste vaticane vengono sempre valutate con scetticismo. Innanzitutto per un'oggettiva difficoltà a compiere accertamenti, visto l'efficace sbarramento tra veti, silenzi o vacue risposte che si ottengono per rogatoria dalla Santa Sede e che rendono assai difficile la formazione della prova, ma anche per quell'inevitabile onda di polemiche e impopolarità che rischiano di provocare.

Eppure, negli anni anche questa trama sta lentamente emergendo. Certo, con i tradizionali e insopportabili tempi lunghi dei misteri italiani, le ombre si stanno però finalmente diradando. Il filo della verità si fa più robusto, indenne ai depistaggi, rivelando retroscena su gravissimi fatti che appaiono sempre più coniugati tra loro sebbene rimasti a oggi senza definitive risposte. Come l'omicidio del banchiere Roberto Calvi, ritrovato ucciso sotto il ponte dei Frati Neri a Londra il 18 giugno 1982 e il sequestro della giovane romana Emanuela Orlandi, figlia di un dipendente del Vaticano, sparita il 22 giugno 1983.

In questo scenario ben si inseriscono i più recenti sviluppi dell'inchiesta ancora aperta sull'omicidio del banchiere dell'Ambrosiano, che sembrano avallare l'ipotesi del figlio Carlo Calvi ovvero che «il rapimento della Orlandi è un messaggio teso a intimare al Vaticano il silenzio su certe questioni molto delicate, come quelle di natura finanziaria che hanno visto il coinvolgimento di banche, mafia, partiti politici. Queste oscure vicende risulteranno sempre legate alla nostra vicenda, alla morte di mio padre e alla fine dell'Ambrosiano».[6] Ancora oggi però non si è sciolto un nodo fondamentale: comprendere il legame tra la morte di Calvi e i soldi che lo stesso ha amministrato per conto di Cosa Nostra. Solo così si potrà accertare se il banchiere è stato ucciso perché avrebbe sottratto dei capitali alla mafia non onorando la parola presa: «Che la mafia vantasse crediti nei confronti di Calvi – interpreta il giudice Otello Lupacchini – è emerso in vari processi, come è un fatto che sia stato Paolo VI a mettere in contatto Sindona, Calvi e Gelli quando era ancora a Milano. Ma che Cosa Nostra abbia disposto l'omicidio di Calvi per il mancato recupero dei 2000 miliardi delle lire che aveva investito suscita perplessità. È massima di comune esperienza che la mafia prima rientra dei soldi poi regola i conti. Per esempio l'ha fatto per molto meno con Domenico Balducci, principale investitore della mafia per conto di Pippo Calò. Alle cosche doveva 650 milioni: prima il cassiere Calò è tornato in possesso dei soldi poi Balducci è stato ammazzato. L'altra ipotesi verosimile è che Cosa Nostra abbia fatto fuori Calvi nell'interesse di qualcun altro previa garanzia del pagamento del debito del banchiere».[7] A conclusioni analoghe arriva Tescaroli, pubblico ministero al processo per la strage di Capaci e che segue quello Calvi-Ambrosiano: «In definitiva Calvi, nel subentrare a Michele Sindona, risultò svolgere una funzione di volano tra i vecchi e i nuovi equilibri strategici avvicendatisi in seno a Cosa Nostra dopo la cosiddetta ultima guerra di mafia. Se Calvi avesse messo in atto il suo proposito di riferire agli inquirenti quello che sapeva, avrebbe svelato il canale di alimentazione del Banco Ambrosiano, rappresentato dalle risorse finanziarie provenienti da Cosa Nostra, e la destinazione dei flussi di quel denaro, compresa quella del finanziamento al sindacato Solidarność e ai regimi totalitari sudamericani, ai quali fece espresso riferimento Calvi in alcune sue lettere. Il finanziamento fu attuato nell'interesse di una più ampia strategia del Vaticano, volta a penetrare nei paesi di area sovietica e a congelare l'avanzata comunista in America Latina. Cosa Nostra e certamente Calò non potevano accettare che emergesse e venisse rivelato agli inquirenti quel tipo di attività illecita, volta a convogliare flussi di denaro mafioso in certe direzioni, e l'attività di riciclaggio che veniva condotta attraverso il Banco Ambrosiano».[8]

Interessa valutare fatti inediti che s'annodano con le dichiarazioni dei primi pentiti nel confermare la centralità della banca vaticana nelle storie non solo di politica&tangenti e di malaffare, ma anche di protagonisti collusi, organici alla mafia. Insomma, in alcuni casi lo Ior sembra un'autentica e impenetrabile lavanderia di denaro sporco. Il bancomat privilegiato per gli affari più spregiudicati. L'approdo sicuro per triangolare miliardi di lire nei paradisi *offshore* di sindoniana memoria. Non solo faccendieri, politici tangentisti quindi, ma anche boss e padrini. Non solo le trame di Sindona e Marcinkus, lo Ior parallelo di monsignor de Bonis che si spegne alla metà degli anni Novanta, ma anche un sottobosco di protezioni per innominati e colletti bianchi che continua a prosperare sino a pochi anni fa. Superando ogni riforma, ogni controllo introdotto dalle autorità della Santa Sede.

È la storia che Massimo Ciancimino racconta all'autore in una serie di incontri tra il dicembre del 2007 e il gennaio del 2009. Massimo è il quarto e ultimo figlio dell'ex sindaco di Palermo, il democristiano Vito Ciancimino. Con Salvo Lima, don Vito ha rappresentato per Andreotti il punto di riferimento in Sicilia, e a Palermo per i boss di Corleone. Figlio di un parrucchiere, Vito ottiene il diploma di ragioniere nel 1943, per entrare subito in politica e ricoprire l'incarico di assessore ai Lavori pubblici della città dal 1959 al 1964 durante il «Sacco di Palermo». In quegli anni i Corleonesi impongono le proprie licenze edilizie al punto che solo poco prima della morte di don Vito il comune chiede all'ex sindaco ben 150 milioni di euro di danni per le speculazioni compiute.

Ciancimino è quindi il primo politico italiano a essere condannato definitivamente per mafia dopo le dichiarazioni di Tommaso Buscetta, che già nel 1984 lo ha indicato come «organico» di Cosa Nostra, uomo dei Corleonesi, determinandone l'arresto. Nel 2001 la sentenza: tredici anni di reclusione per favoreggiamento e concorso esterno in associazione mafiosa. Due anni dopo muore nella sua casa di Roma.

I soldi per Provenzano allo Ior

Dopo aver subito una condanna in primo grado a cinque anni e otto mesi per l'accusa di aver riciclato i soldi del padre, oggi il figlio Massimo ha cambiato strategia. Si mostra collaborativo con le Procure di Palermo e di Caltanissetta, deciso a raccontare ogni segreto. Massimo era l'ombra del padre, il suo braccio destro. Accompagnava don Vito agli appuntamenti più importanti. Raccoglieva le confidenze. Incontrava a casa le persone in udienza, questuanti che giorno e notte chiedevano di aggiustare le cose, di sistemare gli amici degli amici. Ma anche potenti. Come quel misterioso ingegner Loverde che arrivava senza preavviso e si intratteneva sino a notte fonda. Solo anni dopo il figlio dell'ex sindaco riconoscerà negli identikit apparsi sui giornali Bernardo Provenzano, l'imprendibile padrino alla macchia dal 1963 che verrà arrestato solo nel 2006 dopo quarantatré anni di pizzini, tra complicità e protezioni.

Massimo Ciancimino viene convocato in Procura dopo aver svelato per la prima volta nel dicembre del 2007 i rapporti diretti tra suo padre e Provenzano in un'intervista rilasciata all'autore e pubblicata su «Panorama»:[9]

> Avevo diciassette anni quando ebbi il sospetto che Provenzano venisse a casa, nel centro di Palermo, a incontrare mio padre. [...] Provenzano si faceva chiamare ingegner Loverde. Un giorno da ragazzino sfogliai «Epoca» e riconobbi nell'identikit di Provenzano, già superlatitante, proprio l'ingegner Loverde, l'unica persona che incontrava mio padre a casa senza appuntamento. A volte lo riceveva in pigiama. Si chiudevano in camera da letto e discutevano per ore. Essendo nottambulo, mio padre spesso di giorno dormiva. Siccome io dovevo studiare, rimanevo a casa e filtravo le sue telefonate.[10]

Di certo Massimo Ciancimino oggi non guarda più in faccia nessuno. Chiama in causa imprenditori, magistrati, ufficiali e persino il vicepresidente del Consiglio superiore della magistratura, Nicola Mancino. È già stato sentito una quindicina di volte in località rimaste segrete e proprio mentre questo libro va in stampa ancora collabora con le Procure. I magistrati sono cauti. Sia il procuratore capo di Caltanissetta, Sergio Lari, sia l'aggiunto di Palermo, Antonio Ingroia, hanno disposto numerosi accertamenti per verificare le accuse. Non lo indicano come pentito, ma lo convocano come testimone nei tribunali. Hanno imposto il top secret sui verbali e stanno verificando le ricostruzioni, trovando le prime conferme alle sue parole. Due

gli argomenti principali: il triangolo affari-mafia-politica che
da sempre condiziona la vita nell'isola e le pesanti infiltrazioni
delle cosche nelle istituzioni tali da influenzare persino le
inchieste. Un caso per tutti: la trattativa tra mafia e Stato per
catturare Totò Riina nel 1992 con la lettera, il famoso «papello» delle richieste di Cosa Nostra,[11] per consegnare il boss corleonese che viene poi arrestato nel gennaio del 1993. Per questa trattativa, pende sulla testa di Ciancimino Jr. una sentenza
di morte pronunciata da Riina e da altri boss come Leoluca
Bagarella alla quale fa riferimento Brusca: «Riina ha il dente
avvelenato con Massimo Ciancimino e secondo me a breve
avrà qualche sorpresa».[12]

Quello che qui più interessa sono le accuse che Massimo
rivolge per la prima volta al proprio padre sulla struttura finanziaria realizzata in Vaticano per far arrivare soldi alla mafia nella Palermo degli anni Settanta e Ottanta. Tramite lo Ior. Con
conti correnti e cassette di sicurezza gestiti da prestanome, prelati compiacenti, nobili e cavalieri del Santo Sepolcro.

- Suo padre che rapporti finanziari intratteneva con il Vaticano?
Non erano rapporti bancari molto complessi. Tramite le amicizie che
mio padre e la sua corrente politica vantavano dentro lo Ior, vennero aperte due cassette di sicurezza nella banca del papa. Entrambe
erano gestite in un primo momento dal conte Romolo Vaselli[13] mentre in un periodo successivo una venne affidata a un altro prestanome, un prelato del Vaticano affinché mio padre ne avesse accesso
diretto. La struttura comprendeva poi anche dei conti sempre all'interno dello Ior che venivano utilizzati per discreti passaggi di denaro
e per pagare le famose «messe a posto» per la gestione degli appalti
per la manutenzione delle strade e delle fogne di Palermo affidata al
conte Arturo Cassina, cavaliere del Santo Sepolcro.
- A chi erano intestati i conti correnti?
Mio padre ha sempre preferito la politica del tenere il «denaro sotto
il mattone». Voleva il controllo diretto sulle somme, preferiva poter
contare le banconote e ritirarle nell'immediato. I conti, invece, li
faceva gestire sia a Cassina, sia a Vaselli, l'imprenditore che negli anni
Settanta controllava tutta la raccolta dell'immondizia per la città.

- Questi soldi venivano tenuti quindi pronta cassa allo Ior o reinvestiti?
C'erano diversi passaggi. Le transazioni a favore di mio padre passavano tutte tramite i conti e le cassette dello Ior. Poi, dopo incontri con dirigenti della banca, i capitali venivano trasferiti a Ginevra attraverso l'onorevole Giovanni Matta e la buonanima di Roberto Parisi, l'ex presidente del Palermo calcio al quale faceva riferimento la manutenzione dell'illuminazione di tutta la città.[14] Mio padre aveva infatti l'incubo di tenere somme in Italia, preferiva trasferirle all'estero.

- Le commissioni erano alte?
No, anzi. Allo Ior i movimenti finanziari verso stati esteri erano molto più economici di altri canali, come i classici «spalloni».[15] Si poteva operare nella totale riservatezza, lasciando una minima offerta alla banca del papa.

- Cosa intende per «messe a posto» sugli appalti?
Mio padre mi raccontava che a suo tempo le spese, la gestione della manutenzione delle strade e delle fogne di Palermo erano gonfiate per circa l'80 per cento del loro reale valore di mercato. Questo *surplus* era destinato sia alla corrente andreottiana, che in Sicilia faceva capo a mio padre, sia alle esigenze diciamo «ambientali», quelle cioè dell'uomo che ho sempre indicato come Loverde.

- Intende il famoso «ingegnere Loverde», ovvero il nome di copertura con il quale si presentava Bernardo Provenzano quando veniva a trovare suo padre? Vuol dire che i soldi finivano anche al boss?
Venivano effettuate le classiche compensazioni perché mio padre rispondeva anche a situazioni sue locali. È un sistema semplice, persino rudimentale. Per esempio quando mio padre doveva ricevere 100 milioni di vecchie lire dal conte Cassina allo Ior di Roma, sapendo che un 20 per cento era comunque destinato a Provenzano, alias ingegner Loverde, anticipava su Palermo l'importo determinato. C'era un fisso che mio padre distribuiva a Provenzano o, in verità, a Salvatore Riina visto che la mano diretta sulla gestione del conte Cassina è stata sempre più di Riina che di Provenzano.

- In queste cassette di sicurezza quanti soldi venivano custoditi?
Somme considerevoli ma non enormi, qualche centinaio di milioni di allora. I soldi rimanevano nei caveau per poco tempo. Le cassette venivano impiegate per i passaggi intermedi, in attesa che le somme venissero poi collocate secondo le indicazioni che mio padre forniva

di volta in volta. In altri casi restavano allo Ior per avere a disposizione contanti su Roma per pagare qualcuno. Mio padre, infatti, non viaggiava in aereo e di rado si spostava. Era meglio quindi accumulare tutto allo Ior e poi, quando doveva fare la famosa distribuzione o raccogliere quelli che erano i finanziamenti, usare di volta in volta i soldi messi da parte.

- Lei è mai stato lì, alla sede dello Ior nel torrione Niccolo V dietro piazza san Pietro?

Ho accompagnato una decina di volte mio padre ufficialmente alla farmacia vaticana aspettando fuori.

- Scusi, cosa c'entra la farmacia dentro le mura?

Perché mio padre si faceva prescrivere una famosa medicina che si chiama Tonopan,[16] appositamente prescelta perché distribuita solo in Svizzera e nello Stato del Vaticano. E con la ricetta si presentava alle guardie svizzere che lo lasciavano passare. Se andate a controllare negli archivi della Santa Sede troverete ancora un sacco di queste ricette emesse a nome di mia madre.

- Quindi era un escamotage per superare il controllo delle guardie svizzere agli accessi?

Certo, ti presentavi con la ricetta, ti facevano un permesso ed entravi dentro senza che nessuno disturbasse. Allo Ior, mio padre era sempre atteso da qualcuno. Cosa vuole, trattandosi di denaro frutto di logiche di partito, tangenti, finanziamenti, «messe a posto» come ho detto, non poteva essere garantito solo da un semplice seppur rispettabile cassiere dello Ior.

- In Vaticano qualcuno era a conoscenza di queste compensazioni?

Penso che non ne fossero del tutto estranei, avendo accompagnato mio padre a vari incontri politici anche con certi personaggi all'interno di curie e arcivescovadi palermitani e di Monreale.

- Suo padre offriva dei soldi a questi vescovi e monsignori?

Sì, sì certo. Finanziava a suo tempo molti prelati, a iniziare da monsignor Ruffini, con soldi elargiti ovviamente sotto forma di donazioni. Era cresciuto all'ombra dell'allora gesuita padre Iozzo che organizzò la prima scuola di formazione politica dove partecipava mio padre e l'allora ministro Giovanni Gioia. La formazione politica di mio padre avviene tutta all'interno della Chiesa.

- Ma erano per opere di bene?

Non ho mai visto mio padre donare qualcosa per non ottenere nulla. Già era difficile che desse dei soldi, se lo faceva era solo per ottenere qualcosa.

- *Sino a quando questo sistema è andato avanti?*

Sino a quando mio padre ha gestito in prima persona la situazione. [...] Le cassette invece sono rimaste attive molto più a lungo. Una sino a pochissimo tempo fa, le altre e i conti sino a qualche anno prima.

- *Oltre al denaro veniva custodito qualcos'altro all'interno delle cassette?*

Erano custoditi dei suoi documenti che mi sono preoccupato di ritirare e conservare dopo la sua morte anche per non servirmi più di prestanome visto che erano sue cose personali, volontà, appunti e racconti di tutta una vita.

- *Scusi, ma perché voi avevate l'esigenza di gestire questi soldi, queste cassette allo Ior e non in una banca qualsiasi?*

Mio padre mi spiegava che lì l'attività finanziaria era coperta da immunità diplomatica. Se mio padre avesse dovuto subire qualche perquisizione [...] a differenza di quanti pensano che mio padre, che noi conservassimo i documenti preziosi nel garage dello studio dell'avvocato Giorgio Ghiron di Fregene [...] io sapevo quando c'erano documenti importanti dove dovevano essere conservati [...] non certo negli studi degli avvocati! Mio padre mi ripeteva che queste cassette erano impenetrabili perché era impossibile poter esercitare una rogatoria all'interno dello Stato del Vaticano [...] a parte che avrebbero dovuto sapere chi le gestiva.[17]

- *Al di là delle tangenti e del pizzo sugli appalti di Palermo questo sistema di cassette e compensazioni serviva per altre operazioni?*

Queste cassette servivano per tanti altri affari e per la gestione dei fondi delle tessere del partito. Anche una minima ma significativa parte della famosa tangente Enimont è arrivata sempre attraverso la banca vaticana. Mi ricordo che mio padre incassò dall'onorevole Lima o dal tesoriere, come distribuzione di fondi ai partiti, circa 200 milioni delle vecchie lire, e mio padre in quell'occasione incassò la sua somma che gli arrivava dalla capitale. Non ricordo se da Salvo Lima o dall'allora tesoriere della Democrazia cristiana.

- *Siamo quindi nel 1993. Ma per questa vicenda suo padre non è mai stato né processato né indagato. Come mai?*

Sono episodi che non sono mai venuti fuori. Mio padre è finito sotto inchiesta solo per fatti pregressi relativi alla sua attività politica a Palermo, di collusione con la mafia.

L'esorcista e il ministro alla banca del papa

Il racconto di Ciancimino Jr. seppur da leggere con la prudenza dovuta a persona coinvolta in vicende ancora non chiarite è comunque assai credibile. Tra l'altro poggia su un dato già ampiamente riscontrato, per la prima volta, proprio in questo libro. Sia Andreotti sia personaggi a lui assai vicini come Bisignani o suoi amici come il cardinale Angelini prediligevano lo Ior per le operazioni bancarie. Il sindaco del «Sacco di Palermo» era quindi un altro esponente di rilievo della corrente andreottiana a scegliere la banca del papa per le operazioni illegali coperte. Non è qui possibile verificare pienamente l'attendibilità di Massimo Ciancimino ma bisogna sottolineare che certo non si tira indietro né dall'addossare sul padre nuove gravi responsabilità né dall'attribuirsi nuovi ruoli ricordando come proprio lui l'accompagnasse agli incontri decisivi.

I maggiorenti della Democrazia cristiana in quegli anni fanno la fila fuori dallo Ior. Chi per riciclare soldi di tangenti, chi per le compensazioni con la mafia, chi come il bresciano Gianni Prandini, potente ministro dei Lavori pubblici nel sesto e settimo governo Andreotti (1989/1992), per mettere al sicuro i propri cospicui risparmi. La storia tragicomica che riguarda Prandini nulla ha a che vedere con le vicende di riciclaggio sinora trattate, ma rende ancora più esplicita quella variopinta corte di prestanome e fattucchieri delle magie finanziarie che gravita intorno alla banca del papa, pronti alla bisogna, attivi persino sotto la presidenza di Caloia. Prestanomi che in realtà tutelano l'obiettivo primario della banca, ovvero facilitare i *desiderata* dei big dello scudo crociato. Allo Ior, l'ex ministro è di casa. Da metà anni Ottanta coltiva un buon rapporto con Lelio Scaletti, che ha visto crescere nella banca del Vaticano sino alla vicedirezione. Prandini è soprattutto della stessa area democristiana del neopresidente Caloia, che viene dal gruppo di Vittorino Colombo confluito nella corrente di Arnaldo Forlani. Così quando Caloia si aggiudica la presidenza, Prandini presenta e accredita il suo amico Scaletti che diventa dopo qualche anno direttore generale, il numero due dell'Istituto. Nel 1990/1991 gli attacchi sui giornali si fanno più intensi e l'ex ministro si rivolge allo Ior affinché custodisca i suoi soldi. Una scelta previdente visto le indagini che lo coinvolgeranno poco dopo e che faranno crollare la prima Repubblica tra arresti, sequestri di beni e gogna pubblica. Nel 2005, ben quindici anni dopo, Prandini, assolto ormai da tutto, si rivolge allo Ior per tornare in possesso dei suoi averi ma i soldi, nel frattempo, sono spariti. L'ex ministro va su tutte le furie ma delle somme non se ne sa nulla. Così ricorre alle carte bollate e denuncia la banca del Vaticano.

Nell'atto di citazione Prandini sostiene che l'allora vicedirettore Scaletti si sarebbe fatto garante[18] nell'affidare formalmente i suoi risparmi a un prete assai conosciuto, Corrado Balducci, esorcista e «demonologo», volto noto della televisione e autore di libri su satanismo e ufologia. Balducci, in qualità di sacerdote e quindi rientrante nella clientela dello Ior, deve fare cioè da prestanome. Cosa che avviene aprendo due conti correnti allo Ior, uno in lire e uno in valuta estera per proteggere il tesoro di tutto rispetto dell'ex ministro. Sul primo vengono accreditati 3 miliardi, sul secondo 1,6 milioni di dollari. Ma quando Prandini bussa alla porta dell'esorcista, nel 2005, per ritirare la somma sbatte contro una demoniaca sorpresa. I soldi non si trovano più. Ancora non si capisce bene se l'esorcista li abbia fatti sparire o se un avvocato suo amico, Giorgio Bosio, li abbia dirottati su altri conti per proteggere il boss della Dc dalle tentazioni degli inquirenti che all'epoca avevano messo l'ex ministro sotto scacco. Sta di fatto che Prandini chiede oggi 5 miliardi a Scaletti e alla banca vaticana non sapendo più a chi rivolgersi pur di individuare il suo tesoro. Balducci infatti è morto il 20 settembre 2008 a ottantacinque anni portandosi i segreti nella tomba, mentre l'avvocato Bosio è stato arrestato nell'inverno del 2008 con l'accusa di circonvenzione di incapace. Per la Procura di Roma il professionista sarebbe riuscito a raggirare l'esorcista, negli ultimi anni di vita del sacerdote; Bosio gli avrebbe sottratto beni per 1,9 milioni di euro tra proprietà immobiliari e contanti. Una pessima magia che rischia di lasciare Prandini senza un quattrino.[19]

---

[1]   Giuseppe D'Avanzo, «I due banchieri e l'oro del boss», in «la Repubblica», 10 aprile 1997.

[2]   Curzio Maltese, *La questua. Quanto costa la Chiesa agli italiani*, Feltrinelli, Milano 2008.

[3]   Giovanni Falcone lo indicava come «il più attendibile dei collaboratori di giustizia».

[4]   Francesco Messina Denaro è il padre del latitante Matteo, uno dei capi di Cosa Nostra.

[5]   Francesco Viviano, «Portai a Marcinkus e a Calvi due valigie con 10 miliardi dei clan», in «la Repubblica», 15 ottobre 2002. Calcara prosegue sostenendo che «quei soldi furono prelevati da me e da altre tre persone dall'abitazione di Ciccio Messina Denaro a Castelvetrano e messi dentro due valigie. In aereo, dove ci eravamo imbarcati con nomi falsi, raggiungemmo Fiumicino e qui ad attenderci c'erano due automobili con targa straniera. In una c'era il cardinale Marcinkus e il suo autista, nell'altra un altro prelato pure con autista. Tutti raggiungemmo lo studio del notaio Albano. Mentre gli altri salivano nello studio, io rimasi in strada ad attendere e dopo alcuni minuti vidi arrivare quell'uomo calvo e con i baffi che salì a sua volta e che avevo visto qualche mese prima all'aeroporto di Linate», ovvero Roberto Calvi.

[6]   Giovanni Bianconi, «Il figlio di Calvi: la Orlandi rapita per intimidire la Santa Sede», in «Corriere della Sera», 26 giugno 2008.

[7]   Colloquio con l'autore del 21 gennaio 2009. Lupacchini è il magistrato che nel 1999 ha fatto riesumare il cadavere di Calvi durante le indagini sulla morte del banchiere e che ha condotto le più corpose inchieste sulla banda della Magliana, organizzazione che tra l'altro di recente emerge nell'inchiesta sulla scomparsa della Orlandi.

[8]   Ferruccio Pinotti, Luca Tescaroli, *Colletti Sporchi*, Bur Rizzoli, Milano 2008.

[9]   «Panorama», 20 dicembre 2007.

[10]   Sempre nell'intervista Ciancimino prosegue: «Mi diceva: svegliami solo se mi cerca l'ingegner Loverde e [...] sfogliando "Epoca" che pubblicava

in anteprima la ricostruzione digitale del volto di zu Binnu, capii tutto». Subito dopo la pubblicazione dell'intervista, Ciancimino ha iniziato a essere interrogato dai pubblici ministeri delle Procure di Caltanissetta e di Palermo sino al 2009.

[11] Nel «papello» scritto da Riina, ovvero il famoso foglio con i *desiderata* di Cosa Nostra, si chiedeva l'annullamento del 41bis, il blocco delle confische dei beni mafiosi, un ridimensionamento dei collaboratori di giustizia e diversi benefici carcerari.

[12] Interrogatorio del procuratore Piero Grasso a Giovanni Brusca, avvenuto il 17 maggio 2005.

[13] Il 7 giugno 1999 dopo anni di latitanza viene arrestato a Roma il conte Romolo Vaselli, accusato di essere stato socio di Vito Ciancimino. È ricercato dal 1996 «per scontare quattro anni per favoreggiamento – ricostruisce centroimpastato.it –, concorso in abuso d'ufficio e falsità ideologica. L'impresa controllata da Vaselli a partire dagli anni Cinquanta ha avuto appalti dal comune di Palermo per la gestione di servizi, come quello per la nettezza urbana. La condanna riguarda alcuni appalti, ottenuti, anche durante le giunte della cosiddetta "primavera di Palermo", dalle ditte Cosi e Sico degli imprenditori romani Cozzani e Silvestri, controllate da Vaselli ma dietro cui c'era Ciancimino». Secondo la ricostruzione degli inquirenti siciliani, Vaselli era uno dei prestanome dell'ex sindaco Ciancimino. Davanti ai giudici si è difeso così: «Ho esaudito le richieste di Ciancimino perché, data la qualità del personaggio, sarebbe stato impossibile rifiutarle».

[14] L'imprenditore Roberto Parisi, nato nel 1931 e scomparso nel 1985, è un ingegnere che diventa assai noto con la sua azienda Icem per aver avuto in appalto la manutenzione degli impianti di illuminazione pubblica di Palermo e per essere diventato nel giugno del 1982 presidente del Palermo calcio. Nel 1985 Parisi viene ammazzato in un agguato mafioso nella zona di Partanna Mondello.

[15] Persone che vengono fiduciariamente incaricate di trasportare somme di denaro o altri beni oltre i confini nazionali.

[16] Medicinale analgesico prodotto dalla Sandoz da 0,5, 125 e 40 mg contiene caffeina, propifenazione e diidroergotamina e garantisce un effetto pressoché immediato contro l'emicrania.

[17] In quest'ultima frase Ciancimino allude all'azione dei magistrati, senza citarli espressamente.

[18] Ignazio Ingrao, «Il giallo dell'esorcista milionario», in «Panorama», 23 ottobre 2008.

[19] L'inchiesta condotta dal pubblico ministero Alberto Caperna della Procura di Roma è ancora in corso. Scrive Ingrao nell'articolo citato: «Bosio si sarebbe fatto nominare esecutore testamentario con il compi-

to di istituire una fondazione per studi sul satanismo erede di tutto il patrimonio del prelato», mentre Balducci avrebbe poi «trasferito la somma di Prandini dallo Ior a un conto corrente intestato alla madre dell'avvocato Bosio, Anna Maria Sforza, deceduta il giorno dell'arresto del figlio. Vedova di due mariti, Sforza era legata al sacerdote da una lunga amicizia».

Ringraziamenti

La mia riconoscenza e gratitudine va al mio direttore Maurizio Belpietro. Dai tempi de «L'Europeo», de «Il Giornale», la fiducia e l'autonomia che mi ha sempre concesso è un privilegio del quale gli sono e sarò grato. Belpietro, Ferruccio de Bortoli e Andrea Pucci mi hanno offerto un esempio di coraggio per risalire i tornanti che fanno avvicinare alla verità. Grazie.

Grazie a chi mi ha permesso l'accesso ai preziosi documenti. E quindi a chi, vicino a monsignor Renato Dardozzi, ha voluto che il suo immane archivio divenisse pubblico dopo la sua scomparsa, a Simone e Luca Tartaglia per la gestione in sicurezza del delicato materiale, a Ivan per avermi guardato le spalle in certi passaggi forse complicati.

Grazie a chi, ufficiali della Guardia di finanza, dei Carabinieri e dei Servizi di sicurezza, magistrati italiani e svizzeri, giudici vaticani, diplomatici, sherpa delle istituzioni, avvocati, monsignori e sacerdoti, mi ha fornito formidabili contributi. Ad alcuni di loro, persone coraggiose, la mia amicizia.

Grazie al mio agente Luigi Bernabò e ai suoi sferzanti consigli, a Gian Antonio Stella, a Vittoria Forchiassin, a Cristina Bassi per le sue attente ricerche, alle precise traduttrici Rosanna Cataldo e Valeria Berra, a chi lavora nei centri documentazione di Mondadori, Rcs Periodici e Quotidiani, de «Il Messaggero» e de «Il Giornale».

Grazie ai miei genitori che costretti correttori mi hanno aiutato e sopportato e soprattutto grazie alla mia famiglia, alla mia Valentina.

Indice dei nomi

I numeri di pagina relativi a Renato Dardozzi, Angelo Caloia, Donato de Bonis e Angelo Sodano (protagonisti principali delle vicende qui trattate e presenti in quasi tutte le pagine) non vengono riportati in questo indice.

Taluni nomi sono incompleti perché così appaiono sui documenti e non è stato possibile risalire a identità certa.

Adonis, Joe *14*
Agnelli, Gianni *86, 165*
Albano, Antonio *264*
Altissimo, Renato *135-136*
Ambrosoli, Giorgio *16-17, 27, 185*
Amoretti, Anna Maria *141*
Andreatta, Beniamino *18-19, 21*
Andreotti, Giulio *15, 31, 40, 42-46, 48-49, 61, 65, 67, 71, 73- 74, 76-77, 84, 91, 101, 109, 110-113, 119, 128, 142-143, 150, 186, 231, 235-236, 249, 253, 256, 262*
Angelini, Fiorenzo *70-73, 150, 236, 262*
Aquilanti, Giuseppe *237-238*
Aragona, Natalino *82, 101*
Arnou, R. *5*
Aronwald, William *249*
Ascari, Odoardo *45*

Bagarella, Leoluca *258*
Balducci, Corrado *263, 266*

Balducci, Domenico *254-255*
Bartoloni, Bruno *102, 219*
Bazoli, Giovanni *27, 35, 168, 207, 209, 217*
Bechis, Franco *219*
Bedogni, Anna *54*
Beltrami, Ottorino *209, 211*
Benelli, Giovanni *11, 67*
Beria di Argentine, Chiara *100*
Berlini, Pino *102*
Berlusconi, Silvio *165, 223-226, 242, 245*
Bernasconi, Paolo *25*
Bersani, Pierluigi *231-232, 241, 243*
Bertoli, Paolo *14*
Bertone, Tarcisio *162, 166, 213- 214, 218, 246*
Bettazzi, Luigi *227*
Biagiotti, Laura *150*
Biagiotti, Lavinia *150*
Bianco, Gerardo *224*
Bianconi, Giovanni *264*

Bisignani, Luigi *52, 65, 76-77, 79, 81, 84, 100, 107, 109, 113, 115-120, 122-123, 127-130, 135-136, 138, 262*

Bocca, Giorgio *86, 101*

Bocconi, Sergio *100, 217*

Bodio, Giovanni *46, 80-82, 85, 109, 122, 135, 148, 153, 166*

Bolan, Thomas *181-182*

Bonifaci, Diletta *153*

Bonifaci, Domenico *63, 75, 80, 88, 91, 107, 113, 118, 122, 130, 134, 136-138, 152-157, 159, 166*

Bonifaci, Federica *153*

Bonifaci, Flaminia *153*

Bonsanti, Sandra *28*

Bontate, Stefano *251*

Borgia, Rocco *240, 250*

Borrelli, Francesco Saverio *88-91, 94-95, 101, 105, 242*

Borsellino, Paolo *91, 252-253*

Bosio, Giorgio *263-266*

Bossi, Umberto *61, 135-136, 217*

Bricchetti, Renato *25, 29, 34*

Briganti, Giuliano *203*

Broglio, Timothy *87-88, 101, 206*

Brunelli, Lucio *140-141*

Brusca, Giovanni *252-253, 258, 265*

Buratti *65*

Buscetta, Tommaso *91, 256*

Buttafuoco, Pietrangelo *209*

Buttiglione, Rocco *224-225*

Cacciavillan, Agostino *190*

Cagliari, Gabriele *74, 83-84*

Calabresi, Luigi *45*

Calabresi, Ubaldo *177*

Calcara, Vincenzo *252-253, 264*

Calò, Pippo *251, 254-255*

Caloia, Angelo

Calvi, Carlo *254, 264*

Calvi, Roberto *4, 6, 15-19, 21-22, 25-26, 28-29, 37, 39, 59, 76, 91, 146-147, 167-168, 171, 173, 175, 206, 252, 254-255, 264*

Camadini, Giuseppe *209, 217*

Cannevale, Alessandro G. *141*

Capaldo, Giancarlo *228-229, 231-232, 244*

Capaldo, Pellegrino *19, 26, 29*

Caperna, Alberto *265*

Capone, Al *11*

Cardella, Fausto *141*

Carlini (Ior) *80, 101, 166*

Carnevale *172*

Carraro *186*

Casaroli, Agostino *5-6, 17, 19, 21-22, 25-27, 29, 35, 95, 104, 113, 115, 136, 139, 157, 159, 168, 174, 189*

Caselli, Giancarlo *253*

Casini, Pierferdinando 223-225
Casolino, Giacomo *216*
Cassina, Arturo *258-259*
Castillo Lara, José Rosalio *59, 71, 82, 91, 95, 97-100, 115, 121-122, 126, 129, 131, 136, 140, 142-144, 148, 150-153, 155-166, 170, 177, 194, 213*
Castillo, Lucas Guillermo *151*
Chávez, Hugo *162*
Checchia, Clorinda *153*
Chiesa, Mario *47*
Chiminello, Antonio *80, 101, 190*
Ciampi, Carlo Azeglio *246-247*
Ciancimino, Massimo *256-258, 262, 264-265*
Ciancimino, Vito *256, 265*
Ciferri, Augusto *249*
Ciocci, Pietro *80, 96, 101, 148*
Cipriani, Paolo *211*
Ciprotti, Pio *117*
Citaristi, Severino *45, 75*
Clapis, Mario *92, 124, 125, 136, 155, 157*
Colagiovanni, Emilio *179-185, 190*
Colombo, Emilio *84*
Colombo, Gherardo *17, 94-95, 102*
Colombo, Vittorino *35, 262*
Conso, Giovanni *104*

Consoli, Jacqueline *200, 215*
Corsini, Lorenzo (Clemente XII) *26*
Cossiga, Francesco *61, 84, 224-225, 228, 246*
Cozzani *265*
Craxi, Benedetto detto Bettino *26, 79, 111, 135-136, 245*
Cremona, Carlo *67*
Cuccia, Enrico *16*
Curzi, Giuseppe *237*
Cusani, Sergio *53, 76-77, 79, 81, 87, 113, 123, 127-128, 131, 135-136, 141, 146*

D'Agostino, Filippo *149*
d'Andrea, Antonio *149*
D'Avanzo, Giuseppe *264*
D'Ercole, Giovanni *190*
D'Onofrio, Francesco *224*
D'Orazio, Alberto *169*
Dale, George *185*
Dardozzi, Renato
Davigo, Piercamillo *94*
De Benedetti, Carlo *165*
de Bonis, Donato
De Donno, Antonio *27*
De Filippo, Eduardo *38*
De Gasperi, Alcide *28*
De Gennaro, Gianni *247*
De Guida *65*
De Lorenzo, Francesco *72*
De Luca, Giuseppe *89*
De Mita, Ciriaco *19*
De Paolis, Velasio *212*

de Scalzi, Erminio *209*
de Strobel, Pellegrino *14, 17, 25, 27, 29, 33-34, 37, 57, 63, 145*
de Weck, Philippe *59, 114, 122, 139, 206, 215*
Dechant, Virgil *139*
del Blanco Prieto, Félix *215*
Del Ponte, Carla *126-127*
Dell'Utri, Marcello *225, 251*
della Monica, Silvia *141*
Della Valle, Raffaele *232*
Dellorfano, Fred M. *173-174*
di Belmonte, Bruno *44*
di Carlo, Valerio *45*
Di Feo, Gianluca *97, 121*
di Jorio, Alberto *34-35, 37, 55, 64, 105-107, 113, 145*
Di Pietro, Antonio *71, 84, 94, 117, 120, 128, 135, 140, 228*
Dini, Lamberto *228*
Draghi, Mario *208*
Dziwisz, Stanislao *49, 61, 77, 87, 136, 162, 192, 206*

Estermann, Alois *189*

Falcone, Giovanni *91, 252-253, 264*
Falez, Stefano *46*
Famiglietti, Tekla *45*
Fanfani, Amintore *245*
Favino, Giulio *187*
Fazio, Antonio *98*
Federico, Salvatore *250*

Felder, Franco *127*
Fellah, Raffaello *45*
Ferramonti, Gianmario *239*
Ferruzzi, Alessandra *53, 77, 79, 100, 113*
Ferruzzi, Arturo *100*
Ferruzzi, Franca *100*
Ferruzzi, Gruppo *74, 77, 79, 81, 107, 116, 121-122, 126-127, 129-130, 135, 157*
Ferruzzi, Idina *100*
Ferruzzi, Serafino *53, 99, 100*
Fini, Gianfranco *226*
Fiorani, Gianpiero *163-164, 166*
Fleri, Marino *46*
Flick, Giovanni Maria *253*
Foligni, Mario *235-238, 249-250*
Follain, John *189*
Follini, Marco *224*
Forcellini, Paolo *214*
Forlani, Arnaldo *75, 111, 135-136, 245, 262*
Formentini, Marco *210*
Formigoni, Roberto *225*
Fornasari, Mario *233, 239-240, 249-250*
Francken, Frans *203*
Frankel, Martin *179-185, 190*
Frattini, Eric *72*
Frigerio, Gianstefano 82

Galli, Giancarlo *28, 30, 72, 101*

Gallo, Alberto *166, 169*
Gallo, Giuliano *141*
Gambino, Agostino *19, 22, 25, 29*
Gambino, famiglia *29*
Gardini, Raul *74-75, 77, 83, 85, 100, 128, 152*
Gargiullo, Franco Maria *235*
Garofano, Giuseppe detto Pippo *82-84, 88, 110, 128, 136*
Gelli, Licio *14, 17, 76, 84, 101, 173, 235, 251-252, 254*
Gelli, Luigi *173, 188*
Gelli, Maria Grazia *188*
Gelli, Maurizio *188*
Gelli, Raffaello *188*
Genovese, Vito *14*
Gerini, Alessandro *160, 168-169, 171, 186*
Gerini, Giannina *170*
Gerini, Lanfranco, *185*
Geronzi *65*
Ghiron, Giorgio *261*
Giacobino, Andrea *102*
Giallombardo, Mauro *79*
Giansoldati, Gianfranca *166*
Gibellini, Andrea *82, 98, 119-120, 126, 139, 142-144, 158-159, 176, 202*
Gioia, Giovanni *260*
Giordano, Mario Lucio *233*
Giordano, Michele *149, 233-234, 241, 243*

Giudice, Raffaele *236*
Gori, Nicola *215*
Grande Stevens, Franzo *86, 89, 103, 115, 117-118, 120, 123, 125-126, 129, 134, 140-141, 172*
Grasso, Piero *265*
Greco, Francesco *94*
Grosso, Cristina *203*
Gubinelli, Paolo *237*
Gutkowski *203, 217*

Hunt, Lemmon *59*

Ilari, Annibale *236*
Ingrao, Ignazio *265*
Ingroia, Antonio *149, 257*
Inzerillo, famiglia *28, 251*
Izzi, Domenico *175-178, 189*

Jacobs, Peter *181-184, 190*

Kennedy, David M. *14*
Kuharic, Franjo *46*

La Malfa, Giorgio *135*
La Monica, Pietro *186*
La Rocca, Orazio *59, 218*
Laghi, Pio *149, 173, 182, 187, 190*
Lai, Benny *215*
Lajolo, Giovanni *170, 187*
Lannes, Gianni *69, 73*
Lari, Sergio *257*

Lavezzari, Carlo *44*

Legrenzi, Fanny e Tito *45*

Lelli, Eligio *68*

Leone, Giovanni *13*

Leone, Lorenzo *56, 68, 70*

Letta, Enrico *228*

Letta, Gianni *150*

Ligresti, Salvatore *158*

Lima, Salvatore detto Salvo *256, 261*

Lobato, Abelardo *45*

Longo, Alessandra *73*

Lorenzini, Mauro *148*

Luciani, Albino (Giovanni Paolo I) *4, 17, 28, 72, 246, 249*

Lupacchini, Otello *38, 59, 254, 264*

Lynch, William *249*

Maccanico, Antonio *228*

Macchi, Pasquale *13-14, 67-68, 72, 83, 150*

Macchiarella, Pietro *43*

Macioce, Thomas *59*

Madonia, Francesco *251*

Maltese, Curzio *216, 264*

Malvezzi, Giovanni *209*

Mamone, Luigi *241-242, 248*

Mancino, Nicola *257*

Manguso *65*

Mannino, Calogero *253*

Mannoia, Francesco Saverio *251-253*

Marcinkus, Paul Casimir *3-4, 11-19, 22, 25-27, 30, 32-34, 37-40, 47, 49, 57-59, 63-64, 67, 80, 91, 97, 122, 144-145, 150, 157-158, 199, 207, 249, 252, 254, 264*

Margonda *158*

Mariella, Giovanni *242-243, 250*

Marinelli, Giovanna *172*

Marini, Franco *228*

Martelli, Claudio *135*

Martinelli, Felice *168, 171, 185, 207, 217*

Martínez Somalo, Eduardo *22, 95, 115, 136, 159*

Martini, Carlo Maria *35, 94-95, 97, 209-210, 227*

Martini, Daniele *100*

Massera, Emilio *187*

Mastella, Clemente *223-224, 228*

Mastrogiacomo, Daniele *100*

Matarrese, Antonio *231-232*

Matarrese, Giuseppe *248*

Matarrese, Salvatore *248*

Matta, Giovanni *259*

Maurizio, Pierangelo *186*

Mazza, Angelo *163-164, 166*

Mazzotta, Roberto *208-209*

Meletti, Gianadelio *235*

Melpignano, Sergio *137-138*

Menghini, Emanuela Serena *100*

Mennini, Luigi *14, 16-17, 25, 27, 29, 33-34, 80, 145*
Merolli, Claudio *186*
Messina Denaro, Francesco *252, 264*
Messina Denaro, Matteo *252*
Meza Romero, Gladys *189*
Mezzina, Nicola *237*
Micara, Clemente *35*
Michels, Alexandre *46*
Miglio, Giuseppe Giampiero *71*
Mintoff, don *236*
Mondatore, Cinzia *68*
Monteleone, Maria *252*
Monti, Giuseppe *233, 235, 248, 250*
Montini, Giovanni Battista (Paolo VI) *12-17, 29, 39, 55, 67, 145, 150-151, 217, 239, 246, 248, 254*
Moreira Neves, Lucas *45*
Mosca Moschini, Rolando *241-243*
Moschetti, Giorgio *119, 140*
Mussolini, Benito *13*

Napolitano, Giorgio *241, 253*
Navarro-Valls, Joaquín *71, 114, 183, 190, 233*
Negro, Fabio *215*
Nixon, Richard M. *14, 174*

Nogara, Bernardino *12*
Nolé, Francescantonio *178*
O'Connor, John *46, 95, 136, 150, 159*
Oddi, Silvio *227*
Odifreddi, Piergiorgio *193*
Onorati, Frank *174*
Orizio, Riccardo *165, 214*
Orlandi, Emanuela *254, 264*
Ortolani, Umberto *101, 235*

Pacelli, Eugenio (Pio XII) *11-12, 28, 195*
Padalino, Antonio *59*
Palermo, Carlo *30*
Pamparana, Andrea *141*
Pappalardo, Alberto *168-175, 187*
Pappalardo, Marina *172*
Pappalardo, Salvatore *246*
Parisi, Roberto *259, 265*
Pavina, Luciano *113*
Pazienza, Francesco *59*
Pecorelli, Carmine detto Mino *17, 91, 236, 249*
Pennarola, Rita *229*
Perdinzani, Ermanno *100*
Pergolini, Angelo *30*
Perrone, Vincenzo *59, 87, 139, 143, 161, 164*
Pesenti, famiglia *37*
Piazzesi, Gianfranco *28*
Picchi, Mario *45, 54*

Piccoli, Flaminio *44*
Pietzker, Theodor *59, 122, 206*
Piga, Franco *74*
Pini, Nicola *141*
Pinotti, Ferruccio *264*
Pioppo, Piero *214*
Piovano, Gianfranco *125-126, 141, 182*
Pisano, Isabel *38*
Pisanu, Giuseppe detto Beppe *223-224, 232, 243, 245, 250*
Pivetti, Irene *172*
Poggiolini, Duilio *71*
Poletti, Ugo *17*
Politi, Marco *140, 165, 215*
Pollari, Niccolò *186*
Pomicino, Paolo Cirino *135*
Pontiggia *209*
Prandini, Gianni *262-264, 266*
Prela, Nike *46*
Previti, Cesare *225*
Prodi, Romano *223, 227, 232, 243*
Proietti, Fernando *101*
Provenzano, Bernardo *222, 251, 256-257, 259*
Pujats, Janis *161*

Quarracino, Antonio *177*

Ratti Achille (Pio XI) *214*

Ratzinger, Joseph (Benedetto XVI) *6, 26, 29, 101, 162-163, 166, 170, 187, 212-213, 219, 221, 246*
Re, Giovanni Battista *101, 136, 182, 190, 209, 227*
Reagan, Ronald *181*
Recchia, Carmine *96*
Renzo, Michele *141*
Ricci, Vittorio Giuliano *100*
Riina, Salvatore *149, 222, 251, 253, 258-259, 265*
Rizzi, Fabrizio *28*
Rizzo, Sergio *217*
Rizzoli, Angelo *101*
Roberti, Franco *241, 250*
Rochat, Marco H. *200, 215*
Rogers, William *174*
Roncalli, Angelo (Giovanni XXIII) *12-13*
Roncareggi, Angelo *209-210*
Rossi, Giancarlo *119*
Ruini, Camillo *226-227*
Russo, Michelangelo *241, 243, 248*
Russo, Nanni *174*

Salato, Giancostabile *230*
Saldutti, Nicola *100*
Salerno, Francesco *182, 190*
Salvatori, Carlo *210*
Sama, Carlo *53, 76-77, 79, 81-82, 84, 87-88, 100, 113, 121-122, 135-136*

Sánchez Asiaín, José Angel
59, 139, 206
Sasso, Cosimo *247*
Sbardella, Vittorio *119, 140*
Scajola, Claudio *246*
Scaletti, Lelio *126, 136,
139, 147, 154, 157, 168,
170-172, 182, 187, 190,
206, 210-211, 234,
262-263*
Scalfaro, Oscar Luigi *61,
232, 240, 242*
Scandiffio, Michele *83*
Scarpinato, Roberto *149*
Scotti Camuzzi, Sergio *187*
Scottoni, Franco *30*
Secchia, Domenico *70*
Senn, Nicholas *174*
Sereny, Eva *46*
Sforza, Anna Maria *266*
Silvera *169-172, 187*
Silvestri *265*
Silvestrini, Achille *172*
Simi De Burgis, Romeo *135*
Simpson Blowback,
Christopher *28*
Sindona, Michele *4, 13-19,
27-29, 37, 43-44, 91, 171,
174, 181, 185, 206, 249,
251, 254-255*
Sisti, Leo *100*
Sodano, Angelo
Sogno, Edgardo *45*
Soldati, Fabio *127*
Sottocornola, Fabio *185*

Spada, Massimo *14, 16, 29*
Spadolini, Giovanni *245*
Spaziante, Emilio *247*
Spellman, Francis J. *11-12,
28, 39-40*
Spreafico, Franco *173, 184*
Stammati, Gaetano *76*
Statera, Alberto *100*
Szoka, Edmund Casimir *162,
194-195*

Tancredi, Armando *46*
Tarantola, Giuseppe *123*
Tartaglia, Pier Giorgio *139*
Tassan Din, Bruno *101*
Teodori, Massimo *43*
Tescaroli, Luca *252, 255,
264*
Testori, Luigi *209*
Tinebra, Baldassare *28*
Togna, Trabaldo *163-164*
Tonini, Ersilio *227*
Tornay, Cedric *189*
Tosatti, Marco *246*
Travagin, Giancarlo *239*
Tremonti, Giulio *156*
Tricarico, Alberto *190*
Tricerri, Carlo *177-178*
Tumedei Casalis, Alina *54,
56, 63, 144*
Tumedei, Cesare *54, 63, 144*
Turone, Giuliano *17*

Urosa Savino, Jorge Liberato
162

Ursi, Corrado *83*
Uva, Pasquale *68*
Vannucchini *144*
Vaselli, Romolo *258, 265*
Vetrano *54, 65*
Viganò, Egidio *187*
Vigna, Pierluigi *241-242*
Villot, Jean *17*
Viola, E. *65*
Visco, Vincenzo *243*
Vitalone, Claudio *140*
Viviano, Francesco *264*

Wiederkehr 160

Wojtyla, Karol
(Giovanni Paolo II) *4-6,
17-19, 22, 26-27, 32, 35, 49,
57-58, 63, 67, 70, 84, 88, 97,
109, 134, 149, 150-151,
160-162, 164, 173, 187,
191-192, 195, 197-198, 206,
212-213, 227, 239, 246, 248,
251-252*

Yallop, David A. *12, 17,
28-29, 67, 72, 249*

Zizola, Giancarlo *35, 59*

Nella stessa collana

Paolo Biondani, Mario Gerevini, Vittorio Malagutti
CAPITALISMO DI RAPINA

Gianni Barbacetto, Peter Gomez, Marco Travaglio
MANI SPORCHE

Sandro Orlando
LA REPUBBLICA DEL RICATTO

Ferdinando Imposimato, Sandro Provvisionato
DOVEVA MORIRE

Peter Gomez, Marco Travaglio
SE LI CONOSCI LI EVITI

Salvatore Giannella
VOGLIA DI CAMBIARE

Marco Preve, Ferruccio Sansa
IL PARTITO DEL CEMENTO

Raffaele Oriani, Riccardo Staglianò
I CINESI NON MUOIONO MAI

Peter Gomez, Marco Lillo, Marco Travaglio
IL BAVAGLIO

Gianni Dragoni, Giorgio Meletti
LA PAGA DEI PADRONI

Stefano Lepri
LA FINANZIARIA SIAMO NOI

Davide Carlucci, Antonio Castaldo
UN PAESE DI BARONI

Giuseppe Lo Bianco, Sandra Rizza
PROFONDO NERO

Concetto Vecchio
GIOVANI E BELLI

Stefania Limiti
L'ANELLO DELLA REPUBBLICA

Reverse

Oliviero Beha
ITALIOPOLI

Daniele Biacchessi
IL PAESE DELLA VERGOGNA

Giuseppe Lo Bianco, Sandra Rizza
L'AGENDA ROSSA DI PAOLO BORSELLINO

A cura di David Bidussa
SIAMO ITALIANI

A cura di Bruno Tinti
TOGHE ROTTE

Claudio Sabelli Fioretti, Giorgio Lauro
A PIEDI

Carla Castellacci, Telmo Pievani
SANTE RAGIONI

Carmelo Lopapa
SPARLAMENTO

Massimo Cirri, Filippo Solibello
NOSTRA ECCELLENZA

Vania Lucia Gaito
VIAGGIO NEL SILENZIO

Andrea Casalegno
L'ATTENTATO

Pino Petruzzelli
NON CHIAMARMI ZINGARO

Saverio Lodato, Roberto Scarpinato
IL RITORNO DEL PRINCIPE

Tito Boeri, Pietro Garibaldi
UN NUOVO CONTRATTO PER TUTTI

Elena Valdini
STRAGE CONTINUA

A cura del Centro Studi Fabrizio De André
IL SUONO E L'INCHIOSTRO

Luca Rastello
IO SONO IL MERCATO

Bruno Tinti
LA QUESTIONE IMMORALE

Antonella Mascali
LOTTA CIVILE

Daniele Biacchessi
PASSIONE REPORTER

Loretta Napoleoni
LA MORSA

Oliviero Beha
I NUOVI MOSTRI

Chiarelettere Dvd+libro

Piero Ricca
ALZA LA TESTA!

Giovanni Fasanella, Gianfranco Pannone
IL SOL DELL'AVVENIRE

I blog di www.chiarelettere.it

Pino Corrias, Peter Gomez, Marco Travaglio
VOGLIO SCENDERE

Oliviero Beha
ITALIOPOLI

Bruno Tinti
TOGHE ROTTE

Vania Lucia Gaito
VIAGGIO NEL SILENZIO

TE LO DICO A CHIARE LETTERE
LA WEB COMMUNITY DI CHIARELETTERE